晚清帝國風雲

禍起東南

下

關河五十州 著

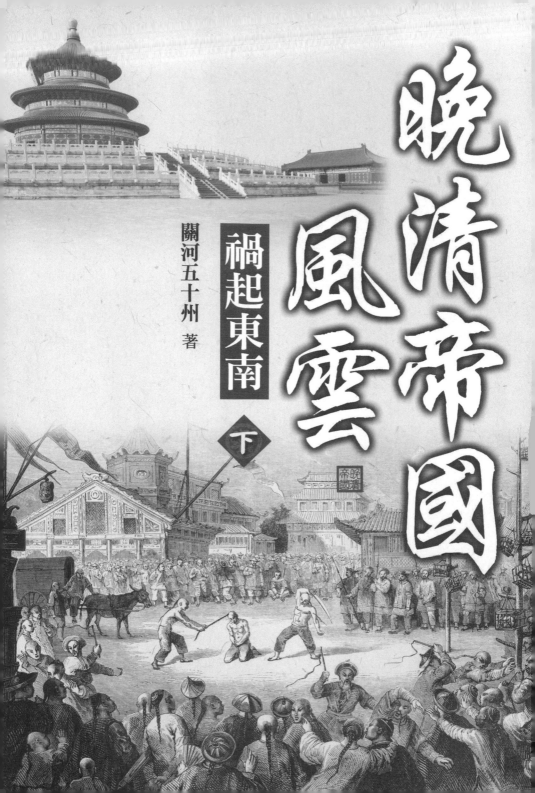

目錄

第一章　現場直播

自太平軍起事以來，咸豐可算是遭夠了罪，沒黑沒白地忙，只覺得時間不夠。

更讓他覺得晦氣的是，花了這麼多力氣，成效卻越來越低。前線送過來的奏摺，不是說這裏讓人給捅了一刀，就是說那裏挨了一棍。久而久之，皇帝的自信心大受打擊，都不怎麼敢相信自己能贏了，直到曾國藩崛起。

湘潭大捷點燃了喜慶的炮仗，然後岳州、城陵磯，甚至是武昌克復的捷報都接踵而來，讓人幾乎有應接不暇之感。那情形，彷彿是倒楣了一千年，眼看著就要轉運了。

原來人生也可以充滿活力！

按說辦理團練的在籍官員不止一個，包括曾國藩在內，共有四十五人之多。然而除了曾國藩，沒有一個做出成效，不是半途而廢，就是無疾而終。曾國藩成了今年的主打款，一眾官員中，就數他最帥，帥得一塌糊塗，帥得無邊無沿。

還依稀記得在京時，這傢伙跟打了雞血一樣，拼著命往上遞意見書的情景。也幸虧他當初留了一手，要不然，現在縱使能收到禮包，也得落下一個不會用人的惡名。

這顯然是個不可多得的人才，得趕緊用，重用！

儘管曾國藩出任時有言在先，守孝期間不接受獎勵或升職；但咸豐仍授他以署理湖北巡撫一職，並賞戴花翎。

署理的原因，就是考慮到曾國藩尚在守孝期間，一旦守孝期滿即可轉正。

然而僅僅七天之後，咸豐又急匆匆地收回了這一任命。

奸臣與忠臣

具有戲劇性的轉折出現在一次君臣談話之後。這次談話的主角，一個是咸豐，另一個是軍機章京彭蘊章。

軍機章京不是軍機大臣，說穿了只是軍機處的文書，專門幫著軍機大臣們抄抄寫寫，比如王鼎案中那個給穆彰阿通風報信的陳孚恩，就是軍機章京。由於軍機章京實際參與了機要，所以也被稱為「小軍機」。

彭蘊章在當時很有名氣，一輩子寫了很多書。若是將他寫的書一本本碼起來，比他人還高哩！然而此人有學問歸有學問，卻是食古不化，在政務上迂腐得很，是一個「有學無識」的典型。

咸豐跟他聊天，起初只是想抒發一下自己的好心情，沒指望從這個木訥的小軍機身上得到什麼高見。

咸豐說：「你想不到吧，曾國藩這麼一個書生，竟能建成奇功！」

彭蘊章當然也是書生，這話聽了足以讓他渾身醋味兒亂冒。

於是他來了一句：「曾國藩不過是前禮部侍郎，一個老百姓罷了。小小百姓，在鄉間竟然能夠一呼百應，隨者以萬人計，這恐怕不是國家之福吧?!」

就是這麼不陰不陽的一句話，讓咸豐臉色大變，沉默了很長時間。

很多人將咸豐的防範心理歸結於「滿漢藩籬」：曾國藩是一個漢臣，一個漢臣具有如此大的影響力和號召力，手中又掌握兵權，對滿族當政的王朝來說當然不是什麼好事。

應該說，有這個因素，但這並不能概括全部。清代並非沒有漢臣掌兵權的先例，比如橫跨康熙、雍正、乾隆三朝的名將岳鍾琪就是一個典型。當時雍正任用岳鍾琪，謠言滿天飛。僅雍正自己收到的舉報信就有滿滿一筐，說岳鍾琪是岳飛的後代，要替祖先報「宋金之仇」云云，雍正根本就沒有予以理睬。

其實很多時候，忌誰不忌誰，跟出身沒有多大關係。康熙時期的鼇拜（滿八旗），雍正時期的年羹堯（漢八旗），誰是純漢臣?他們的下場可比岳鍾琪慘多了。

因為對方是漢臣，就想著要給其穿小鞋，那可叫後人太小看這些清代皇帝了。

其實在曾國藩之前的江忠源，也是手握兵權的湘軍將領，不照樣得到咸豐的信任重用，還被授以安徽巡撫？

這件事應該說是個案，其中彭蘊章的話起到了相當關鍵的作用。他抓住了兩點，一是咸豐已經被下面的造反搞怕了，唯恐一不小心再跑出一個什麼「秀全」來跟他搗亂；二是咸豐一向非常看重湖北的戰略地位，認為它的作用和價值遠在廣西湖南江西諸省之上，潛意識裏就不願將如此重鎮輕授予人。

在咸豐眼裏，曾國藩與江忠源雖都出自於湘軍，但兩人並不相同——江忠源的定位是武將，任務就是打仗；曾國藩卻有號令一方的作用。曾國藩組建湘軍的時候，雖有個「湖南幫練大臣」的名義，其實是赤手空拳，竟能一下子支起如此大一個攤子。如果讓他長期據守湖北，誰又能擔保他不會黃袍加身，成為一個「曾秀全」？

要知道，在當時那種內亂頻仍的情況下，想趁機跳出來自己做皇帝的人不計其數，讓人防不勝防。

人心之複雜難測，是一件說不清楚的事。從此咸豐就對曾國藩不太放心，而且這種心理在後來很長一段時間內都難以消除。

經過深思熟慮，咸豐決定收回成命，改任曾國藩為兵部侍郎，專辦軍務——反正打仗要緊，就是讓你當湖北省長，估計你也沒那閒工夫。

話雖這麼說，可咸豐的朝令夕改，不可能不引起曾國藩的疑惑。從其他管道得知個中內幕後，他的心頓時就沉了下來。

原來是皇帝在猜忌我！

曾國藩的臉色變了。他萬萬沒想到，自己軍事上好不容易有了點兒起色，可以替皇帝分憂解難的時候，得到的竟是對方的不信任。

他曾國藩像岳鍾琪一樣，毫無疑問是一個忠臣，然而他有辦法讓咸豐知道他是忠臣嗎？沒有！

這種時候，最好是朝中有人，能幫著說上兩句，可偏偏朝中無人。當年的座師穆彰阿身為首輔之際尚不為咸豐所喜，何況早就被咸豐趕回家，閉門思過去了。

在給朋友的書信中，曾國藩談到了東漢時的大吏楊震。

關於楊震，有一個極著名的橋段，說有個曾被楊震推薦的官員為表示謝意，晚上給他送錢。楊震拒而不受，並且說：「我們是老朋友。我這個老朋友了解你，可是你卻不了解你的老朋友，不知道他究竟是什麼樣的人。」

送錢者愣了愣，還沒回過味來，以為楊震擔心事情敗露會使名譽受損，因此趕緊壓低聲音：「您老別怕，天黑著呢，不會有人知道這件事的。」

碰到這麼不上路的，楊震只好拉下臉來：「天知，地知，我知，你知，何謂無知?!」

一席話說得來人羞慚滿面，落荒而走。

楊震能力出眾，又廉潔奉公，出仕二十多年，官銜只升不降，一度位居太尉。那時候的太尉可掌全國軍事大權，比清代的首輔還吃香哩！

這樣一個大人物，沒有絲毫把柄可握在別人手上。但皇帝身邊出了那麼幾個宵小，一通耳朵咬下來，使皇帝對楊震有了看法，結果罷免了楊震的太尉之職，並下詔遣送其回鄉。楊震氣不過，在路上便服毒自殺。他死前留言：「以雜木做棺材，以粗布做壽衣；不回祖先墓園，不要設祠祭祀。」

一代名吏的憤慨和無奈，讓曾國藩在閱讀史書時感同身受，而對方的不幸遭遇又令他悲從中來。

對於身處前線的曾國藩來說，這種感覺確實讓人難以接受：當你竭盡心力，頑強苦鬥的時候，那些既無能又妒賢的傢伙卻在背後指指點點。到你最後極可能爬得越高，摔得越重。

當然，這些都只能在心裏面嘀咕。若是單純從論功封賞這個角度看，咸豐其實並沒有慢待曾國藩：你以前是侍郎，現在沒多長時間就讓你官復原職了。

再說回去，古來忠臣一個樣，曾國藩和楊震記恨的都不是皇帝，他們恨的是專門拆自己人台的彭蘊章之流。曾國藩也不是非當那個湖北巡撫不可，他是想利用這個職務，好好地經營湖北；進而以兩湖為後方基地，逐步逼近天京——這種穩紮穩打戰略，倒與安徽石達開的作戰方針有異曲同工之妙。

湖北巡撫當不當沒關係，戰略構想最重要。曾國藩上書咸豐，要求在武昌待上一段時間再說。咸豐卻忍不住了。戰事拖得越久，越要消耗銀子，他能有多少銀子去消耗呢？就此而言，太平軍拖得起，他拖不起。而前面贏的那幾仗又讓他對時局產生了樂觀情緒，認為湘軍只要再贏幾仗，擺平太平軍就不是什麼難事。

他回覆的諭旨讓曾國藩無話可說：「既無地方之責，即可專力進剿。」——你又不是湖北地方官員，跟太平軍作戰才是你的職責呀！別廢話，快點兒動身吧！

再賴下去就有抗旨不遵的嫌疑了，曾國藩只得放棄初衷，率軍東下。

要出武昌，就得先闖田家鎮。

田家鎮與對岸的半壁山相對峙，兩處所夾江面僅一里多寬，堪稱天險。無論你是要由東溯江而上，還是由西順江而下，都得問它答不答應。所以直到半個多世紀後的中日武漢會戰，日軍要進入武漢，田家鎮仍是必過的一關。

武昌失守後，楊秀清將石鳳魁和黃再興拿京問罪，並派燕王秦日綱坐鎮田家鎮。

秦日綱的軍事才華十分有限，指揮能力乏善可陳。參看一下秦日綱指揮過的戰役，也是敗多勝少。

不過此君無才固無才，卻有「忠勇信義」——說白了，就是對上級俯首貼耳，你讓他幹甚就幹甚，從不敢有任何不同意見。

在太平天國早期分封的諸王中，秦日綱地位僅次於翼王石達開，高於任何朝臣。但他卻可以把姿態放得比誰都低，讓人幾乎忽略了他也是個王。

楊秀清對他發號施令，他一點兒折扣不打，恭恭敬敬地服從命令，老實得就像楊秀清手下的一個普通兵丁。等到天京事變，洪秀全下密詔誅殺楊秀清，他又馬上翻臉，把楊秀清一家人殺得乾乾淨淨。正因如此，無論是楊秀清還是洪秀全當政，秦日綱都能夠高枕無憂，吃香喝辣。

很多時候，奸臣與忠臣，奴才與人才，前者總是比後者更得勢更討好。不過這一次，楊秀清又用錯了人，並將繼續為此付出代價。

無防護炮戰

秦日綱到達田家鎮後，即全力組織防禦。他盯準的是江面——天險嘛，不好好利用，豈不虧了？

最好的辦法是截斷航道，不讓湘軍水師從這裏開過去。秦日綱在長江上拉起六道大鐵鏈，每道鐵鏈相距數十丈。在鐵鏈下設有安放火炮的固定木筏和小船——一方面用於攔截，另一方面保護鐵鏈，形成了一道密集火力網。

除此之外，還有楊秀清專門運來的木牌水城，有兩岸的土城要塞，再加上鐵鏈前後綿延數十裏的水營船隊——秦日綱有足夠的理由認為，他的江上要塞已是固若金湯；湘軍水師再怎麼牛，也難以從正面突破這道防線。

秦日綱的戰略思路是，以江面防禦來確保田家鎮。但他疏忽了一個地方，那就是田家鎮對面的半壁山。事實上，半壁山是田家鎮的天然屏障。半壁山若有閃失，田家鎮則無藩可恃。湘軍完全可以通過這一制高點，用火炮對田家鎮進行覆蓋式打擊。

這一缺漏，讓曾國藩抓了個正著。

一八五四年十一月二十日，羅澤南和塔齊布先後集兵於半壁山下，對守山的太平軍發動猛攻。秦日綱事先未能在半壁山周圍組織起強有力的防禦，加之此時兩軍士氣可謂一升一降，所以守軍接連失利。三天後，半壁山即告失守。

猶如做外科手術，曾國藩拿下半壁山後，下一步就是要對江上的鐵鏈動刀，雙方的水上特種部隊也終於到了面對面決戰的時刻。

自衡陽練兵以來，曾國藩就認準水師是重中之重，他把相當多的精力都放在了水師的組建和發展上。

初期的湘軍水師在戰船數量上無法與太平軍相及，作戰經驗也很欠缺，因此吃過多次敗仗。無論靖港水戰還是城陵磯水戰，湘軍水師都敗得極其難看。但曾國藩好就好在能吃一塹長一智，此後他便揚長避短，用陸師來彌補水師的損失——藉助陸師勝利的空檔，迅速對水師進行補充。所以，他的水師雖然損失得多，但是恢復得也快。

在戰略眼光上，楊秀清和他任用的一干將領都落在了曾國藩後面。太平軍水營看上去很龐大，卻始終只是「虛胖」。整個水營用的還是改造民船，水勇也沒有經過多少專業訓練。更糟糕的是，他們還不太講究水陸配合，基本上是各打各的。結果是：水營贏，無關大局；水營輸，滿盤皆輸。

在先前的武昌之役中，由於石鳳魁和黃再興指揮不當，水營的四千艘戰船尚未投入戰鬥就被湘軍焚之一炬。太平軍水營雖曾擁有上萬艘戰船，但家業再大也經不住如此揮霍，眼見得船隻和水勇都越來越少。至田家鎮之戰，秦日綱統領的水營已是太平軍僅存的一點兒家底。

一八五四年十二月二日，湘軍水師在彭玉麟的率領下，向太平軍水營發起進攻。

湘軍水師的兩大名將，文為彭玉麟，武為楊岳斌。

彭玉麟是湖南衡陽人。當初曾國藩一到衡陽練兵，便四處訪求賢士。衡陽人說，誰也賢不過彭玉麟，那真是人中麒麟。曾國藩聽說後，便立即出面邀請彭玉麟。

彭玉麟不肯去，原因跟曾國藩在湘鄉時一模一樣：母親病故，只想在家守孝。

擁有相同的遭遇，曾國藩自然知道怎麼去動員——這時要跟彭玉麟探討什麼事業功名，對方會毫無興趣。所以曾國藩對彭玉麟說的是，現在天下大亂，父子兄弟且不能相保，你還能指望一個人安安靜靜在你母親墓前守孝嗎？

經過曾國藩「三顧茅廬」反覆勸說，彭玉麟終於答應出山，但與曾國藩約法三章：功成必身退，且「不要官，不要錢」。

說彭玉麟為文，並不是說他只會文不會武。事實上，彭玉麟曾經像江忠源那樣有過「剿匪」經歷，是打過仗的。他的「文」，是說他出身文官。

湘軍水師跟陸師不同，陸師給把刀就能上陣，因此即便是儒生也能做營官；水師要求則相對高一些，起碼你得懂水性吧。在湘軍水師，十個營官，有九個都是新提拔的武員，只剩一個會玩筆桿子的——那就是彭玉麟。

文有文的好處：會思考，能動筆。水師草創之初，規章制度一片空白，若沒有彭玉麟從旁相助，曾國藩的一個腦袋會變成幾個大。

自湘潭水戰以來，彭玉麟已屢次與太平軍水營交鋒，被稱為「以書從戎，膽氣過於宿將」。但他還從未有過田家鎮水戰這樣的體驗——具體來說，就是多了那六道橫江鐵鏈。

彭玉麟由此將所屬進攻部隊分成兩組，第一組是敢死隊，駕二十條快蟹，任務是衝到鐵鏈下面並弄斷它；第二組是掩護隊，專管發炮，以吸引太平軍水營和來自田家鎮岸上的火力。

敢死隊在衝鋒時沿半壁山一側前進，不發炮不仰視，只管做準備工作。這樣一來，敢死隊就最大程度避免了對方的炮火攻擊。

全部的火力幾乎都集中在靠近田家鎮這邊的掩護隊身上，炮彈如雨飛來。

早在水師創建之初，彭玉麟就下工夫研究過防炮之法。和曾國藩一樣，他也是從古書裏面找答案；甚至拜的老師都是同一個，那就是明朝將領戚繼光。

火炮在明朝時被稱作火銃，與明軍作戰的倭寇裝備了大量的火銃。在《紀效新書》中，戚繼光記下了他抵禦倭寇火銃的方法：一種是將十幾層漁網罩在戰船左右兩側，依靠漁網的堅韌和細密來攔截彈丸，喚作罟網；另一種是戚繼光的獨家發明——剛柔牌，簡單說來，就是在盾牌外面套一層竹籬笆，中間以生牛皮、被水浸濕的棉絮、人的頭髮依次編製而成。

按照戚繼光傳授的經驗，只要使用這兩大法寶，起碼在四五十步之外，倭寇的火銃根本無法穿透；到二三十步距離之內，雖可穿透，但威力已經大減。戚家軍不僅以此為掩護，還能舉著剛柔牌進行反擊。

剛剛看到這幾段的時候，彭玉麟別提多高興了。想想戚老師真夠意思，什麼都不保留，什麼都傳授——您老人家怎麼就知道幾百年後還有人用得著呢？

彭玉麟當下一一借鑒並試驗，可是試驗的結果實在讓人沮喪：無論罟網還是剛柔牌，一炮就給打穿了。不是戚老師藏著掖著，只要動腦筋想一下就知道了——幾百年前的火銃，其威力能跟幾百年後的火炮比嗎？

當然，只要你防禦了，也不是一點兒效果沒有。在戰船四周圍上一道牛皮，多少總能起到一點兒保護作用。但是這不治本，還容易影響官兵的鬥志和作戰效率。

彭玉麟一狠心，索性把罟網、剛柔牌、牛皮等物統統撤去，令船上無遮無攔，實施無防護炮戰。然後他帶頭脫去上裝，赤膊拿一把大刀立於船頭，並大呼一聲：「炮彈要是有眼，就先把我打死吧。」

見主將不怕死，眾人立刻膽壯起來，視危險如坦途。有誰低下頭來躲避炮彈，還會被眾人譏笑為怕死鬼。沒了畏畏縮縮，動作就不會走形，可以踏踏實實放炮，同時戰船也不會停頓。然而這種瘋狂的打法必然要付出慘重代價，因為炮彈畢竟不長眼，也不認識你究竟是勇士還是懦夫。

在田家鎮水戰中，湘軍水師相當多的傷亡均來自於掩護隊。後來水師將領在向曾國藩彙報，說到「損失如此之慘重」時，忍不住放聲大哭。

出奇制勝

太平軍的護索水營雖不斷放炮，但也構不成密不透風的火力網，存活下來的湘軍水勇依舊能夠猛力反擊。結果有的太平軍小船還未裝上炮彈，就被炸沉了。其他人看到湘軍如此悍不畏死，也多半開始膽怯起來，紛紛朝岸邊閃避。

依靠掩護隊不顧生死的護持，敢死隊的快蟹終於衝到了鐵鏈旁。

江中有維繫船隻的豎鏈，這個細，用斧頭和鉗子便足以搞定；最難截斷的是連接兩岸的橫鏈。橫江鐵鏈古已有之。早在三國後期，東吳便採用了這一防守策略。他們在半壁山上游的西塞山江面拉起鐵鏈，以阻止西晉東進。

晉軍大將王濬熔斷鐵鏈，從而一舉擊破東吳自以為牢不可破的江上防線，這就有了歷史上著名的「千尋鐵索沉江底，一片降幡出石頭」。

王濬是怎麼熔斷鐵鏈的呢？史書中的描述是：製作巨型火炬，長十餘丈，寬數十圍，中間灌以麻油。當巨型火炬遇到鐵鏈，即可將其熔化。

彭玉麟打造了相仿的火炬，在每一艘快蟹上都放一口裝滿油脂的大鍋，下面裝有風箱，將油脂燒到滾沸。水勇冒著炙人的高溫，將鐵鏈拉到火焰上進行鍛燒；等燒到一定程度，再用鐵鉗將鐵鏈夾出，放在預先準備好的鐵墩上；幾個人拿出打鐵的勁頭，手執利斧，猛砍一番，便能將鐵鏈砍斷。

不到兩個時辰，六道橫江鐵鏈全被砍斷。

鐵鏈一斷，第三組進攻部隊「擠而過」——從斷開的鐵鏈中間穿行過去。湘軍水師的另一個名將楊岳斌上場了。

楊岳斌原名楊載福，家裏從他爺爺輩開始就都是綠營武官。綠營雖然整體上病病歪歪，但也不乏塔齊布那樣的龍虎之輩。

楊岳斌其時已是三十二歲，若是繼續待在綠營，還不知道要到哪一天才能熬出頭。關於這一點，只要拿關天培、陳化成、楊芳、向榮等人的簡歷出來瞧瞧就明白了：一幫老頭，最小的六十多歲，最大的七八十歲，人家算算還都是特能幹的名將哩！此情此景，讓年輕人看了非得落冰窖裏不可。

在加入湘軍之前，楊岳斌是營千總，官銜為正六品；僅僅一年之後，因在湘潭之戰中立下大功，便被擢升為正五品的守備；同一年，升都司，正四品；又是那一年，升遊擊，從三品。

一年之內，他連升三級。也就說，你只要肯拼命，光升遷就能升到眼花撩亂的程度。他楊岳斌有什麼理由不拼呢？

楊岳斌也的確敢拼能拼。有一次湘軍水師進攻受挫，楊岳斌對彭玉麟說：「敵軍有十倍於我的戰船，要想取勝，非得出奇不可。」

楊岳斌所說的「出奇制勝」，就是親自駕駛一艘小舢板向太平軍水營發起突擊，彭玉麟亦率部緊隨其後。在他們二人的鼓動下，湘軍水師不顧一切地衝向太平軍船隊，反過來將太平軍給衝散了。

不過在田家鎮水戰中，卻出現了讓人困惑的一幕：楊岳斌率部闖過鐵鏈後，並未直接向太平軍發起攻擊，而是順流沖到下游去了。

這是楊岳斌等湘軍將領從城陵磯一戰中得到的教訓。當時廣東總兵陳輝龍要乘風進攻太平軍，楊岳斌勸他說，順風難收隊，不能去。陳輝龍不聽，結果招致大敗。

楊岳斌沖到下游，一方面是要截斷太平軍水營的歸路；另一方面則是要逆流而上，從容地對太平軍展開攻勢。

水軍近戰，主要戰法都是火攻，不是我燒你，就是你燒我。當天的風向也怪，突然就颳起東南風。這股風讓太平軍不僅無法東撤，還陷入一片火海之中：戰船被毀四千餘艘，被奪五百餘艘。太平軍在田家鎮再也守不住了。一八五四年十二月三日，秦日綱率殘部退往九江。

為取得這次勝利，湘軍付出了很大代價，共戰死八百將士。曾國藩在田家鎮建立昭忠祠，並撰寫了一副輓聯：巨石咽江聲，長鷗今古英雄恨；崇祠彰戰績，永奠湖湘子弟魂。

但對於曾國藩和他的湖湘子弟來說，這個代價是值得的。經過田家鎮一役，太平軍僅存的一點兒水上力量損失殆盡，水營基本瓦解。曾國藩水上定乾坤的深遠謀略終見成效，至此湘軍完全控制了長江上游。

咸豐得報，喜悅之情「莫能言喻」——都說不出來究竟是個啥滋味。

什麼是生活？生活就是每一天都有一個新的開始！

儘管咸豐聽了彭蘊章的話，不敢把地方大員的位置再騰出來給曾國藩；但散買賣不散交情——湘軍作為一個非專業劇社，能做到票房一直大賣，在不對自己構成潛在威脅的前提下，咸豐這個幕後大老闆還是捨得加薪水的。

曾國藩保奏彭玉麟、楊岳斌等八將因功升職，咸豐眉頭都沒皺一下，便一一照准。此外，咸豐還給予曾國藩賞穿黃馬褂待遇——黃馬褂可不是隨隨便便賞的，在道光以前更是少之又少。

凡是能賞的東西，咸豐都掏了出來，什麼扳指、寶刀、火鐮，一堆呢。

曾國藩實在也沒什麼可抱怨的了，官已升過，好東西也給了；剩下的就是再賣把力氣，爭取把業績做得更漂亮一些。

他躊躇滿志地告訴咸豐，長江上游已被官軍控制，太平天國所需給養起碼因此斷絕了一半，而他下一個目標就是「肅清江面，直搗金陵」。

潛意識裏，這位湘軍大帥已經在為他進入「天京」進行彩排了。

可是他忘了，人生沒有彩排，每一天都是現場直播。而在下一場直播中，他將可悲地淪落為一個票房毒藥。

前線的連連挫敗令楊秀清大為震驚，他不得不再次起用那位超一流高手——翼王石達開。

石達開能幹，這點太平軍領導層人人皆知，楊秀清當然也很清楚。但身為實力派王侯，你太能幹了，對上面而言就未必是好事。在這方面，誰都難以免俗。

一方面，楊秀清對石達開有所忌諱；另一方面，作為一個聰明人，石達開同樣十分謹慎小心，知道東王心裏那塊地兒就是再大，也容不下一個比他更強且可能超越他的人。

於是只要戰事尚看得過去，石達開就被束之高閣，他本人亦從不嚷嚷著一定要到前線去怎樣怎樣。

田家鎮戰後，利益相關，楊秀清和石達開一個急於用人，一個急於救火，這才放下了各自的小心眼，在共同目標上達到了匯合點。

什麼叫破綻

石達開領命後，星夜兼程，從安慶趕到湖口。他沒去之前就知道局勢嚴重，去了之後才知道不是一般的嚴重——楊秀清交給他的完全是一副爛攤子。太平軍失地千里，軍心混亂，加上湘軍步步相逼，要想於短時間內在九江、湖口建起牢固防線幾如天方夜譚。

他需要足夠的時間用於部署防守，否則就算是神仙下界也無濟於事。

石達開立即命令長江北岸的太平軍盡最大可能製造聲勢，以拖住湘軍，使其不能全力東下。按照湘軍打下田家鎮後的士氣，曾國藩要拿下九江甚至湖口應是水到渠成的事。但被石達開這麼一攪和，他不得不派塔齊布和羅澤南率陸師精銳前去北岸應付。

曾國藩出兵向來最講究水陸並進，這也是他自湘潭之戰以來可以做到所向披靡的重要保證。如今缺了陸師的支持，他就不敢派水師單獨深入九江和湖口了。

什麼叫破綻？這就叫破綻！抓住曾國藩的破綻，石達開得以從容部署，打造出全新的防線。

燕王秦日綱在田家鎮敗得那麼狼狽，緣於他顧此失彼。江心、田家鎮、半壁山，三座堡壘構不成整體，被人家各個擊破。石達開也設置了三座堡壘——除九江外，還有湖口和梅家洲。

梅家洲是江心的一座大沙洲，由長江泥沙沉積而成。沿江而下的主航道，其北面狹窄，大船無法通行。曾國藩要想「肅清江面，直搗金陵」，則非從南面的長江主航道通過不可。

石達開以林啟榮守九江，以羅大綱守梅家洲，自守湖口。林啟榮和羅大綱都是以防守見長的戰將。經過這麼一排兵布陣，三座堡壘不僅更為牢固，相互之間還能形成策應，在最大程度上彌補了田家鎮防線那樣的缺陷。

石達開在長江北岸投下的棋子，令曾國藩忙活了將近一個月。一八五五年一月二日，當他把水陸兩師調到九江城下時，發現九江已「屹然堅城，難以遽下矣」。

除城防紮實外，守城之將也不簡單——此人便是林啟榮，他將為知人善任的翼王帶來開門紅。

林啟榮原本籍籍無名。在太平天國定都南京之前，他還只是楊秀清麾下的一個普通刀牌手，在很長時間內都沒有獲得其他職銜，所謂「鬱鬱乎行伍」，在軍隊裏面混得很不得意。

後來他總算進入了軍官行列，並隨軍西征，但也不過是賴漢英、石祥禎等人手下的一名偏將。他的顯山露水，是從防守九江開始的。

一八五五年一月十四日，曾國藩將九江四面包圍，並以塔齊布手下猛將童添雲為攻城先鋒。童添雲見過世面，曾在鴉片戰爭時隨楊芳出征廣東。此人有一把子力氣，能拉開「五石弓」——這種弓一般是用來考武狀元的——絕對是大力水手級別。而且他的箭法還挺準，要麼不射，射必命中。另外加上膽量大，做事認真，所以他很快就成了軍中的佼佼者。

身為主將，童添雲像他的老上司塔齊布一樣，每戰必挺著長矛在前面衝殺，即使彈如雨下都未有絲毫退卻。由於他長了一臉麻子，太平軍稱其為「童麻子」。一見對方旗幟上有「童」字，太平軍便相顧失色，說：「不好，童麻子來了！」未戰便紛紛敗退。

這是個擅攻的一流悍將，曾國藩正是要憑藉他的這股氣勢來拿下九江城。但是當擅攻之將遇到擅守之將，沒轍了。

當天湘軍非但沒能攻下城池，童添雲還被城炮擊中並重傷而亡。「童麻子」戰死，湘軍諸將無不愕然，先前攻克武昌、拿下田家鎮的士氣也為之一挫。

此後，林啟榮白天仍然堅壁不出，且深溝高壘、旌旗林立，讓攻城者找不到一點兒空隙。想想，累了一天，晚上應該鬆懈了吧！從表面上看也的確如此——只要夜幕降臨，城牆之上便一片靜寂，連打更擊柝的聲音都沒有。

可這是在湘軍未打歪主意之前——只要你敢動一動攻城的念頭，還沒等摸著城牆，城上就會立刻槍炮聲大作，準保殺你個人仰馬翻。

沒有嚴明的戰場紀律和出色的指揮，是很難做到這一點的。九江城下，連塔齊布和羅澤南都感到無計可施。羅澤南歎息說，九江不過斗城而已，卻堅固如此，真是難以想像，「林啟榮之善守，吾輩不能及也」！

九江一時難下，有人便建議不如越過九江，先進攻九江東面的湖口和梅家洲。

曾國藩用兵向來謹慎有餘，步步為營、穩紮穩打是他的基本宗旨。如果要跳過九江，就可能陷入兩面受敵的困境。即使他前面喝了那麼多的香檳酒，也不肯如此弄險。

但是另一個問題，曾國藩必須正視，那就是石達開正在重建水營。

這時的石達開剛剛二十四歲，曾國藩等人對這位年輕王爺根本沒什麼概念。也是，如果放到現在，不過是個剛剛大學畢業，甚都不懂的傻小子而已。「乳臭小兒，毫無知識」。到社會這口大缸裏面，就算我不撳你頭，你自個兒也得吐著泡沫、翻著白眼珠咕嘟咕嘟沉下去。

可是，石達開很快就讓曾國藩刮目相看了。

自湘潭之戰以來，曾國藩不是每戰都贏，但是總能反敗為勝，關鍵在於他抓住了「水」這個核心。反觀太平軍，雖然也打了不少勝仗，但加起來一算，卻還是得少於失——要害也全在一個「水」字。

一直以來，太平軍吃虧就吃虧在水師方面。那些由民船改造而成的戰船、那些力量微弱的土炮、那些缺乏訓練的水勇，以及粗放型的水上戰術，沒有一樣能與湘軍相比。更糟糕的是，他們還缺乏補血能力，眼瞅著只能少不能多，到最後砸鍋賣鐵、一無所有。

顯然，競技江上，得水師才能贏天下。石達開要從根本上改變戰局，就必須改變太平軍的水上弱勢。

此前，他已在安慶建立了一座規模巨大的造船廠。但造船需要時間，實戰又急著要用，石達開便想到了「借船」。一到湖口，他便派人奇襲停泊於鄱陽湖內的江西水師船隊。

當初在諭令曾國藩創建水師的同時，咸豐也下令四川和江西督造戰船、組建水師。他的出發點是好的，多多益善嘛，省得江上只能依賴湘軍一家。可惜地方官軍太不爭氣，九十人的太平軍奇襲隊，愣是嚇跑了四千人的江西水師。憑此一役，石達開足足賺來百餘艘戰船和七百餘尊火炮，算是給太平軍水營續了香火。

得知這一情況後，曾國藩真恨不得把江西官軍全部抓起來，劈劈啪啪，先每人扇一千八百個耳光再說。

他曾國藩好不容易熬到田家鎮水戰，消滅了太平軍的萬艘戰船，從而建立了水上的絕對優勢；可給這幫窩囊廢一弄，雙方的力量又起了變化，讓太平軍水營擁有了東山再起的本錢。

當時這批被太平軍俘獲的江西戰船尚在鄱陽湖內，曾國藩便召集水師將領商討究竟該怎麼辦。

有人主張九江之戰要緊，不如先將江西戰船逼到長江下游，以後再慢慢收拾不遲。彭玉麟則說，要是讓這批船出了鄱陽湖口，就會留下無窮後患，再想制住就難了；不如趁此機會，將其一舉殲滅於鄱陽湖內。

開會時，楊岳斌正在後方養病，彭玉麟在水師中的權威最高。大部分水師將領都同意他的意見，曾國藩也覺得未嘗不可，不失為一石二鳥之計：既消除了石達開重建水營的可能，又可以斷絕九江外援。

兩面受敵的問題，曾國藩也考慮了。他將陸師一分為二——塔齊布留於九江城下，繼續進行牽制；羅澤南則和水師一起攻擊湖口和梅家洲。

分飛燕

面對兵臨城下的強敵，石達開給出了自己的推斷和結論。

從武昌出發後，湘軍沒有得到過充分休整，不疲憊是不可能的，這叫「久戰必疲」。由於連戰連捷，這支軍隊從上到下又都有一股驕悍之氣，尤其水師更以江上霸主自居，此謂「驕必輕敵」。一個疲，一個驕，均取敗之道也。

羅澤南創造過以靜制動的經典戰術，即等待時機，在對方「三而竭」的時候發動全力一擊。石達開即將運用的策略，幾乎就是這一戰術的翻版。

他訓令三地堡壘，只能堅守，不准出戰。在湖口，他身體力行——不管湘軍如何討敵罵陣，他都「不動如山」，讓對方不明虛實。

靜者安，動者搖。敵人最活躍的時候，往往就是破綻暴露最多的時候，石達開重點關注的是湘軍水師有沒有破綻。

似乎沒有。湘軍水師正處於建軍的全盛時期，船堅炮利，一副無懈可擊的樣子。

可是，絕對的無懈可擊，在這個世界上是不存在的。所謂百密猶有一疏，即便是傳說中的金鐘罩鐵布衫，也有攻破它的命門關節。只要你冷靜觀察和思考，就必有收穫。

經過幾天僵持，石達開終於發現了湘軍水師的命門所在。

那本來是湘軍水師的長處，即大小船配合，長龍、快蟹與舢板取長補短——一個如重型戰車，無堅不摧；一個如輕捷小鳥，倏忽來去。

二者合在一起，自然是優勢互補；但如果把它們像水陸師一樣拆分開，則效果完全不同。有了發散性思維，便沒有什麼不可能。

機宜已定，石達開開始一步步地將對手往自己的陷阱裏引。

白天他繼續高掛免戰牌，守城不出。到了晚上，他則派兵在江岸之上敲鑼打鼓，不停地製造緊張氣氛；同時出動船隻，將火箭火球接二連三地射到對方船上。一旦湘軍警覺或出動追擊，他們又馬上隱身。總之一句話，就是不讓你睡好覺。

在疲和驕之外，湘軍水師又多了一個躁。

一八五五年一月二十九日，石達開破天荒地在白天派出船隻與湘軍交戰。

太平軍的船隻不露面還好，一露面差點兒把曾國藩的牙都給笑掉。太平軍都是那種俗稱小划的船，最多跟舢板一個級別；而且就那麼幾條船在江上晃晃悠悠，似乎連站都站不穩。

這麼多天不出來，以為你要放顆衛星，沒想到裝備如此寒酸，可惜我的一世英名啊！

湘軍水師立刻猛撲過去。太平軍果然支持不住，幾個回合後就慌忙退卻。

湘軍多少天無仗可打，好不容易逮著這麼一機會，哪裏肯捨，當下兜頭便追。那架勢，恨不得三下五除二，立刻把太平軍揍到扁，然後像塊餅一樣攤牆上去。

太平軍的小划雖小，移動卻很靈活。湘軍的長龍、快蟹這種大塊頭追趕不及，只有靠舢板。

一個在前面逃，一個在後面追。眼見得小划們一晃之下溜進了鄱陽湖，湘軍也尾隨跟進，因為都知道鄱陽湖內集聚著江西戰船，此時正是將其一舉殲滅的良機。

先後進入鄱陽湖的舢板計一百二十艘，水勇兩千餘人。湘軍水師的輕便船隻一個未漏，留於外江的全是笨重大船。

戰鬥仍然是「一邊倒」。湘軍抓住機會，焚燒太平軍船隻數十艘——這是湖口開戰以來的第一個收穫。眾人無不歡欣鼓舞加心花怒放，都拼著命往前追，沒有一個肯背過身、回過頭去看的。

魚已經上鉤了。

船越往湖心划，離入口處越遠，漸漸地與外江不通聲息。

曾國藩等了很長時間，還不見舢板返回，這才著急起來，親自過來察看。這一看，令他大驚失色。

鄱陽湖入口處，石達開竟然搭起了浮橋，下面是鑿沉的民船，上面鋪著木板，再蓋以土石，將所有舢板完全堵死在鄱陽湖內。其行動之迅速，構建之巧妙，顯見得是預謀已久的，絕非一朝一夕之功。

中計了！

石達開修築的浮橋乃水營得意之作，「關鎖牢固，勢難衝擊」，想攻破非常之難，曾國藩唯有先鳴金收兵。

這天晚上，石達開又派船隻出動了，只是不再如隔靴搔癢般地襲擾，而是大舉進攻。

三十多艘小划，卻已足以攪亂湘軍水寨。以往湘軍作戰，是以長龍快蟹作掩護，以舢板主動出擊。在失去舢板護持後，長龍快蟹「如鳥去翼，如蟲去足」——就好像鳥被砍斷了翅膀，蟲被斬斷了四肢，不僅沒有出擊能力，還處處挨打。昔日威風八面的長龍淪落為笨龍，快蟹也差不多成了死蟹。

湖口和梅家洲的太平軍陸師也緊密配合，在岸上用火箭、噴筒對著湘軍的船隻進行射擊，還投擲以火球、火罐。湘軍被焚九艘快蟹、七艘長龍，以及其他雜色大船二十餘艘。若不是大船上裝有洋炮，使得很多太平軍的小划不敢逼得太近，還不知要慘到什麼地步。

從前的氣焰有多高，如今敗落得就有多快。突然到來的失敗，令湘軍官兵不知所措，再不肯遵從號令，紛紛掛帆向上游逃竄，連彭玉麟也阻止不住。

這是戰場上的一次重大轉折，湘軍水師被截為兩半。曾經一快一慢的好搭檔，此後變為分飛燕——你成不了我的梁山伯，我也做不了你的祝英台。

水師軍心潰散得厲害，原先歸楊岳斌統率，現在由彭玉麟調遣的人馬，也不聽指揮了。曾國藩沒有辦法，只能將尚在養病的楊岳斌召回統兵。

水師吃了虧，陸師也沒能找到補給。塔齊布屯兵九江南門外，整天仰著腦袋攻城。官兵死傷無數，仍拿九江城沒什麼辦法。羅澤南想從岸上克湖口，也是苦哈哈的，什麼都撈不著。非但如此，出於石達開用兵神出鬼沒，羅澤南生怕對方劫營，還得夜夜戒備，有時一整晚都不敢合眼。

曾經勇不可當的兩位陸師大佬半斤八兩——窘迫至此，聞者無不寒心。曾國藩的心也涼了半截，意識到世上本無捷徑可走，繞九江而攻湖口的策略原本就是錯的。

還是回頭走老路吧！

一八五五年二月十一日，曾國藩計畫將原本負責進攻湖口的羅澤南調回九江，與塔齊布兵合一處，以加強對九江的攻勢。

他想不到的是，當天晚上，石達開竟然又發動了一次更大規模的進攻。參加這次進攻的，除了數百艘小划外，還有安慶船廠剛剛造出的三十艘大船。

與上一次相比，這個晚上更黑，更適於夜襲，曾國藩輸得也更慘。太平軍水營翻江倒海，將湘軍水師打得潰不成軍，最後連曾國藩乘坐的那艘特大型拖罟船都被惦記上了。

當時拖罟被十幾隻划子圍攻，炮彈卻已經打光，上前攔截的親兵越打越少。曾國藩臉都白了，驚惶之下推開艙門，跳入江內，要自殺了事。

這時彭玉麟正好駕小船經過，發現有人跳水，看身影有些像曾國藩，便急忙救起，送到岸上的羅澤南營中。

這一仗，湘軍水師被焚戰船百餘艘，拖罟也做了人家的戰利品。船上的所有書信文稿連同咸豐賞賜物品——扳指、寶刀、火鐮等等，統統送給石達開做了禮物。

那艘拖罟船還是當初廣東總兵陳輝龍送給曾國藩的，一共就造了兩艘，一艘在城陵磯之戰中被曾天養繳獲，現在這艘又讓石達開拿去玩了——敢情忙活半天，都是替別人忙的。

上岸後，曾國藩又羞又憤，先寫下一封千餘字的遺摺，然後命人牽過一匹馬，就要騎著馬去與太平軍同歸於盡——當然，依曾某的能力，他只會自己「盡」，是不可能讓對方「同歸」的。

羅澤南等人見狀，趕緊拉住馬韁，並苦苦勸說。好話堆了一籮筐，曾國藩才回心轉意，冷靜下來。

湖口一戰，湘軍一敗塗地。屋漏偏逢連夜雨，一八五五年二月二十日，水師又遭大風襲擊，長龍快蟹被撞沉撞傷四十餘艘。

人倒楣了，真是喝口涼水都塞牙！曾國藩盤點一番，能保持基本完整的戰船只剩下七十餘艘。他再也傷不起了，只得讓彭玉麟將船帶到湖北去修理。

此消彼長，戰場態勢和雙方的力量對比自此都發生了改變。

曾國藩所犯的錯誤不止一件。自武昌出兵，湘軍揮師東下，能打一點兒的部隊幾乎都被他帶到江西去了。相比之下，留守湖北的兵力十分薄弱。應該說，這種打法有利有弊：有利之處在於可集中優勢力量，盡快取得戰果；不利之處在於，戰事一旦不順，大軍就會被牽制在前線，湖北後方必然危險。

如果看不出對手這個疏漏，石達開就不稱之為石達開。他隨即發動的全面大反攻，便是直奔曾國藩的後方湖北而去。

湖北軍隊當員警維護個治安還可以，打仗完全不是塊材料。往往還沒看到太平軍的影子，他們就驚慌失措，自己嚇自己，一個人叫一聲，則「萬眾瓦解」，一潰千里。

曾國藩聞訊急派胡林翼、彭玉麟率水陸兩軍回援湖北，但已無力回天。一八五五年四月三日，太平軍第三次攻克武昌，並控制了湖北的大部分地區和長江航道。

僅僅半年不到，曾國藩又失去了武昌。「前此戰功，竟成空虛」。與先前不同的是，這次還退步了——他最為看重也最為得意的水師支離破碎，完全破了相，再也不值一看。

曾國藩懊喪不已，連寫下的文句都哀哀戚戚，不再有往日的大氣磅礴：聞春風之怒號，則寸心欲碎；見賊帆之上駛，則繞屋彷徨。

第二章 戲從對手中來

就算皇帝原先對打仗這一套兩眼一抹黑，在審閱和分析那麼多戰場報告後，現在至少也是一個眼光獨到的軍事評論員了。

曾國藩總結敗因，說舢板闖入鄱陽湖，以致被太平軍一切兩半。咸豐批道：「誠不免銳進貪功！」確實是你太求勝心切了，淡定一些嘛！

分析武昌失守原因，曾國藩承認是自己的失誤，未能在後方預留強一些的軍隊。咸豐倒是通情達理，說算了，當時你那水陸兩師全數東下，還怕兵力過於單薄；如果再分兵設防武漢，那不是更少了嗎？這仗還要不要打了？沒準兒現在的形勢會更加棘手呢！

咸豐能如此寬容平和，在一定程度上，不能不說與北方戰場形勢趨於好轉有關。

唯一之法

自從北伐的太平軍被包圍於束城，咸豐就希望盡快將其殲滅。但事與願違，雙方足足對峙了二十來天，仍然解決不了問題。

問僧格林沁和勝保究竟怎麼回事兒，這兩人的答覆倒很一致：「太平軍依牆施放槍炮，傷亡太大，衝不過去呀！」

咸豐一聽，火冒三丈：「你們吧啦吧啦地講什麼夢話呢？以為我啥都不知道是吧?!束城那裏都是鄉下房子，不過磚土矮牆而已。太平軍即使再折騰，又能弄到多牢多厚，乃至於連你們都攻不破?!」

皇帝一發火，兩個傢伙都被嚇住了，趕緊再次組織進攻。但接連兩次大進攻都偷雞不著蝕把米，反倒被太平軍打了埋伏。其中一次勝保還被包圍在村子裏，怎麼都衝不出去，最後靠僧格林沁的蒙古騎兵才保住一命。

看來皇帝的話聽不得！僧格林沁和勝保重又低下頭，跟太平軍乾耗。勝保負責將太平軍駐地周邊的村莊燒毀，將樹木也全部砍掉，以免被太平軍用作伏擊。僧格林沁則開挖深壕，一步一個坑地進行擠逼。

林鳳祥和李開芳不懼硬攻，就怕用巧。在無法堅持的情況下，他們決定找機會繼續突圍。一八五四年三月七日清晨，趁大霧迷漫，太平軍再次突圍南下。

僧格林沁的蒙古馬耳朵都是豎著的，一步不落地跟過去，結果又將太平軍困於阜城。

這次僧格林沁吸取教訓，他不等太平軍在城外紮成營壘，便親率蒙古騎兵進行猛烈衝擊。此番衝擊令太平軍損傷很大，擔任戰場指揮官的平胡侯吉文元中箭落馬身亡。

太平天國早期分封的王侯不多，吉文元作為廣西老兄弟，他的平胡侯之位硬是靠一項項戰功累積起來的。這樣的猛將殞命，對太平軍的震動著實不小。

林鳳祥急忙將軍隊收縮進城。為了盡快破城，僧格林沁和勝保各想各的法。勝保預先設計一招，他從外地徵調窯工，在阜城外開挖地道，想穿過地道來炸城牆。可是太平軍有過土營，對挖地道埋地雷這一套最為敏感，任何風吹草動都別想騙過他們的眼睛。勝保本身也沒什麼經驗，只能不了了之。

僧格林沁的法子也是挖壕。勝保的地雷沒派上用場，他便拿過來，埋在長壕裏，就等著太平軍來踩。

阜城只是座小縣城，糧草十分有限，太平軍撐到月底就要被迫進行突圍。合圍要的就是人手，這時卻偏偏傳來聖旨，讓勝保帶兵去山東。

原來早在一個月前，東王楊秀清已得知北伐軍境況不佳，便趕緊派出援軍北上進行增援，此次勝保便是奉詔去對付援軍的。

勝保一走，城外立刻露出許多空檔，林鳳祥便乘機出城。但是他們一出城就上了僧格林沁的套，在衝過壕溝時踩到地雷，死傷百餘人。

僧格林沁的缺陷是人手不夠，頂不住。於是太平軍得以摧毀壕溝，之後通過向官軍營盤投擲火彈，造成僧格林沁後方大亂，終於打開了通道。

太平軍突圍了。但是讓林鳳祥和李開芳感到難以接受的是，自從「對手」一欄中增加了僧格林沁這麼一個名字之後，不管你突圍多少次，他就好像雙面膠一樣，總也甩不掉。

一八五四年五月五日，在無法擺脫追兵的情況下，太平軍只得在連鎮緊急布防。

太平軍還沒等彎下腰來喘口氣，僧格林沁和他的蒙古騎兵就到了，呼啦一下，三度將太平軍包圍。

連鎮橫跨運河，分為東西兩鎮。林鳳祥和李開芳哥倆商量一下，以運河劃界，一人佔住一邊，成掎角之勢；同時在運河上架起浮橋，使運河兩邊連成一氣。

連鎮「人口繁盛，蓄積頗豐」，附近村莊也都不是貧瘠之所。太平軍從鎮到村，將所有財物掠奪一空，作為軍隊給養。林鳳祥又在東西兩鎮之外建造木城，設立大小連營七座，以分官軍兵力。

在作戰方面，僧格林沁是個老手，普通戰術在他眼裏都不值一提。他也分兵，但是只依照東西兩鎮的位置，河東一路，河西一路——你想讓我分七八股是絕無可能的。

之後僧格林沁的眼睛就一眨不眨地盯著這兩股兵力，並不斷往前推移。

當時北方連降大雪，太平軍雖得到了糧食上的補充，但冬衣不足，而且他們本身也不知道如何防寒保溫，因此非戰鬥減員非常多，光凍死的就有數千人之多。

僧格林沁的辦法就是熬著耗著。在對付氣溫這個大敵方面，長期生活在同一環境下，甚至是更惡劣環境下的蒙古人顯然要比太平軍能扛得多。

耐不住的是咸豐。在沒看戰報以前，他總揣著一種中彩票的心理，想冷不丁刮個百萬大獎什麼的。但仔細讀下來，他發現僧格林沁不過是在拿話搪塞自己。

敷衍，敷衍，你就知道敷衍！不趕緊把太平軍給擺平，什麼時候是個頭啊?!

僧格林沁口口聲聲下雪天冷得不行，非得等到冰雪消融才會有取勝的完全把握。咸豐真是恨不能給他一巴掌：「早知如此，何必當初？你若早點兒抓住時機，殲滅這股太平軍，還會像今天這麼費力嗎？」

他在僧格林沁的奏摺上批道：「再不能寬限時日。」

可寬限與否已不是咸豐能說了算的，是僧格林沁說了算，他只把咸豐的話當耳邊風。

皇帝坐在紫禁城裏說的現成便宜話，那是能聽的嗎？聽不得！儘管太平軍的境況已大不如前，但仍有近萬之眾。而且僧格林沁分明看到，太平軍照舊悍不畏死，或戰或守，均從容不迫，毫無潰亂之狀。

這種情況，你要我立刻將他們幹掉，不是在說天書麼？

只有長圍久困，才是唯一取勝之道。

僧格林沁的圍困像毒蛇纏頸，使得太平軍的日子越來越艱難。這時楊秀清派遣的特使正好潛入連鎮，林鳳祥才知道天京援軍將趕到救急。兩人計議後，決定讓李開芳率六百輕騎兵南下接應。

這邊僧格林沁也不斷得到增援，所統率的兵力已增加到三萬，彌補了勝保率部離開後兵力不足的缺陷，也使僧格林沁得以採取新的動作：環鎮築壘，挖出三道壕溝，並配以土城，將鎮外林鳳祥所築連營也一道困了起來。

隨著時間的推移，繼缺少冬衣之後，太平軍囤積起來的糧食也漸漸被吃光了，他們只能以黑豆充饑。

林鳳祥困窘無計，不知道怎樣才能帶著這支部隊走出不利局面。但是這一天，忽然有人告訴他：「我有辦法！」

鬥獸場

說這話的是一個廣西老兵。他說有辦法，不是說他個人有辦法，而是附在他身上的神明有辦法。

事情發生在軍內舉行的一次禱告儀式上。大家都在念念有詞，就見那個老兵突然昏厥倒地，口吐白沫。

此君醒來之後，「耶穌」便佔據了他的身體乃至聲音，並對林鳳祥言道：「休要擔心，少要害怕，某有的是神奇兵法，定能助你突出重圍。」

林鳳祥一聽，骨頭都酥了。

天兄耶穌？那是天王洪秀全的哥哥啊！有他下界助陣，那自然是無敵了！

林鳳祥馬上封老兵為軍師，並建立軍師府。此後事無巨細，他都要請示「軍師」後才執行。

天兄下凡當然都是鬼話。長時間被圍困，很容易讓人精神出問題。太平軍裏面經常要傳達天兄附體的故事，這位「軍師哥哥」興許也是和大家一樣，太想突圍了，神思恍惚之中便把自己也附會了進去。

這鬼話只有最上層的人才心知肚明。林鳳祥還沒達到那種級別和層次，這才上了大當。

「軍師哥哥」不懂指揮打仗，但他以前在廣西唱過戲，跑過龍套，臨時便把舞臺上的招招式式搬了過來，每日操演一些「誅妖陣」「鎖妖會」之類的所謂陣法。

一個月過去了，這些陣法對實戰毫無作用，林鳳祥也漸漸瞧出了端倪——這「軍師」竟然說出了讓關羽、黃忠下凡助陣的話。太平軍的宗旨是砸爛一切牛鬼蛇神，三國人物自然也在被砸之列。林鳳祥將其憤而斬之，送這位鬼迷心竅的老兄去見了上帝。

虛幻的一套只在天王府裏才吃得開，對於揭不開鍋的前線來說，猶如畫餅充饑。

情急之下，林鳳祥想到了呂公車。

呂公車是自明代起就有的一種大型軍事設備，類似於古時候的重型坦克。太平軍對其進行了改造後，車上不僅可載人，還能裝備火炮。北伐以來，呂公車多次被用於攻城和野戰。

但是呂公車仍然難以救急。僧格林沁所修的那些壕溝，深度和寬度各達六米有餘；土城則高達四米，厚近三米，上面安有槍炮。在壕溝後的土城內，每隔三米便支起一頂帳篷，每頂帳篷裏都有十名士兵晝夜巡邏。

如此複雜的陣地工事，幾乎可以和後世的反坦克壕相提並論，哪是呂公車這樣的土坦克能夠攻破的？

形勢越來越嚴峻，太平軍內再次人心動搖，出現了逃兵。僧格林沁也像勝保那樣，天天讓這些逃兵高舉「投誠免死」牌，在太平軍營壘外轉來轉去，展開攻心戰。

在太平軍內，廣西老兄弟——或者叫「老長毛」或「桂籍長毛」——是其中堅力量，戰鬥力相當強，能夠讓那些從黑吉調來的滿洲騎兵嚇到發抖。但有一利必有一弊，他們同時也有目空一切、看不起外省的人一面，一如湘潭之戰中的「長髮兵」對「短髮兵」。

太平軍本身不團結，加上饑困交迫，前後出降者達三千多人，竟佔去了守軍的三分之一。在這些投降份子中，很少有廣西籍的，大部分出自於外省，例如湖北。

與勝保不同的是，僧格林沁的攻心戰術已可用惡毒來形容了。他把降兵集中起來，專門編成一支軍隊，名為「義勇」。

僧格林沁立下規矩：義勇必須屯兵於包圍圈內，不得進入土城；而且不立戰功就不能剃髮，也就是說仍不被視作自己人。

不轉正就成不了正規官軍，仍是「偽軍」；而由於仍留著長髮，對面的太平軍也一看便知此輩是叛徒，必欲除之而後快。在前後相逼下，為了取得一張血淋淋的投名狀，義勇往往荷爾蒙噴發，在戰場上「捨命搏戰」，比官軍和太平軍加在一起還瘋狂。結果，包圍圈內，昔日夥伴自相殘殺，死傷枕藉；包圍圈外，官軍冷眼監視，坐山觀虎鬥，猶如古羅馬的鬥獸場一般。

原先林鳳祥抓到逃兵就殺，但眾人——特別是那些非廣西籍的官兵，看到投降不僅可以不死，還搖身一變成了官軍，想想留下來橫豎一死，逃出去沒準兒尚有活路，因此沒人會被嚇住，逃跑投降之風反而颳得更加凶猛。

眼看著軍心收攏不住，林鳳祥只得改變策略，抓到逃兵不殺了，而是當著他們的面痛哭流涕，進行自我批評，罵自己無能；又賜金帛財物給他們，揮揮手說你們要走就走吧，不要管我了。

如此一來，逃兵中有點兒義氣的，倒起誓不走了。

林鳳祥忽然來了主意。

你僧格林沁不是要誘降嗎？好，那我就跟你玩一個詐降！

林鳳祥與詐降者約好，讓他們進入官軍陣營後，便與連鎮守軍裏應外合，從而一舉擊破僧格林沁的包圍。

他特地對詐降者進行了挑選，專門挑那些原先當過官軍的。林鳳祥認為，這樣可以增加僧格林沁的信任感，減少鬥獸式的「考驗期」。

誰知在見到這些詐降者後，僧格林沁卻是一臉冰冷，說你們跟那些「老長毛」不一樣，那些「老長毛」不過是些無知愚民。你們不一樣啊！你們拿著國家的工資，吃著國家的口糧，卻還要跟著太平軍造反，真是太可惡了。對你們這樣的人，我是來一個殺一個，「有殺無赦」。

一席話，把詐降者說得面面相覷，汗如雨下。

不料僧格林沁話鋒一轉：「不過呢，我這人從不殺降。這麼辦吧，你們回去，把林鳳祥的腦袋送來，我就允許你們歸降。」

詐降的二十來個人被放了回去。

林鳳祥當然不可能把自個兒腦殼割下來給人當信物。幾天後，這些人又來見僧格林沁，手裏還拿著幾件衣服。

僧格林沁問那是什麼，回答是：「林鳳祥的腦袋拿不到，只偷得他的衣服為證。」

僧格林沁揮揮手：「拉倒吧，我要衣服有個屁用！」

第二回，衣服變成了人頭——不過不是林鳳祥的人頭，據他們說是林鳳祥親近手下的人頭。

這回僧格林沁發火了：「什麼親近手下?!我知道林鳳祥的部下到底長啥樣?!你們不是故意來蒙我嗎?!」

林鳳祥被逼得沒有辦法，第三回便把自己的印綬取出，讓詐降者帶去。

僧格林沁見到後點點頭：「這東西還值點兒錢。」隨後，他卻忽然問了詐降者們一個問題：

「我知道太平軍的軍紀非常嚴明，那麼請告訴我，你們上次是怎樣拿著人頭穿梭來去的呢？」

接下來的疑問當然還有很多，比如在殺了林鳳祥的部下後，要再把他的印綬偷出來，那幾乎是沒有可能的事——要麼林鳳祥和他的太平軍將士都變成了白癡，要麼就是在上演好萊塢式的神偷大片。

僧格林沁將詐降者一律斬首，只留一人回去報告林鳳祥：「鬼蜮伎倆，吾盡識破也。」

憑你那點兒小零小碎，還想來糊弄我？省省吧！

網開一面

詐降之計失敗，林鳳祥鬱悶不已，這時忽然有身為義勇的將領求見。

凡是加入義勇的降兵降將，雙手都沾滿了兄弟同僚之血。太平軍恨不得將你生擒活拿，你還敢主動現身？

這位降將倒很鎮定，說我做了錯事，現在是來補過的。

他提供了一條重要信息：李開芳已帶著援軍來了，正在包圍圈外與官軍交戰。

據降將說，他就是李開芳派來的，李開芳讓他來告知林鳳祥，趕緊裏應外合，好一舉擊敗僧格林沁。

這條信息正是林鳳祥和被圍困在連鎮的太平軍所苦苦企盼的。不過林鳳祥留了個心眼，他只有看到聯絡信號才會行動。

當初李開芳南下時，曾與林鳳祥約定，如果被官軍分隔，彼此以噴火彈為號。

林鳳祥令降將返回，然後便開始等待。

到了預定時間，果然看到了噴火彈，林鳳祥大喜過望，立即率兵出擊。

他不知道，這其實是僧格林沁布的一個局。這就叫「戲從對手中來」，你騙我，我套你，無非是看誰的演技更高超而已。

至於聯絡信號，林鳳祥以為是他和李開芳兩個人之間的祕密，天知地知你知我知。孰料隔牆有耳，被那個降將偷聽到了，火彈根本就是官軍所施放的。

林鳳祥沒有遇到李開芳和援軍，卻陷入了官軍的埋伏之中，被打死四五百人。僧格林沁立刻拿出官帽頂戴，賞給引誘太平軍的降將——在世俗社會裏，忠心和義氣常常不是卑鄙和背叛的對手。

中伏不僅讓林鳳祥受到打擊，也斷絕了他待援的最後一點兒希望。不久，太平軍連黑豆都沒得吃了，林鳳祥便下令殺騾馬。騾馬有限，殺完了他們便開始煮皮箱刀鞘。帶皮的也煮完了，他們又從地上挖掘馬齒莧、當歸這些野菜為食；還有的剝開榆樹，去皮研末，做成麵條。等到連這些東西都吃得差不多的時候，他們甚至將俘獲的官兵和逃兵殺掉，取人肉以食，盡顯戰場上最黑暗和悲慘的一面。

大規模的逃亡又開始了。太平軍的兵力已嚴重不足，兼顧兩鎮變成不可能。林鳳祥放棄了西連鎮，率兩千餘人進入東連鎮，而這兩千餘人都是死也不會投降的廣西老兵。

在此之前，僧格林沁便已開壕築堤，為的是蓄積雨水。等到堤壩建成，蓄水已達到房頂那麼高。這時官軍便掘堤放水，對太平軍陣地進行圍灌，之後又用大炮進行持續轟擊。

在太平軍陣營出現混亂後，僧格林沁才正式發起總攻。

林鳳祥往來督戰，身上兩處受到槍傷。他身邊的兩千勇者或戰死沙場，或投水自殺，再沒有一個肯屈膝投降。

一八五五年三月七日，東連鎮被僧格林沁攻破，林鳳祥在躲藏的地窖內被俘。儘管地窖內還儲有可供他一月食用的糧食，可這已經無濟於事了。

兩天後，也就是一八五五年三月九日，咸豐收到了僧格林沁從前線發來的捷報。

這正是曾國藩在九江和湖口遭遇大敗，石達開發起全面反攻的時候，咸豐太需要一個戰場上的好消息來沖沖喜了。儘管僧格林沁拖了那麼長時間才解決問題，但畢竟是解決了。而且僧格林沁身為皇親國戚，統率的又是八旗官軍，不同於曾國藩的湘軍——那是純粹的家裏人——這是多給自己長臉的事啊！

咸豐加封僧格林沁為博多勒噶台親王。在清代，一般只有皇帝的兒子才能被封為親王。僧格林沁作為一個蒙古郡王、皇帝的表兄（還不是原裝的）就被封親王，這在當時非常少見。自此以後，僧格林沁的故鄉科爾沁左翼後旗就被稱為「博多勒噶台親王旗」，簡稱「博王旗」，這一稱謂一直沿襲至今。

而與此同時，他的同伴就沒這麼好運了。

勝保還未到山東之前，天京發來的援兵已在沿路消耗得差不多了；再給他傾力一攻，連山東都立不住腳，只剩得一千餘人拼死突圍，南返回京。

援兵餘部剛走，李開芳來了。

李開芳此行本為接應援軍，但由於消息滯後，等他到的時候，北援早已失敗，他自己也被勝保包圍於高唐。

但是隨後走霉運的不是李開芳，卻是勝保。由於在損兵折將的情況下仍遲遲未能攻破高唐，咸豐下令將勝保逮京問責，攻克高唐的任務也同時被移交給僧格林沁。

高唐州是《水滸傳》中梁山好漢救柴進的地方，似乎天生對造反者有利，對官軍不利。到了那裏之後，僧格林沁發現，不是勝保無能，實在是高唐州太難攻了。

高唐州以前是存儲軍火的地方，當地盛產製造火藥所必需的硝石、硫黃，糧草也很充裕。要打仗，李開芳幾乎沒一樣缺的。他從連鎮出發時雖只帶了六百輕騎兵，但這六百餘人「皆百戰精銳」，都是選出的能戰之士。

李開芳又在城外挖掘三道深壕，三壕相通，壕內藏有太平軍。官軍從壕上越過，不是被長矛挑個對穿，就是被鳥槍打死。加上城內能夠居高臨下，以明擊暗，所以每次官軍都要碰得頭破血流——傷亡十餘人算是少的，多的時候一次就要損失百餘人。

勝保攻城時，十八般武藝全都使上了。參加攻城的騎兵有滿洲騎兵、蒙古騎兵；步兵更是五花八門，除了北方官軍外，還包括南方來的川勇，可是無一例外都遭到慘敗。

如果僧格林沁也像勝保那樣採取大兵強攻的辦法，顯然效果不會好到哪裏去。

高唐州很難攻，那麼換個地方呢？

僧格林沁將勝保的四面包圍改為網開一面——網開一面不是說都不對，關鍵是看時機。

在主動留出空檔的同時，他則像在連鎮時一樣加緊圍城，將能斷的糧道全部斷掉。勝保在時，太平軍有時晚上還能到城外村莊裏去徵糧；隨著僧格林沁越圍越緊，連這種機會也沒有了。

眼見得城中糧草不斷地少下去，李開芳心裏打起了鼓。這時他又得知了連鎮太平軍覆沒的消息，越發感到高唐州非久留之所，於是計畫突圍。

一八五五年三月十七日，李開芳扔掉所有馬匹輜重，帶著餘下的三百人趁夜步行突圍。

僧格林沁那鷹隼般的眼睛始終緊盯著太平軍突圍的方向，只要他願意，完全可以將李開芳擋住，把太平軍重新堵回高唐州——但這並不是他想要的。

他想要的，恰恰是李開芳正在做的。

在北伐以來的所有突圍行動中，高唐突圍可以說是最為失算的一次，它為李開芳最終的失敗埋下了伏筆。

將計就計

在太平軍完全撤離高唐後，僧格林沁才發力猛追，所以李開芳並不能跑多遠。確切地說，他們只跑到離高唐四十多里，一個叫馮官屯的地方。

馮官屯在區劃上並沒脫離高唐州。此地皆為富戶，有的人家光名下田地就有數千畝。而且他們都住在土城堡裏面，城堡周圍砌以磚石牆垣，十分堅固。

馮官屯有護屯家丁，可此類武裝哪是太平軍這種正規軍的對手？三下五除二，他們便被滅了個精光。就在太平軍佔據馮官屯的同時，一前一後，蒙古騎兵也滾滾而來。李開芳立即派人用大木頭將所有出口堵住，然後排列槍炮，做好防禦。

僧格林沁到達馮官屯，第一個舉措是派騎兵將馮官屯包圍，然後築堤造樓進行圍困。

在僧格林沁的計畫裏，高唐州終於如願以償地變成了馮官屯，可是要攻克這座莊子也並不輕鬆。

由於無法接近，僧格林沁便從高唐運來大炮，一排排轟過去。「村內房屋，皆被擊塌」。李開芳見屋內待不住，就在屯內挖掘可以自由通行的壕溝。溝內建有地窖，既能躲避槍炮，又可以用來住宿；窖外則另挖各種小孔，官軍來進攻時，可以從小孔向上開槍射擊。

這是一種足以傲視後世的地道，其開掘時間之短，構造之機巧，均令人歎為觀止。

憑藉地道戰，李開芳多次擊退官軍的進攻。僧格林沁所依倚的大炮像拳頭打在棉花上，聽不到一點兒動靜。

僧格林沁始終攻不破馮官屯。與圍困連鎮不同，這次他的時間十分緊迫。你想，對付一座小小村落，守軍又不足三百人，若再要耗上個大半年，別說咸豐無法容忍，恐怕他自己也接受不了。

僧格林沁再次想到水淹之策。臨時蓄水是來不及了，他上奏朝廷，請求引運河水來灌屯。

得到批准後，僧格林沁便忙開了。在地勢上，運河低，馮官屯高，挖渠的工程量很大，因此花了整整一個月的時間，才修成一條百里長渠。

僧格林沁在那邊做臨時工頭，李開芳在這邊看得清清楚楚，他決計突圍。

一八五五年四月十五日，太平軍乘夜從早已挖好的地道中潛出，全力撲向官軍的炮臺。官軍毫無防備，被這些突然從地裏鑽出的「土行孫」給整蒙了圈，頓時死的死、逃的逃。

太平軍將炮臺上的炮眼封死，然後繼續向外衝。僧格林沁聞訊，趕來指揮堵截。在激烈的交鋒中，他的親兵被殺，自己的坐騎也被打死。他拼了老命，才迫使太平軍退回馮官屯。這次險情讓僧格林沁意識到，必須趕緊灌，不然一個不小心讓太平軍溜走，百里長渠就算白修了。

馮官屯比長渠高，僧格林沁就把水車搬來，指揮兵勇連軸兒轉，像農民灌田那樣把水從低處抽上來，而且一刻也不敢停工。經過十幾天的浸灌，加上連降兩天大雨，雨水和運河水交相灌入，低窪之處的水深已達一米以上，連地窖裏也浸入了水。

再往後情況更趨嚴重，馮官屯遍地都是水，整個屯內僅剩巴掌大小的乾燥地面。除李開芳尚可坐在床上外，其他太平軍官兵大多不是陷身泥淖，就是只能跑到樓上。堆在倉庫裏的火藥和糧食也都被浸濕，以致無法使用。

僧格林沁先用水來擠壓守軍的活動空間，之後便集中火力對太平軍聚集的樓房進行射擊。他還想了一記毒招：將收購的大量青蛙投放於馮官屯的水中，讓官軍支著耳朵聽聲音，哪裏沒有蛙鳴，就說明哪裏是太平軍的潛藏之處，也便是他的重點打擊目標。太平軍因此傷亡很大。

馮官屯裏的水越漲越凶，低窪處的水已快升至兩米，地窖內積水也接近一米。李開芳和餘下的太平軍被迫做好了魚死網破的準備。

對僧格林沁來說，魚是早晚要死的，但網破就不好了。他最樂見的是那魚變成乖寶寶，自動送上門來，那他連網都用不著撒了。

在太平軍山窮水盡的情況下，僧格林沁決定繼續採用誘降術。

不過李開芳可不是個乖寶寶，連同依舊跟在他身邊的那些太平軍，個個都是哪怕只剩最後一口氣，也一定會咬你一口的「老長毛」，絕不可能成為官軍中的「義勇」。

僧格林沁對此心知肚明。他所謂的「誘降」，其實是假誘降，說穿了不過是哄和騙而已。

一八五五年五月二十六日，僧格林沁親自寫了封信，對李開芳說：「你這人超有才，我早就愛上你了。只要你在三天之內率部歸降，我就將你算作是投誠免罪。」

哄騙能不能奏效，僧格林沁也並無完全把握。他暗地裏調來小船，為的是一旦李開芳不上鉤，便不惜用水戰的方式攻入屯內。

沒想到李開芳一收到勸降書，便立刻答應下來——只不過他的「答應」是將計就計。僧格林沁要假誘降，他則想玩一招假投降。敢情大家都是假的，沒一個真的。

李開芳所設計的戲路是：先派一部分詐降者進入官軍大營，之後李開芳再親率餘下官兵開炮突圍。大家約定的信號就是炮聲，詐降者以炮聲為號，立即反戈一擊。這樣裏應外合，即可突出重圍。

李開芳和僧格林沁都是俗稱的「老戲骨」，非常知道掌握火候。即便到了這種關頭，李開芳仍是不急不躁，一天天地倒數著日子。

一天，兩天，到了第三天，即一八五五年五月二十八日，僧格林沁遠遠看見一百多名太平軍官兵招手出降。

眼睛刷刷地掃過去，僧格林沁就發現這批人不是真的歸降，而是詐降，但是他絲毫未露聲色。

此時的馮官屯已成水城，無舟可渡。僧格林沁就拿出兩根特粗的繩子，一上一下，兩端分別繫牢在樹上，做成一個簡易版的水上浮橋。凡歸降者，可以腳踩一根繩，手抓一根繩，不用沾水便能過來。

走這樣的「浮橋」，對一般老百姓來說難度著實不小，但對於常年涉水過河的太平軍官兵來說則相對簡單。大家都覺得這個小發明不錯，刀槍背在身上，也不用害怕受潮。

不僅如此，僧格林沁對接待事宜安排得也很周到：每名太平軍從繩子上下來，就會上來五個官軍「接待」，並把他們迎進大營。

李開芳眼見僧格林沁「中計」，馬上傳令放炮，要在一片喊殺聲中涉水突圍。但讓他感到納悶的是，詐降者並沒有隨著炮聲起而回應。

不是詐降者不響應，而是早就身不由己。眾人進入官軍大營後，才走出十步，背上的刀槍就被收掉了；走出三十步，雙手也被捆了起來。

見官軍大營平靜如常，李開芳意識到，他的詐降計露餡了，裏應外合的計畫只能流產。

又是演戲

這一輪的以詐應詐，僧格林沁又贏了，得意是免不了的。可他的高興勁還沒結束，官軍大營中就發生了一件讓他心驚肉跳的事。

詐降計失敗的當晚，詐降的百名太平軍便被處斬。就在赴刑場前，有一個負責押送的官軍騎兵眼睛突然放起了光，原因是他發現被他押著的那位太平軍士兵手上戴著一隻金鐲。

如果金鐲在人犯處斬時被眾人發現，那叫集體戰利品。這哥兒們貪心不足，想獨佔財物，於是便向被押者說好話：「反正你都是要死的人了，金鐲落誰手裏不是落啊？可憐我陪你這半天，就留給我吧。」

太平軍士兵滿口答應，但要他先解開繩索，否則沒法把那鐲子取下來。

官軍士兵想想也對，利令智昏之下，就動手把對方的繩子給解開了。太平軍士兵果不食言，把胳膊伸了過去——不是要給金鐲，卻是要拿性命。

說時遲，那時快，官軍士兵腰裏的佩刀已被拔了過去。之後太平軍士兵反手揮過，這個二百五頓時被斷為兩截。

太平軍士兵奪過馬匹，突圍而出。上前阻截的官軍兵勇被砍傷了十幾個。

僧格林沁聞訊大驚，急忙下令用桌椅堵塞街道，使得馬匹不能奔跑；然後前後堵截，靠人多優勢才把那個太平軍士兵給殺死。

這次意外讓僧格林沁對「老長毛」作戰意志之頑強有了更深體會，他絕對不相信李開芳會真的投降。但問題是，他要想攻破太平軍防線，乃至發動水戰，畢竟不是一件簡單的事，所付出的人員傷亡也定然少不了。

恰在這時，李開芳卻派人游泳過來，給僧格林沁送來一份降表。降表上說，只要官軍能讓開一條道，讓他逃往南方，以後太平軍將永不再犯。

不知道李開芳寫降表前，是不是受了那些戲文的影響：某某打不過了，就說我這就回去，今後再不來招惹你云云。

僧格林沁可不是舞臺上矯揉造作的小生，勝券在握的情況下，他才不會理這個茬呢！李開芳的降表只是讓他看到了另外一種可能，那就是還可以繼續哄和騙。

他給李開芳的回覆是：讓路不可能，但只要你肯降，我仍可不殺。

一八五五年五月三十一日，李開芳再遞降表，宣布投降。

當天太平軍繳出武器，李開芳親自到官軍大帳中來見僧格林沁。入帳後，他僅向僧格林沁及幾個土要將領彎了彎膝蓋，算是行禮，對其他人視若無睹。

見他都落到這地步了，還敢如此狂傲，帳中將官皆持刀怒視。但李開芳仰面四顧，毫無懼色，盡顯悍將本色。

他對僧格林沁說，你們不是還要南下嗎？要是硬打的話，那損失可太大了！這樣吧，如果你放了我，我就替你們去做說客，勸他們來降。

接著，李開芳又說我餓腸轆轆了，得吃點兒東西。僧格林沁傳令上飯。李開芳開懷大嚼，談笑如常，甚至說他可以到天京去勸降。

僧格林沁瞅明白了：江南或者天京的那些天罡地煞，哪個是憑幾句話就可以忽悠來的？我放你回去，還不是放虎歸山？

原來又是演戲，又是詐降。

吃完飯，僧格林沁一刻不敢耽擱，趕緊派數百騎兵，將李開芳押解進京處決。

這標誌著北伐軍的全軍覆沒。

對咸豐而言，歷時兩年的北伐，幾乎就是一場長達兩年的噩夢。在這兩年中，他時時夢見自己和那個前朝末代皇帝一樣，蓬頭垢面地走上斷頭臺。「國君死社稷」，口號是不錯，可有哪個皇帝真心想走這條路呢？

現在噩夢終於結束了，而這些都應該感謝那個叫僧格林沁的人——此君實有再造大清國之功。不知道咸豐還記不記得另一個夢，祖母孝和皇太后做過的那個：玉石綿羊從東北方帶來亮光，將出現貴人來保大清天下。

現在那個夢終於應驗了。

咸豐立即特許僧格林沁以親王身分「世襲罔替」。

明代有親王，清代也有親王。明代親王是老子傳兒子，兒子再傳孫子，子子孫孫傳下去。到後來親王遍天下，形成了尾大不掉的痼疾。

前車之鑒，後車之覆。清代吸取教訓，便搞了一個降襲制度，即每傳一次就降一級——這樣親王自然越來越少。唯一例外的就是八位「鐵帽子王」，其先輩分別是多爾袞、多鐸這些人，皆為開國功臣。他們的子孫裏面可有一人享受「世襲罔替」，把親王寶座原樣繼承下去。

如今僧格林沁也擠進了「世襲罔替」的行列，意味著他的地位已相當或接近於「鐵帽子王」。

在惠親王綿愉、僧格林沁班師回朝時，咸豐還為他們舉行了隆重的慶典。這是僧格林沁最風光的時候，史書上說他自此「威名震於海內」。的確，其時其地，面對北伐軍這種精銳中的精銳，即便換曾國藩過來，也未必就能阻擋其鋒，更不必說將其全部殲滅了。這個從草原上一路走來的「玉石綿羊」，毫無疑問就是咸豐必須倚重的守護神。

不過咸豐還是不能歇下來。北方雖定，南方未平。特別是自石達開在長江流域組織大反攻後，武昌至今還被太平軍控制在手中，他急需派得力大將去扭轉那裏的戰局。

最合適的人選當然是僧格林沁。可是如果太平軍再度北上，進行第二次北伐，那時候該靠誰呢？

僧格林沁不能走，得留在京師，因此只有派他的手下大將出馬。一八五五年六月十四日，西凌阿被任命為欽差大臣，南下督辦湖北軍務。

西凌阿原先並不是僧格林沁的直屬部下，他是跟著勝保混的。勝保被逮捕後，他才成了僧格林沁的人。此君打仗非常賣力，無論是在勝保還是僧格林沁手下，其部都是先鋒。

西凌阿一到湖北，便向太平軍發起攻勢。但是他似乎只能給別人做做先鋒，一旦單幹便現出原形，被太平軍打得落花流水，潰不成軍。他說要反攻，一眨眼的工夫卻連士兵都找不著幾個了。

原以為他跟過僧格林沁，多少可以沾上一點兒「仙氣」，沒料到竟是這樣一副德性。咸豐大失所望，只得將西凌阿革職，另外委任其他人做欽差大臣。

新來的並不比西凌阿強到哪裏去——西凌阿率北方得勝之師來戰，都一敗塗地，他還能再變出什麼戲法？

可是，後來戲法還真的讓繼任者變出來了。當然，他實際上是借了胡林翼的光。

第三章 平亂專家

曾國藩說過，胡林翼之才要勝他十倍。這並非過謙之辭。

胡林翼的名字有個來由，說是他母親懷孕時做過一個夢，夢見一隻五色鳥張開雙翼，飛到了屋後叢林之中，用嘴去叼啄林中的靈芝仙草，且啁啾鳴囀，徘徊不去。母親醒來之後，家裏人一合計，認為這夢非常吉利，因此就給他取名為林翼，字詠芝。

這樣的夢，跟胡家的背景和期望很是契合。胡林翼的父親在嘉慶年間考中了一甲第三名，也就是探花，接下來就是希望能再出一個續香火的文曲星。

與大家期待的完全一致，或者更出乎意料——胡林翼很早就顯露出了神童的潛質。據說他在四歲時，已經跟同齡人有了差距：走路穩穩當當，說話不急不緩，很有未來做大官的氣象；再大一些學習認字，更是過目不忘。

當他八歲時，一代名臣陶澍來拜訪他的祖父，見到了隨侍的胡林翼，一時「驚為偉器」，認為這孩子以後的成就將不得了。好機會不容錯過，陶澍當即與胡家訂下娃娃親，將女兒許配給了胡林翼。

陶澍不是相面算命的，這個孩子所能打動他的東西，可以從五年後胡林翼聽老師講解《論語》時說的一句話中看出端倪。當時，胡林翼說：「今天下之亂不在盜賊，而在人心！」

胡林翼說出此言時不過十三歲，至多小學六年級。而他的這句話是很多成年人都說不出，也想不到的。胡林翼的老師像陶澍一樣感到震驚，在日記中清清楚楚地記錄下了這一幕。

一個驚世之才即將冉冉升空，但正像她母親夢中所見，這是隻五色鳥——胡林翼身上並非只有一種顏色。概而言之，他的個性太多變了。

人不輕狂枉少年

有人說，曾國藩是因聖賢而入豪傑，胡林翼是因豪傑而入聖賢。古往今來，凡豪傑之士，大多有其落拓不羈的一面。胡林翼也像過去的江忠源那樣，有過「人不輕狂枉少年」的經歷。

沒有辦法，他的家境實在是好——既然給設定了《紅樓夢》中賈寶玉那樣的本錢，你要一個真性情的人不輕狂一下，就太委屈他了。

未考科舉之前，這個紈絝少年「恣意聲伎」，一放下書本就往花街柳巷鑽。中科舉進翰林之後，他好的還是這口，即便在京城困難重重。

清代跟明代相比，最「存天理滅人欲」的地方，無過於禁止官員狎妓。一如現在的西方國家，老百姓花心一點兒無人追究，當官的被發現縱情聲色那可是要被打屁股的。尤其道光那種正經八百的皇帝當政——他連「黃書」都不看，更別說付諸行動了。於是，京城的娛樂業也跟著蕭瑟慘澹，所謂八大胡同、賽金花那都是後來的事。

更有那假道學的馬屁精，竟然順著皇帝的心思來，乾脆上道奏摺，把唱戲的女旦都給禁了。這下好，舞臺上跳來舞去，一水兒的男演員，沒勁到讓你都想往臺上扔板磚。

有點兒身分和資歷的官員有辦法，他們可以縮回自家院子，左一個右一個地娶妾迎小——反正往著不違紀不丟官的區域使勁就是了。可是翰林院的官員大多是剛剛中科舉進來的年輕人，一方面有著當年杜牧杜詩人「十年一覺揚州夢，贏得青樓薄倖名」一般的豪情壯志；另一方面又無錢去討小老婆，青春期的過剩精力無處釋放，漂在京城的滋味著實難熬啊！

恨死了這幫假道學、偽君子！

明著不行，色膽超過理智的翰林們便私下約好，集體出遊——做這種事情太需要膽量了，一個人根本不敢獨自行動。

此類活動，胡林翼每次都是積極份子。有一天晚上，他與一個叫周壽昌的好友一起去逛妓院，正玩得好好的，突然就有類似於治安警的「坊卒」來檢查。

這真是驚魂一刻！周壽昌為人機靈，閃電般地跑進廚房，套了件衣服扮伙夫立著。員警進來一看，哦，廚師，就走開了。

胡林翼等人反應沒那麼快，全給員警堵在那裏，並且被抓回問訊。被審問時，可憐他們還不敢吐露真實身分，只說自己是老百姓。

既然是小老百姓，人片兒警就有得拿你們開心了，自然是什麼都問。他們還什麼都得老實交代，臉面丟了，罪也受得不輕。

被釋放後，胡林翼看到毫髮無損的周壽昌，不由又羞又憤：「朋友要臨難相救，你卻臨難相棄，算什麼朋友？絕交！」

其實還真不能怪人家周同學，那種時候都是自顧不暇，總不至於大傢伙兒全鑽進廚房裏，讓員曾相信這是妓院裏的「廚師特訓班」吧?!

雖說是京城，其實特沒勁，有勁的還是南方。

未入翰林院之前，胡林翼曾在湖南省城舉辦的鄉試中落榜，也就是沒能中舉。彼時他已迎娶新嫁娘。時任兩江總督的陶澍就將小夫妻召到南京散心，順便讓女婿跟著自己做做幕僚，長長見識。

胡林翼舒服日子過慣了，花費很大。據說後來即使他加入了湘軍，仍保留著公子少爺的習慣，定要吃好的喝好的，且「無三日不小宴」——隔三岔五都要開個小灶什麼的——與曾國藩、羅澤南這些天天粗茶淡飯的苦行僧截然不同。

胡林翼到了南京，這些花費都得朝老丈人伸手要。但陶澍眼睛眨都不眨，要多少給多少。

大家都很驚疑，因為陶澍平時生活儉樸，從不大手大腳，對自己如此，對身邊的人也是一樣。陶澍的回答是：「這孩子是橫海之鱗。一個縱海四海的金鱗啊，出手當然不一樣！區區一勺子水，哪裏夠他辦事的？」

花點兒錢倒也罷了，可胡公子又看上了金陵有名的秦淮風月，經常扔下老婆，一個人跑去風流快活。

按照陶澍的規定，幕僚八小時內外都不許離開衙署，更不用說去秦淮了。其他幕僚看著胡林翼瀟灑來去，那個羨慕嫉妒恨啊！有人便以此為由，希望陶公解除嚴規。

陶澍卻說胡林翼去得，你們去不得。為什麼呢？因為他以後要為國操勞，最後是要鞠躬盡瘁，死而後已的。你們誰能做到？

「都做不到吧?!好，那就暫時讓他玩樂一下。反正他以後要執掌天下事，估計也沒空去娛樂了，現在就算提前支取報酬吧！」

眾人真是敢怒不敢言。你是大吏，又不是預言家，怎麼就知道這小胡今後會為國家操勞累死呢？說得如此奇怪，不過是偏袒你女婿罷了！

眼看女兒獨守空房，陶夫人也不樂意了，埋怨老頭子當了一輩子大官，卻連人都看不準：「胡林翼讀書讀不出，考試考不好，做人又如此差勁！女兒一生都要毀在你手裏了！」

陶澍有些招架不住，不過他仍堅信自己當初的判斷和選擇。

「我這個女婿非同常人，那是瑚璉之器，有治國安邦之才。他現在這個樣子，只是還不清楚今後的努力方向罷了！給他時間，他就一定能走出迷霧。」

就在老丈人幫他左支右擋的時候，不知輕重的胡林翼還在金陵花叢中流連忘返哩！明滅眩暈的霓虹下，黑夜在燃燒，舞步在放縱。美酒、麗人，都足以吸引住這個思維活躍且性情灑脫的年輕人。

也許有人會以為陶澍是騎虎難下——身為大吏，即便看走眼、認錯人也不敢承認，只能梗著脖子硬挺。事實上，他一直在對胡林翼進行觀察。

就在來南京之前，這位年僅二十歲的青年已經做了一件足以讓陶澍刮目相看的大事。

胡林翼的家鄉湖南益陽遭了災，饑民把道路都給堵住了。正在讀書的胡林翼求見縣令，提出了讓富人出錢賑災的方案。

可是十幾天過去了，那幫目光短淺、愛錢如命的富人沒一個肯出血。胡林翼急了，就動員自己的老岳丈先捐兩千兩銀子作個榜樣。有了這個打底，他再挨個去進行動員。

要動員富人出錢，比要他們的命還難。陶澍的辦法是看人說話，能講道理則講道理；有的講道理不聽，那就得「恐嚇」：「饑民沒有東西吃，就會變成亂民。你覺得是主動施捨好呢，還是被人家搶爽呢？」

還有的人既聽不進道理，也不在乎「恐嚇」，他們看中的是實際——那就是給個頂戴什麼的。胡林翼便投其所好，根據其出錢多少，勸縣令按規格賞個虛名。

反正皆大歡喜，總有一款適合你。最後，益陽因此籌集到了數萬兩銀子的捐款用於購米賑災。

有了銀子，還得看怎麼用——好鋼要花在刀刃上。

按照胡林翼的方案，益陽縣令將遭災區域劃分成上中下三等：上等的經濟能力尚可維持，不享受賑濟；中等的提供低價米；只有下等的，一無所有了，這才免費提供米糧，限期一個月。

為了防止當地保甲村長這些人從中舞弊，同時也為了維持各地治安，益陽縣令又採納胡林翼的建議，挑選士紳協同辦理和監督。

這次賑災救活了很多災民，在當地影響很大。就是通過這件事，陶澍看到了胡林翼身上的過人之處：有擔當，有氣魄，有智慧，有能力。

京城人氣王

如果繼續這樣發展下去，胡林翼的前程將不可限量。眼下所需，只是點他一點。陶澍把胡林翼召到南京，就是希望能起到畫龍點睛的作用。所以他不在乎別人對胡林翼的各種非議——看人要看本質，其他隨著時間的推移都會逐漸淡去。

為了讓女婿能夠像參禪一樣得到頓悟，陶澍可謂費盡心機。每天下班，他一定要找時間與胡林翼促膝談心。

作為道光年間的首席名吏、清末實學的領軍人物，陶澍不僅學問淵博，而且在數十年的宦場生涯中積累了極其豐富的經驗，可以說對上下古今皆能融會貫通。

有這樣一位導師進行輔導，胡林翼進益神速，彷彿自己也在和陶澍一起規劃和權衡興利除弊的種種措施，乃至「精神殊為一變」。

隧道中已經透出了光亮，陶澍越來越有信心。有一天，他特地擺了一桌好吃的招待胡林翼。除了翁婿二人，座無旁客。席間，兩人聊起了曾在修身治國方面可載入史書的前輩，越聊越有味道。

猶如心靈感應一般，胡林翼忽然發現自己與那些前輩有了交匯點——他要做這樣的人，才不枉此生。

自此胡林翼開始「折節讀書」，在學業上更加勤勉。受陶澍的影響，他的閱讀面非常廣泛，除為參加科舉考試不能不攻的課業外，特別喜歡讀《史記》《漢書》《左氏春秋》《資治通鑑》這些歷史書，同時對中外地理、軍事用兵等「經世之術」也進行過深入的研究。

雖然胡林翼對八股章句興趣不大，用功也不多；但他為人聰明，加上博覽群書，擁有了開闊的視野。所謂一通百通，對他而言尋常考試已成小技，沒有能難得住他的。幾年之後，胡林翼即高榜得中，進入翰林院任編修。這時候的胡林翼似乎和以前沒有什麼不同，花起錢來一樣大手大腳，對眠花宿柳的興趣也始終如一。不過這只是暫時的，因為他的人生方向已經越來越清晰了。

以胡林翼如今的狀態，進入短跑比賽的前幾名根本不在話下。可是老天需要他完成的，不光是短跑，還有長跑；不光是單項優勝，還得是十項全能。

胡林翼說，他在三十歲以前，一直覺得自己才高蓋世，而世人皆無才。那時候的他無論走到哪裏都是一個不折不扣的狂生，並且因狂而生傲，變得目中無人。

在最考驗耐力和意志力的馬拉松跑道上，過分狂傲乃為人生大敵，毫無疑問會限制技術的發揮。不過我們不要著急，因為前方已經準備了一個坑，專治此類頑疾。

這個坑，叫作絆馬坑。

胡林翼比曾國藩小一歲，但比曾早一屆成為進士，而且在翰林院混得也很是得意。和曾國藩一樣，他們都是所謂的「紅翰林」。

在清代的翰林院中，有紅與黑說法。黑翰林最可憐，沒有出差的機會，只能靠那點兒微薄的收入苦熬日子；紅翰林則上可見到皇帝，下可外放學官——後者除能合理合法地得到「贄敬銀」，以補貼日常用度外，還可以收到一批門生。

胡林翼奉旨出任江南鄉試的副主考。這本來是個人人稱羨的好差使，光「贄敬銀」得個三四萬兩銀子就不成問題。可偏偏主考官犯了錯誤，先是將安徽當成江蘇，致使安徽的錄取名額多出一個；後又私自帶外人進入閱卷房——這在當時都是不得了的事。東窗事發後，胡林翼也因「失察」之責，被降級調用——這可真夠冤枉的，大概就比因狎妓而挨處分好上那麼一點兒吧。

禍不單行，胡父因此憂愁病倒。

胡林翼的父親胡達源，在科舉場上也曾是春風得意。探花嘛，全國第三名，豈是隨隨便便就能考到的？可是前途一片光明的胡達源，竟然也跌倒在那個絆馬坑裏：他任科舉主考時，因「失察」而被貶職，從此仕途黯淡。

父子倆的經歷竟然有著如此驚人的相似，不由讓人感慨人生無常。這就好像家族遺傳的致命基因，不管你如何掙扎，都無法擺脫。

胡達源病倒後就再也沒有起來。胡林翼侍奉湯藥，早早晚晚不離左右。他自恨自悔，並且期盼著父親能出現康復的奇蹟。

奇蹟並沒出現——兩個月後，父親便去世了。而從這時候起，胡林翼就像變了個人一樣，再不敢狂，傲氣亦大大收斂，因為他看到了那座叫作「命運」的大山。在那座大山面前，再高大的人都顯得那麼渺小。

胡林翼舉家扶柩回鄉。接下來，絆馬坑的效果卻有些矯枉過正——即便在三年守孝期滿後，胡林翼也並沒有去京師銷假；而是基本上閉門不出，在家裏寫寫畫畫，聊以自娛。有朋友來了他才與之相攜出行，也無非是看看附近的山水而已。

偶爾碰到天高氣爽的季節，胡林翼也會帶一個家僕出來散散步，或者跟廟裏的和尚談談禪，或者與鄉間的農民聊聊莊稼，看上去倒也閒適自在。

可是這一切都只是外在表象。他才三十多歲，正是精力充沛，可以做出一番事業的時候，難道就這樣一天天閒蕩下去，讓曾經的期許一一落空嗎？

他暗自嗟歎，為他感到惋惜的人也有不少。座師們紛紛來信促其復出。還有一位不是座師，但名氣如雷貫耳，那就是他岳父的同事兼好友——剛剛從新疆獲釋被起用的林則徐。

除了父輩的長者，本地鄉紳故舊、族人朋友也都勸他，既然「才堪濟世」，就不應荒廢。大家都期待著他重新振作起來。胡林翼遂下定決心，打點行裝，走出家門。

如果不是那次意外被降級，作為紅翰林的胡林翼本來仕途會一帆風順，有可能飛得比曾國藩還高。但就因為那麼一來，他的仕途又黯淡起來。

官是有得做的，是他被降級後的職務，即內閣中書——一個負責抄抄寫寫的辦事員。在內閣，這樣的小官多的是，有百餘名哩！他若要一步步升上去，還不知要熬到哪年頭。況且，清代內閣自軍機處出現後，就開始變得無足輕重。別說小官，大官都沒什麼要緊的事可做。顯然，這與胡林翼做一番大事業的理想相去甚遠。他不想重蹈父親終生鬱鬱不得志的覆轍。

另一方面，父親去世後，全家人都得靠胡林翼一人的工資養活。內閣中書是個從七品的小京官，論俸祿，也就比翰林稍好一點兒，連老母親都難以贍養。這算做的什麼官?!

胡林翼覺得這樣沒勁，還是得走捐納之路。

捐納也算一種賣官，但這是一種公開透明的賣官，並非暗箱操作。其規定也很嚴格，秀才以上的才有捐納資格。

如果還是紅翰林，胡林翼絕不屑為，可眼下不是沒法子嗎？其實就算他願意屈就內閣中書——因為守孝結束後長時間沒有銷假——也是要交捐納的，只是數目相對少，僅需五百到一千兩銀子就可以了。那麼，何不多交一些，去弄一個有實權、能做事的地方官呢？

時任陝西巡撫的林則徐願意保舉胡林翼出任知府，這是捐納地方官可達到的最高級別。而且有林則徐的聲名作為保障，胡林翼到任何地方都會受到重視，不必因捐納而感到羞愧。

問題是知府所需捐納太嚇人了，總共需銀一萬兩以上，約為內閣中書的十倍！

胡林翼砸鍋賣鐵也拿不出這麼多錢。消息傳出，師友們馬上行動，不需胡林翼掏一個子兒，就把這筆鉅款給募集齊了。

當時曾國藩尚在翰林院，胡林翼的超高人氣和超好人緣，讓他看了也嘖嘖稱奇。

按照規定，捐納人可以自主擇地，你想去哪裏就去哪裏。投入與產出得成比例，一般人都是搶著往富裕一些的地方去。獨有「人氣王」胡林翼與眾不同，他選擇的是以偏僻窮困著稱的貴州。

朋友們不理解，覺得這也太傻了——即便你不挑個肥的，也不能專挑那最瘦的呀！

胡林翼說，我這個官，都是師友們資助的；我又是正途出身，跟想靠捐官發財的人完全不同。所以，我寧願到那些老少邊窮的地方去。在那些地方，官場陋習會少很多。我只要一門心思做出成績即可，也就不會辜負大家的期望了。

胡林翼之所以選擇去貴州，還有一個深藏的理由，那就是他的父親曾任貴州學政。既然父子倆都是在考官這個位置上意外跌下馬的，他就有義務在父親任職過的地方重新撿拾起那個失落的聲譽，以告慰九泉之下的父親。

赴任貴州之前，胡林翼在父親墳塋前做了最後一次告別。他鄭重發誓，出仕後絕不會取一錢以自肥，要做一個清清白白的好官。

自此以後，一切花邊新聞皆從胡林翼身邊絕跡。正如陶澍所言，他再無精力旁顧，他全部的智慧和能量都將用於事業之中。

人品五五開

貴州，古之所謂夜郎國，在中華版圖中佔據比較偏僻的位置，但這並不妨礙百年不遇的治亂奇才從這裏誕生。前朝的例子是王陽明，他在貴州的「龍場悟道」，開啟了光耀其一生的基業。

幾百年後，又一個巨星駕臨。不過他的當務之急不是悟道，而是剿匪。

胡林翼的職務是安順知府。安順地理位置非常重要，有「滇之喉、黔之腹」的說法。其商業之盛，甲於全省。這個地方商旅多，土匪也多。這些盜匪有時甚至大白天都在城裏進行搶劫，一旦財物到手便打馬出城，等官兵趕到時他們早已不知去向。

凡為安順地方官，無不為之頭疼，但又全都無計可施。安順的治安狀況因此很成問題。新官上任三把火，眾人都眼巴巴地等著林則徐保舉的知府出新招。

胡林翼上任後，果然很重視這個問題，到處找人嘮嗑——嘮來嘮去都是盜匪，比如盜匪的姓名、樣貌，以及經常在哪裏出沒，等等。

可是胡林翼所做的僅此而已，剿匪一事沒有了下文，從不見他督促著官兵去搜索捕拿。

老百姓很失望，沒想到林則徐的招牌也不頂用。看來這又是一個外表時尚，內心怯懦，還帶著那麼一點兒婉約的傢伙。看來除非林則徐親自來，否則仍然沒戲。

盜匪們獲悉後，則是又高興又得意。出於對新官上任規律的了解，他們本來已經做好準備，要到深山裏去躲上幾天，以便避避風頭。現在既然官府如此窩囊，那還怕什麼？哥兒幾個願意怎麼兜風就怎麼兜風好了。

轉眼便是除夕夜，盜匪們辛辛苦苦忙了一年，當然也要出來聚會。特別是經過這段時間的「和平共處」，他們自認早就把新任知府給看穿了：這傢伙不是無能無用，就是捐了官想撈一票走路，完全沒有什麼威脅性。

與他們設想的完全一樣，胡林翼正在府裏宴請同僚下屬：「又是一年春來到，家家戶戶放鞭炮。開心重要，別的都不必管。」

就在大夥兒吃吃喝喝，其樂融融之際，胡林翼卻悄悄地退出宴席，將早已精心挑選好的巡捕集合起來。

當夜，胡林翼飛馬疾馳，率部趕到盜匪們聚集之所，將其一網打盡。

被抓住時，這些盜匪就像在做夢，根本搞不清楚胡林翼是從哪裏鑽出來，又是如何知道他們藏身之所的。

不好意思的變成了胡林翼：「請不要用這麼迷離的眼神瞪著我，我只是不像你們想像的那麼老實罷了。」

曾經的絆馬坑在關鍵時候發揮了作用，培養了胡林翼能屈能伸、能左能右的權變性格。與曾國藩類的理學家相比，他最大的不同點在於，其人品基本上五五開——在好人面前就是好人；在壞人面前，他會表現得比壞人更壞，心機權謀這一套你是玩不過他的。

由於父親的任職經歷，胡林翼知道很多關於貴州的風土人情；他自己也在貴州住過一年多，對這裏不算陌生，所以一來就想好了從哪裏著手。

就在每個人都以為胡林翼無所作為的那段時間裏，他已經像在老家那樣，穿著短衣麻鞋，去按圖不驥，探尋盜匪們的出沒之所了。

尋常官員出行，無不是前呼後擁；而胡林翼卻是單行獨騎，身邊至多帶一個同樣化了裝的巡捕。加上他熟悉鄉間的各種事物，能夠做到對答如流，所以沒有人會想到，他竟是堂堂知府大人。

胡林翼由此得出的經驗是，「與其用捕，不如用民」。巡捕再多也不濟事，了解和體察民情才能掌握絕對的主動權。

這些盜匪在官府都布有眼線，稍有不慎，便會打草驚蛇。胡林翼把事情搞得如此機密，正是要出其不意。

胡林翼任職一年，前後逮捕巨盜兩百餘名，整個安順的治安環境為之一清。

安順這個地方，原先除了盜匪猖獗，民間訴訟也是一大害。

安順人愛打官司，芝麻綠豆大的事情都要拿來爭；而且好勝心強，哪怕是弄到傾家蕩產，也非把官司打贏不可。知府面前的積案堆到山高，哪裏處理得完？因此不勝其煩，將大多數都推給底下的差吏。

差吏對案件的是非曲直沒有絲毫興趣，他們只對「靠山吃山，靠水吃水」有興趣，對「吃完原告吃被告」有興趣。多方刁難、到處伸手的結果是，使得案件再次成為懸案，又被積壓下來。

就是那些能結的案子，也往往讓老百姓怨聲載道。其原因是官差不夠用，只能用編外人員，叫作「白役」，大致相當於如今的聯防隊員一類角色。

能夠被派作白役的，大多是些無賴之徒，屬於對社會有害無益的人。一旦奉命辦差，他們便狐假虎威，竭盡吆三喝四、敲詐勒索之能事。

差吏和白役，一文一武，導致「一人投狀，十家破產」，百姓畏之如蛇蠍一般。

胡林翼的解決之道是：無論案件多麼瑣碎，知府都要親自審理，不給差吏從中插手的機會。

官府中的差吏稱得上是「潛規則」中的寵兒，個頂個全是職業人精。知府要親自審案，那好，我們就另想辦法。

老百姓膽子小，對辦案程序不熟悉。差吏便鑽這個空子，對原被告收取陋規。

這就要玩智商了。胡知府別的沒有，但智商有的是。他把辦案的程序和規則優化到最簡便，然後一五一十地寫在傳票上，執行傻瓜式一站操作，讓那些想從中漁利的全喝西北風去。

別的知府見到案子多，心裏便發怵；胡林翼的主意用不完，又不能全爛在肚子裏，擺弄這些案子簡直易如反掌。在搞定盜匪的同時，他將所有積案、現案全部料理清楚，其中僅積案就有三百餘起；而「人自以為不冤」，即使輸了官司的人也個個心服口服。

胡林翼深悉標本兼治之道，正如他十三歲時說過的，「今天下之亂不在盜賊，而在人心」。社會的風氣和道德水準很重要，這是治本之舉。

胡林翼在安順宣導修建義學十餘所，這些義學由鄉里集資，用於供貧困家庭的兒童讀書。此外，他還組織搜集編寫節烈與孝行的事蹟，彙總表彰的相關人員多達八百人。

安順本為化外之地，文教不興。自明朝戍邊置郡以來的兩百年間，地方政府從來沒想到過要報告節孝——這是第一次。後來，曾國藩稱讚胡林翼為政的最大功勞就是移風易俗。在他看來，這比胡林翼在「蕩平疆土」、建立戰功方面的業績還要可貴。

胡林翼在安順屁股還沒坐熱乎，省裏的一紙調令便來了。上面要調他走，不是因為他幹得不好，而是幹得太好了。尤其胡林翼在平定盜匪方面的舉重若輕，真是讓省府大員們開了眼界。

比安順更亂，盜匪更多的地方，在貴州有的是，快讓他去！

萬金油

胡林翼新的去處名為鎮遠。

原鎮遠知府是個年逾花甲的老頭，家中還有老母，以及不聽話的兒子。他是純粹為了生計，才不遠千里萬里跑到鎮遠來做個官，誰知一來就掉進了火坑。

安順明代置郡，直到清代鎮遠才真正歸於中央政府的統轄之中。由於教育開化得晚，此地的社會治安十分混亂，搶掠、燒殺、拒捕司空見慣。與安順相比，這裏果然用得上一個「更」字。

老爺子這麼大歲數，哪裏承受得了這麼重的壓力？他來了之後，沒一件案子破得了。上級大怒，便將他給撤了職。

見到胡林翼，老頭兒哭哭啼啼，一把眼淚一把鼻涕，說撤我是應該的，也不敢有什麼怨言，可今後的生活該如何維持呢？

胡林翼很同情他，不過他首先要應付的還是這位前任留下的一副爛攤子。

對抓捕盜匪，胡林翼早就駕輕就熟。上任半個月，他便解決了原來兩個月都無法破獲的殺人大案。

除去大盜，就剩下了當地類似於黑社會的地痞流氓。這些人公然訛詐商戶，收取「保護費」，攪得地方上不得安寧。以前的官府差役本身就與之有勾結，自然聽之任之。

被胡林翼稱為「貪而滑」的差役用不得，因此他獨闢蹊徑，棄「役」用「士」。

士者，讀書人也，也就是鎮遠的舉人秀才。書讀得多的人，一般腦筋都軸，愛認死理，不會像差役那麼油滑。胡林翼把訪查到的痞棍名單，按所在區域不同，分別交給這些舉人秀才，讓他們回去聯繫鄉里宗族，設計將痞棍誘擒，然後交給官府。

胡林翼笑瞇瞇地做出承諾：每抓住一個痞棍，便賞銀五兩，再發大銀牌一面。

舉人秀才們說：「要是宗族裏的族長或鄉民不配合，該怎麼辦呢？」

胡林翼拉下了臉：「要是他們不起勁，你們就來報告我，我馬上將他們全抓起來！理由嘛，包庇罪！」

一邊是政府的獎懲，一邊是鄉間的除惡，大家的積極性馬上被調動起來。儘管動手抓這些往常連根手指頭也不敢碰的痞棍，多多少少有些後怕；但胡大人說了，不把你送進去，就得治我的罪——那就不如先送你進去！

地痞流氓一批批地被捆著送往官府，原先神氣活現的這幫哥兒們至此威風掃地。眼見得是「蒼孫無限好，只是近黃昏」。

生在富裕家庭的胡林翼，從小就知道錢的好處，也捨得花錢。不久，他又為錢找到了另一個去處。

鎮遠給予胡林翼的真正考驗，還是僻遠山區裏的生苗。

苗人有生苗與熟苗的區分，稱得上是懂事的比誰都懂事，混蛋的比誰都混蛋。所謂熟苗，就是懂事一些的苗人。這撥人有土司管理，懂漢語，納糧當差樣樣不差。生苗與之相反，無組織無紀律無法令，整個一「三無產品」；而且動不動就出來盜劫一番，對鎮遠地方的安寧構成嚴重威脅。

過去鎮遠曾多次組織武裝力量入山清剿。但這些生苗平時居住於深山幽澗，他們行動敏捷，飛梯來去。官軍浩浩蕩蕩開進山裏，卻像猴一樣被耍得團團亂轉。次數多了，他們便失去了再次進山的膽量。

省裏把胡林翼調到鎮遠，一個重要目的就是希望他率安順綠營進山平亂。

可是胡林翼都觀察一年了，對綠營兵的能力心中有數。安順綠營與鎮遠綠營沒什麼區別，完全可以用三個字來形容——悍而惰。這個「悍」可不是戰鬥力強悍的悍，而是驕悍的悍。此輩也就是見到老百姓比較牛，見到稍微強一些的對手，即使你告訴他殺人不犯法，他也下不去手——整個一群豆腐渣子。

兵不可用，胡林翼便棄「兵」用「民」。此方案具體說來就是官出錢，民出力，組織團練進山清剿。

有人說，當兵的都不肯去，老百姓怎麼肯去？這是因為雙方利益息息相關。生苗下山，剽掠盜劫，苦的都是居於鎮遠的百姓。有政府號召，又不增加額外負擔，百姓當然會挺身而出，這叫「以民衛民」。

胡林翼花錢固然是大手筆，但他算帳也算得極其精明。比如說，你要用綠營兵的話，一千個兵每月耗費不下六千兩銀子；如果用團練，一千個兵只需一千多兩銀子，而且效果更好，何樂而不為？

打仗的人有了；至於主帥，那用不著再花錢請別人了，就是胡林翼自己。

胡林翼讀書時的興趣就是研究地理和兵法，這次找到了實踐的機會。他並不貿然進兵，而是用幾個月的時間對苗人的情況進行明察暗訪，光地圖就畫了百幅之多。

知己知彼後，便是抓住重點。胡林翼發現在生苗裏面也有好些是良民，並不從事盜掠。要打的話，只撿那些最刺頭的開刀就可以了。

名單確定後，胡林翼便親自率團練出擊，一舉擊破盜風最烈的一座苗寨。這一勝仗打出了團練的自信，也把綠營的臉給打紅了。

綠營雖然很菜，但畢竟是正規軍，再這樣下去，如何在本地抬頭立足？於是，他們紛紛向胡林翼請戰。

此時與政府和漢人相處融洽的熟苗也湊了過來，他們表示願意派苗兵參與平亂，以與窩裏的這些害群之馬劃清界限。

胡林翼一一欣然笑納，人多力量大嘛！

他組織團練、綠營兵、苗兵共計三萬多人，按照所繪地圖，將仍然從事搶掠的苗寨全部包圍起來，將所有山口要隘一律封堵，使其插翅難逃。

在一個月內，胡林翼連破苗寨十餘處，擒獲有案底的巨盜近三百人。在殺雞儆猴的威懾中，六十座生苗苗寨主動投案，表示今後寨中若再有人從事盜掠，即自願捆獻。

至此，困擾鎮遠地區數十年的匪患得以平息。胡林翼捐納得來的知府職位原先只是候補，立此大功，他很快得以轉正，並被授花翎。

他終於為自己，也為父親正了名：我們胡家人要麼不做官，要做就做好官！

僅僅兩年時間，胡林翼已經聲名大噪。不僅在西南地區，就連京城的皇上都知道有這麼一個超人。

早在道光時期，只要有雲貴各級官吏赴京覲見，道光就會提到胡林翼，並且還想從他們身上找到答案：「胡林翼的官聲怎麼會如此之好？」

到咸豐繼位，朝廷發起求言求賢運動，要各省大吏推舉人才。在雲貴督撫的保舉名單上，無一例外都有胡林翼的名字。

咸豐遂下旨傳胡林翼進京。雲貴那邊急了，馬上將胡林翼一把按住：「我們老實薦才，但不是要把他給弄走！他走了，我們這邊的攤子該怎麼辦？」

胡林翼沒能走成，省裏又把這個總能出奇效的萬金油調到了黎平。

斬首行動

如今要胡林翼去的地方均有一個特點，那就是沒有最亂，只有更亂，總之都是別人擺不平的所在。

黎平的情形跟鎮遠差不多，而且更為惡劣。這裏生苗的凶悍程度是鎮遠那邊的很多倍，不光搶活人的錢，還搶死人的錢——盜墓；不光搶掠偷盜，還玩綁票。總之他們是花樣百出，想怎麼來就怎麼來。

黎平還有一個特點，就是它與廣西交界。此時廣西大亂已露出徵兆，受此影響，以生苗為主的盜匪也就更加猖獗。

胡林翼沿用「鎮遠經驗」，用團練來對付盜匪。他將自己剿匪的實際經驗與史書結合起來，驗證了自明代以來就總結出的一個有效戰術，即「鵰剿法」。

所謂鵰剿，就是輕易不行動，只有在準確掌握情報之後，才向重點目標閃電出擊；一旦得手，又馬上撤離。如同大鵰搏兔一般，以起到擒賊擒王的效果，一如現在的斬首行動。

在短短半年時間裏，胡林翼捕獲巨盜三百餘人，將生苗及盜匪之患一舉剪除，開黎平二十年未有之氣象。

自太平軍發起金田起義後，黎平附近州縣一個比一個緊張。盜匪聞風而起，四處亂竄。但再怎麼躥，他們都不敢踏進黎平一步。這個離戰爭動亂如此之近的小縣城，一時間卻彷彿成了世外桃源。

當地百姓感恩戴德。每次胡林翼帶隊巡查，進入村落時，周圍都有數百至上千人自發跪伏於地表示感謝。

在雲貴官場，沒有人不知道胡林翼是平亂專家、剿匪高手。有他在那裏，大傢伙兒都特有安全感。朝廷將雲南巡撫張亮基調為湖南巡撫，以便在湖南堵截太平軍。張亮基接到調令後的第一個反應，就是要將胡林翼帶走。

剩下的那些布政使、按察使一聽馬上急了：您老人家被調走也就算了，但傷了人心不能再破人財啊！胡林翼不在，我們靠誰去？

新任巡撫一到府衙，便被眾人給圍住了。聽完大家的話，他的臉色也白了，當下給張亮基甩了一句：「你今天就是說破了嘴，我也不會放胡林翼走！」

前後兩任巡撫為胡林翼打起架來，都上奏皇帝，申述胡林翼跟著自己的必要性。新巡撫的理由是：如果胡林翼離開，勢必「士民失望，關係非輕，事關全省大局」。

在巨大的挽留聲浪下，胡林翼又被留了下來。這次省裏交給他的不再是一城一地，而是一片廣大的區域——黔東南六府一廳的防剿，全由其一人總理。

這些地方的治安，個個都是複雜的平方。除為盜為匪的生苗以外，胡林翼還碰到了更新鮮的「榔會」。

榔會起自道光年間的「榔約」。西南民間竊盜繁多，就像胡林翼赴任前的鎮遠那樣，官府要麼是處理不過來，要麼就是不作為、不受理。各個村莊為了防盜，就自行創立了這種榔約，做法是合建村公所；並在村公所前面立一根杆子，上面掛一隻碩大的竹籃，竹籃下又懸一木牌，將村規合約都寫在木牌之上。

凡官府久拖未決的盜竊事件，村民們就齊集於村公所，自行破案。一旦抓住小偷強盜，他們也不送交官府，而是對照榔約。榔約上面說要沉河，那就不客氣了，直接將其裝到竹籃裏，沉豬籠！

時間一長，村民都覺得這種方法省時省力。既如此，我們幹嗎要費勁巴拉地跑城裏去，還要看人臉色呢？

於是榔約儼然成了民間法律，沒人報案，所有事務村民均自行處理。既然如此，官府多一事不如少一事，便樂得清閒。

漸漸地，榔約的影響力越來越大。後來一些別有用心的人成為能控制榔約的首領，被稱為「榔首」。

出現盜竊案件或民事糾紛，也不用調查審理了，榔首一邊請巫師「作法降神」，一邊讓事主光著身子在經文上打滾。用這種辦法竟然就能判斷是非曲直，說穿了，不過是由榔首在幕後操縱裁斷而已。一個鄉村自治的臨時約定，漸漸地就變成了被人利用的工具。

道光末年，湖湘一帶連年發生旱災，全靠從貴州運入糧食，米價於是大漲。當地官府便藉此生利，向運糧入湘的農民徵收利稅。

反正米價昂貴，有的是賺頭，所以當時大家也不以為意，交就是了。可市場這東西是在不斷變化的，到了道咸之交，湖湘喜獲豐收，糧食反輸入貴州，造成米價大跌。

市場價格跌了，就該把額外利稅給取消。然而自從增加這項稅收後，官府對這筆資金早就有了用途，因此一個子兒都沒能減下來。農民操勞一年，幾無所剩，自然怨聲四起。

榔首以此為由，牽頭成立榔會，進行抗稅抗官。這樣的舉動本來很得一般民眾的支持和擁護，但實際上為首者大多居心叵測。

此時太平軍已定都金陵，民間到處流傳著改朝換代的說法，中國人心中固有的皇帝夢從很多人心中跳了出來。這些膽大包天的榔首與其說是在替老百姓討公道，倒不如說是在藉亂生事、渾水摸魚。

他們不允許任何一個士民不入會——不入會的話，就把你的田地佔了，房子燒了。更有甚者，斷絕內外交通，圍攻朝廷命官，並拒絕交涉，儼然已是「這個地盤我作主」，而榔會也成了事實上的民間幫會。

官員們對此束手無策。就連那些嚷嚷著要舉兵進剿的，也是嘴上起勁——若真點名讓他們去，他們恨不得即刻卸職回家。

榔會的勢力似乎比生苗都大，往往聚眾萬人，遠遠看去塵土瀰漫。他們藉助於巫師的「作法」，整天狂呼歡飲，一副刀槍不入的樣子，根本不把尋常官兵放在眼裏。

料理這些都得靠胡林翼。胡林翼有多年帶兵打仗的經驗，要擊敗榔會完全不成問題。但他認為榔會事件的起因，還在於官府怠於職守，且與民爭利。如果能解開這個結，便可以化干戈為玉帛。

胡林翼沒有首先派兵，而是委託當地秀才舉人，拿著自己的名片去見榔首，表明商談誠意。說客們好說歹說，擺事實講道理，榔首們就是聽不進去。胡林翼的名片被一摔老遠，清官好官的名頭起不到任何作用。

胡林翼明白了，榔首就是存心要和朝廷作對。對老百姓有利沒利他們不管，只要對朝廷不利就行。

看來又得用「鵰剿法」了！胡林翼調集部隊，向事發地點開進。榔會只是起鬨有一套，沒見識過真刀真槍。冷不丁聽到槍炮聲，他們立即驚潰四散。

胡林翼除了抓捕並處決了一些仍在蠱惑民眾、鬧事作亂的榔首外，餘皆不問；同時根據實情核減糧稅，安定人心。

真正安分守己的老百姓，沒有幾個願意跟著榔首一條道走到黑，因此榔會風波很快就平息了。

胡林翼在西南的聲望達到頂點，但他本人卻有了換個地方做官的想法，原因是他入不敷出，快維持不下去了。

知府一級的地方官本來是不窮的，每年僅養廉銀就有一千多兩，加上其他外快，日子應該很好過。然而胡林翼立志做清官，不僅從不拿來路不正的錢，還常常要自掏腰包救濟窮苦百姓。比如在擔任鎮遠知府時，用「士」用「民」，沒有錢是玩不轉的。政府財力有限，資金出現缺口，胡林翼只得把工資補貼去，不然沒法把帳抹平。

胡林翼入黔八年，年年如此，養廉銀幾乎全被墊了進去。由於沒有錢貼補家用，跟著胡林翼的家丁嘖有煩言，耐不住清貧的率先腳底擦油走人；就是那幾個忠厚老實的，也已流露去意。入黔時，胡林翼把老母帶在身邊，以便隨時照料。老太太年紀大了，還患有白內障，沒有人在旁服侍肯定不行。無奈之下，胡林翼只得靠借債度日。但貴州不是京城，他的熟人朋友很少，也難以借到錢。

胡林翼沒有求財之心，可人總得過日子，母親也必須贍養。與此同時，人一走紅，就必然招惹其他人的紅眼病。

那些什麼事也不幹，什麼事也幹不了的傢伙，經常在背後叨叨咕咕，指指點點，說胡林翼「貪功擅殺」。雖然上頭並未理會這些閒言碎語，但是這些官場流言聽多了，人心裏總不是個滋味。

在平息榔會風波後，胡林翼便咨請進京，以尋求他調。在當年的求言求賢運動中，他就已被列入了赴京名單。只因前幾任督撫一直不肯放人，他才沒有走成。

申請打上去，省府原樣退還——絕不能走！

你是不是嫌官職和工資低？的確是我們欠考慮，這就給你升，由從四品的知府升為正四品的貴東道（轄貴州東部府縣的主官）。

說實話，如果是在太平年月，他姓胡的就算能力再強，水準再高，政績再突出，也不至於如此搶手。因此，只能說是時勢造英雄。你不靠胡林翼，難道靠那些酒囊飯袋去做事嗎？所以一定得求著哄著他，哪怕是上級反過來拍下級的馬屁。

連官都升了，胡林翼就不好意思再提進京的事了。

雲貴方面剛剛鬆一口氣，又有人跟他們搶人才了——這回要人的依舊是兩湖地區。

太平軍發起西征後，兩湖地區頻頻告急。新任湖廣總督吳文鎔曾任雲貴總督，對胡林翼印象深刻，上任伊時即奏請朝廷調撥胡林翼援鄂。

如今不比求言求賢時期，咸豐滿腦子都是湖北。撲火要緊，其他都在其次，因此咸豐立即准奏。皇上說了話，而且態度堅決。雲貴方面就是再捨不得，也只好放人。

離開貴州時，胡林翼帶走了黔勇六百，還有他積八年時間總結而成的用兵之道——後被編成《胡氏兵法》一書。

胡林翼本來是要到吳文鎔帳下效力的，可是他剛到湖北地界，吳文鎔就已經戰死了。

湖北巡撫崇綸是吳文鎔政壇上的死敵，胡林翼又是被吳文鎔招納而來，如今吳文鎔一死，胡林翼的處境可想而知——那就是要軍火沒軍火，要糧餉沒糧餉。

在衣食無著、糧彈不繼的情況下，胡林翼縱然是戰神下凡，也不是數萬太平軍的對手。

胡林翼進退不得，陷入了窘境之中。

無奈之下，他只得向在翰林院時的好友曾國藩求救。曾國藩雖比胡林翼大一歲，但比他晚一年考中進士。見了面，曾國藩還得喊胡林翼為前輩。早在京城時，曾國藩就為這位「胡前輩」的人望和才能所折服，兩人可謂惺惺相惜。一接到信，他馬上伸出援手。

此時太平軍已經進入湖南，曾國藩答應解送的軍火和糧餉無法北運。胡林翼遂率部撤往湖南，自此便實際歸入了湘軍，也就是曾國藩的指揮系統。

湘軍從衡陽誓師出征後，曾國藩率主力在長沙與太平軍正面交戰；胡林翼則負責長沙側翼，在平江進行防衛。

雖是側翼，其實在某種程度上比正面還重要。一旦太平軍從側翼打開缺口，不僅可直接兵臨長沙，還能抄襲湘軍後路。曾國藩派胡林翼防守平江，也是把自己的身家性命放在了他手裏。

原來駐守平江的不是正規軍，只是平江勇，也就是平江本地的團練。他們從未參加過大戰，聽到太平軍要來，都不知如何是好。直到胡林翼率黔勇到來，才稍稍穩住軍心。

胡氏兵法又要派上用場了。

太平軍也很重視這次側翼包抄戰，將來犯萬餘兵馬分為十餘股。眼看對方黑鴉鴉地開過來，眾人心慌氣短，問胡林翼是否要趕緊出擊。胡林翼搖搖頭，露出了神祕莫測的表情：「不用著急，老天爺會賞飯吃。我預料敵軍馬上就會後退，到時再追殺不遲。」

平江勇從上至下都半信半疑。依胡林翼的威望，不至於說大話謊話；可是平白無故地，你怎麼知道太平軍會後退呢？莫非用你那犀利哥的眼神嚇退他們？

可是說來也怪，一個時辰不到，太平軍真的退了，而且是驚慌失措地潰退。

跟著胡林翼打仗的平江勇起先都很緊張，不知道即將到來的正面廝殺會有多麼凶險。他們萬萬沒想到，需要他們做的，真的只是一場無驚無險的追殺。當下大家都來了精神，呼喊著躍出戰壕，向潰退的太平軍衝去。

原來，胡林翼早就讓黔勇主力抄襲了太平軍的後路。他的黔勇人數雖少，但跟隨胡林翼在貴州征戰多年，有豐富的實戰經驗。而太平軍的出征序列是先鋒強，後衛弱，自然吃不消黔勇的突然打擊。後軍一亂，前軍不知究竟，只會跟著亂——這就是太平軍潰退的原因。

胡林翼不讓平江勇直接參戰，則是考慮氣可鼓不可洩。像平江勇這樣從未經過歷練的團練武裝，只能打順風仗，不能打逆風仗，所以只派他們參加追擊戰。

經過這一戰，平江勇奪得很多旗幟槍炮，由此士氣大增，後來成了湘軍中極為重要的一支武裝力量。

在進入湖北之前，胡林翼的任務，或是在湘軍的側翼進行防護，或是在湘軍的後方進行平亂，很少出現在正面。但正是因這位後防大將的坐鎮，才保證了曾國藩無後顧之憂。

第四章 血途征程

一如足球場上，再優秀的後衛，都不可能像前鋒那麼耀眼。湘軍自湘潭一役後，陸師中數得著的是塔齊布、羅澤南，水師中常提到的是彭玉麟、楊岳斌，很少有說到胡林翼。這種情況一直持續到曾國藩兵敗江西，石達開對湖北後方發起全面大反攻。

此前，胡林翼已被任命為湖北按察使。在隨曾國藩出征江西之前，他曾忠告湖北巡撫陶恩培：「省城不可守，宜遷治他郡。」武昌是不能守的，還是暫時把省會遷到別的地方去吧。

胡林翼平亂多年，對攻守形勢有著一種近乎本能的直覺。武昌雖被官軍再次攻佔，但這座城市歷經兵火，城防早已殘破不堪；而且武昌周邊從來沒能完全肅清太平軍，對方一轉眼工夫就可能殺來回馬槍。

不料陶恩培非但聽不進去，還罵了胡林翼幾句，認為胡林翼不過是一個副省級官員，遷移省會這樣的大事豈是他能隨便插嘴的？

陶巡撫如此自以為是，是因為他沒有在西南任職的經歷，不知道胡林翼這個平亂專家的名號不是憑空得來的。

胡林翼說完那句話後沒過多久，他的擔憂便得到了驗證：太平軍捲土重來，一直攻到武昌城下，陶恩培守著一座危城，果然是守又守不住，退又退不得。

連升四級

太平軍殺到武昌時，城裏百姓早就逃散一空，能用於守城的只有千餘兵卒。武昌周遭有十九里路那麼長，這一千多人撒開來，一個城垛只能勉強安一個兵，就這還不夠分配。

陶恩培後悔莫及，可身為巡撫，他有守城之責。沒有皇帝的准許，擅自跑路是要被問責乃至殺頭的。

這時，幸好曾國藩已派胡林翼等人回援。然而讓胡林翼想不到的是，等他好不容易快馬加鞭地趕到武昌，陶恩培卻又不讓他進城。

陶恩培這麼做，是因為他發現太平軍並沒有馬上進攻武昌，而只是據武昌對面的漢口、漢陽以守。

在這種情況下，陶恩培覺得沒必要讓胡林翼進城：你直接進攻太平軍吧，此謂「以攻為守」。

胡林翼等人所率援軍加一塊僅三千餘人；武昌城外的太平軍接近萬人，而且士氣旺盛。更主要的是，陶恩培又一次錯誤地估計了形勢。他以為太平軍一樣在守，其實人家已經蓄勢待發了。

太平軍能夠不斷進行無根據地的流動作戰，在於他們可以「打先鋒」，或稱「打擄」。所謂「打先鋒」，不是派先鋒出來打仗，而是四處徵集糧草、奪取船隻、擴充軍隊。這是太平軍自金田起事後最常用的戰略戰術，其好處是打到哪裏就可以把飯鍋端到哪裏。這個地方空了，再跑別的地方去。一城一城這樣打過來，便不愁沒有糧餉。

太平軍不急於攻取武昌，除了等待後續援軍外，另一個重要目的就是「打先鋒」。

相比之下，官軍就很難做到這一點——他們的糧餉主要依賴於朝廷和地方政府的供給。雖然在缺餉的情況下，很多官軍的紀律也一塌糊塗；但帶兵官隨時可能因此遭到地方官員的參劾，更不敢像「打先鋒」那樣把當地給席捲一空。

湘軍則更特殊，曾國藩在建軍時就以「不擾民」為宗旨。其糧餉除由政府調撥一部分外，其他都由地方上募集勸捐。軍隊過著有上頓沒下頓的日子，一直比較艱苦。

胡林翼到武昌，既不能進城，又得不到其他方面的補給，兵單餉絕。肚子還餓得咕咕叫呢，「以攻為守」會有多少勝算呢？

這時胡林翼得到了一個新官職——湖南布政使，相當於負責民政及錢糧賦稅的常務副省長。與按察使相比，職位當然是升了。可是戰爭期間，並沒有一毛一厘的錢糧可供他這個布政使調配或使用。而且布政使也好，按察使也罷，都沒有巡撫大——人家是省長，得聽他的。

上司再愚蠢，也還是上司，不能不服從他的命令。攻是肯定要攻的，哪怕是注定失敗。

第一次，胡林翼感到前途茫茫，悲觀至極。他在家書中留下了遺言，說自出黔以來，才一年的時間，自己已由從四品（知府）升為正四品（貴東道），又由正四品升為正三品（按察使），再從正三品升為從二品（布政使）。

「我不過是一個迂腐書生，才四十多歲就得以連升三級，位居大吏，就算死也夠本了。你們不用為我傷心。」

寄出家書，胡林翼操起傢伙就向太平軍發起進攻。

這種進攻跟預料中差不多，屬於搔癢癢的類型，根本難以撼動太平軍陣營。所幸的是，他還留下一條性命。

很快太平軍轉守為攻，朝他的大營殺了過來，頓時胡林翼只剩招架之力。而太平軍之所以開始進攻，是因為他們的糧餉已經籌足，後續援軍也已陸續趕到。

雖然胡林翼拼盡全力守住了大營，但卻只能眼睜睜地看著武昌失守，陶恩培也以自殺了局。協防武昌失去了意義，胡林翼被迫移師武昌以西的金口。諭令傳來，他接替陶恩培，署理湖北巡撫一職。

胡林翼曾經感慨其職務升遷之快，孰料沒有最快，只有更快——轉眼之間，他不是連升三級，而是連升四級。特別是湖北巡撫一職，那是幾個月前曾國藩得而復失的職位。這意味著胡林翼以湘軍將領的身分，首次跨入了封疆大吏的行列。

胡林翼能有如此好運，除了湖北軍情緊急，咸豐客觀上不能不賦予重任外，與恭親王奕訢入主軍機處也不無關係。

道光給咸豐留下的軍機處班底，首輔是穆彰阿。但咸豐基本不聽他的，只聽老師杜受田的。在穆彰阿被罷黜後，從未進入軍機的杜受田更是在咸豐背後呼風喚雨，成了事實上的首輔。

可是沒過幾年，杜受田就累死了，在咸豐耳邊絮絮叨叨的變成了新首輔祁寯藻。

祁寯藻號稱道咸年間的「儒宗」，老夫子學問廣博，動輒引經據典，滔滔不絕。興致來了，他有時能講到忘了時間，惹得站在旁邊的其他軍機大臣都不勝其苦。

咸豐是坐著聽的，沒那麼累。而且為了表示敬師重賢，他還得特意裝出精神抖擻，越聽越愛聽的表情（「亦未嘗倦聽焉」）。

可是在處理實務方面，這位「儒宗」卻未免迂腐，其見識跟那個說曾國藩壞話的軍機章京彭蘊章不相上下。雖然真正讓曾國藩丟掉湖北巡撫一職的不是祁寯藻，但也從未見他出來為曾國藩和湘軍講過什麼好話。

若是在和平年代，這類老爺子幾乎是眾望所歸，連皇帝都得把他們抬出來充門面；然而到了動亂時期，他們就明顯不如原來那麼吃香了。

到北伐的太平軍即將逼近北京時，咸豐可以明顯感覺到軍機處的不得力，以至於不得不委任奕訢為軍機大臣，幫自己掌管政務。

以皇弟來協理朝政，牽涉到危及皇權這一敏感的話題，所以在清代極少有先例。在軍機處設立後，也鮮有親王能入職軍機。咸豐被迫逾越常規，既是時勢所迫，同時也是出於對奕訢的高度信任。

得到皇兄信任是好事，但如果你不知輕重、妄自尊大，那就叫給臉不要臉了。奕訢不是那種沒有覺悟的人，加上他資歷淺，所以剛進軍機處時非常小心謹慎。

彭蘊章在咸豐面前叨咕曾國藩時，奕訢已在軍機處。儘管他比祁寯藻、彭蘊章這些人要務實得多，也清楚地知道曾國藩和湘軍的分量，卻不便插嘴。

不過，這種情形到一年後就得到了改變。

奕訢一開始沒有顯山露水，最主要還是因為對軍機要務尚不熟悉。等到立住腳後，他那別人無法比擬的特殊光環就不是祁老爺子所遮得住的了。

於是，祁寯藻只好稱病求退。咸豐連慰留這樣的面子活都沒做，當即予以批准。

奕訢代替祁雋藻成為首輔，替皇帝哥哥打理各種軍政事務。而以他為主的軍機處對湘軍也少了苛責，多了支持——胡林翼正好搭上這趟便車。

著名困局

可是對於胡林翼來說，這個省長的職務卻來得實在太遲了一些。在太平軍攻入武昌後，湖北巡撫跟按察使、布政使的權勢相差不多，因此那幾乎就是一張空白委任狀。

在金口，胡林翼「號令不出三十里」——他的命令最多在三十里範圍內有效；出了這三十里，對不起，那就是人家太平軍的地盤了。

胡林翼現在要做的就是趕緊奪回武昌，並把太平軍逐出湖北。如此才能真正履行他作為巡撫的職責，也才能重新建立一個穩固的後方基地。

胡林翼所能實際指揮和調用的仍是湘軍，其中包括由湖南趕來的水陸援兵，與原來相比，總計增兵六千多人。打仗當然是人越多越好，可是人多了，所需糧餉和軍火也就相應增多了。

當時朝廷已經發不出糧餉，前線軍需完全靠自籌，或者各省之間相互調撥。胡林翼在湖北「號令不出三十里」，自然是什麼都弄不到，只能寄望於湖南。可是湖南由於久歷兵禍，同樣清湯寡水，根本拿不出這麼多糧餉。胡林翼又請求從川陝等地解運糧餉，但兵荒馬亂的，運糧並不是那麼容易的事。這樣一來，不要說軍火，就是必須的口糧都常常出現缺口。

如果大傢伙兒都待在營地裏不打仗，還可以將三頓減為兩頓，將吃飯改為喝粥；但打仗就不行了，那是賣力氣的活，少吃幾頓飯，當兵的連刀槍都拿不動。

為了讓兵勇們不餓肚子，胡林翼不得不四處燒香，最後把老家的口糧都運到金口來救急。所以時間對胡林翼很重要，因為早一日進入武昌，他就能早一日卸掉糧餉不繼這個大包袱。

從人數上看，防守武昌的太平軍是湘軍的幾倍。起先都是太平軍佔上風，但是胡林翼憑藉過人的軍事指揮能力，很快顯露崢嶸。

比如他的陸師吃了敗仗，水師卻一個登陸戰，從太平軍的身後冒了出來。結果兩相夾擊，反而把太平軍殺得大敗。又比如，他將陸師分成三路，縱使一路吃虧，另一路也會從側後發動突然襲擊，使形勢得到逆轉。

胡林翼通常還留有足量的預備隊，可以隨時投入作戰。即使在現代戰爭中，這也是不過時的戰術原則。幾個回合之後，太平軍遭受了很大損失，守衛武漢的主將韋俊也著實嘗到了胡林翼這位平亂專家的厲害。

韋俊是北王韋昌輝的親弟弟，因此頗受太平天國重視。但他又不是那種純粹靠裙帶關係上位的人，很有些真材實料。自隨兄長參加金田起義後，太平軍三次攻克武昌城，韋俊都在前線效力，所以湖北當地有「韋俊三打武昌城」的說法。

當初曾國藩能在短時間內一舉攻破武昌，除了投入的本錢比較大外，不得不說，在很大程度上還有賴於作為守將的石鳳魁、黃再興的「幫忙」。韋俊可不是這樣的笨伯，他深曉用兵之道，失利後即馬上進行收縮，不再輕易出戰。

胡林翼不怕與太平軍作戰，他怕的是太平軍不跟他戰。因為太平軍耗得起，他耗不起——沒有糧餉啊！

韋俊也看穿了這一點。不管胡林翼白天在城下如何討敵罵陣，他就是不出來。反正城牆堅固，你要硬攻，我就拿火炮招呼你。到了晚上，我再大舉出城，迂迴到後面來襲擊你。

幾天時間就這樣白白地流了過去，原有的糧食在慢慢減少，調運來的扔不見蹤影。胡林翼看在眼裏，堵在心頭，一個勁地做噩夢。

既然開不了源，他就只能先節流——把打仗不夠賣力的兵勇挑出來，開掉了一千多人。這樣雖然節省了糧餉，但兵力也單薄起來，沒法形成聲勢。

一邊是可用之兵減少，另一邊則是太平軍高掛免戰牌。胡林翼碰到了當年孔明對陣司馬懿時所遇到的那個著名困局，他得找到破局之法。

孔明的辦法，概括起來就是一個字：誘。

太平軍白天不出來，但他們晚上會出來。胡林翼將兵力分為六路：三路誘敵深入，三路進行埋伏。幾仗下來，官軍連戰連捷，殲滅太平軍五千多人，解散協從千餘人。

可是接下來，孔明的尷尬也同樣落到了胡林翼身上——仗是打贏了，然而韋俊正因為吃了苦頭、得了教訓，自此任你再怎麼誘，就算是把女人衣服送進城去，他也不予搭理了。

武昌周遭路長十九里，太平軍圍城時也得用上萬把人；湘軍就那麼可憐巴巴的幾千人，還給裁掉了一千多，哪裏圍得住？若是強行攻城，傷的又都是精銳，胡林翼因此苦不堪言。

湘軍缺糧缺餉，韋俊看得真切，並且緊緊抓住對手這一軟肋不放。你缺糧，我還要斷你的糧！

胡林翼為了接收來自川陝的糧餉，在距漢陽西南七十里處的奓山建立了陸師大營。韋俊便指揮駐漢陽的太平軍多次對其麥山大營發起主動攻擊，以便完全徹底地切斷這條糧道。

眼見麥山危急，胡林翼被迫調整部署，親率陸師主力渡江北上。戰場隨即移至漢陽。胡林翼到達之時，麥山守軍正好吃了敗仗。幸虧主力前來救急，他們才保住了運糧的通道。

鑒於漢陽對麥山的威脅，胡林翼決心先奪回漢陽。但是韋俊採取了固守之法，打不過就縮到城裏，你攻城我放炮。胡林翼能得到的除了傷亡還是傷亡，雙方再次陷入僵局。

唯一讓胡林翼感到寬慰的是，水師方面有了不小進展。

意氣跟義氣

湘軍水師自湖口之戰被分割後，就一拆為二：困於鄱陽湖內的稱為內湖水師，長江上的稱為外江水師。外江水師隨彭玉麟退到湖北時，能看得過去的戰船僅餘七十多艘，戰鬥力大不如前。

彭玉麟在金口建造船廠，一邊修復舊船，一邊趕造新船；同時從湖南招募水勇，漸漸地開始恢復元氣。

一個月後，楊岳斌率重建於湖南的水師趕到金口，與彭玉麟合兵一處，使整個湘軍水師基本達到了湖口戰前的規模。

就在胡林翼兵援麥山的同時，水師也奉命配合行動，並在江上取得了勝績。但是，他們在返回時卻做錯了一道選擇題。

要回歸北岸的水軍大營，當時共有兩條路可選：一條較近，但要從武昌和漢陽城下經過，容易遭到城上炮火攻襲；一條稍遠，不過可以避開太平軍的炮火。

大部分水軍將領都主張走遠路。說是遠路，其實也遠不了多少。安全第一，為什麼一定要往對方槍口上撞呢？

楊岳斌卻把脖子一梗：「我偏不繞著走，就要從太平軍眼皮子底下過，看他們能把我怎的?!」

楊岳斌要硬闖，彭玉麟亦不肯露怯，出發時還走在楊岳斌面前。

大家都看出來了，這兩人堅持的已全不是意見，中間還帶了不少的意氣。

在湘軍水師中，彭楊組合猶如陸師裏的塔羅組合，一文一武，雙峰並峙。但正所謂一山難容二虎，雙方的隔閡和矛盾早在湖口之戰時就已初顯端倪——楊載福回後方養病，彭玉麟就指揮不動其部屬，非得他老人家親自來帶隊不可。

這次在湖北，終於又別起了勁，而且別著別著，就別出了禍。

太平軍發現對手要闖關，立即以長龍快蟹橫截中流，迫使湘軍戰船貼岸行駛，城上則萬炮齊發。湘軍被擊沉多艘戰船，戰死兩三百人。

在炮火聲中，彭玉麟的坐船也中了招，桅杆被轟折，船隻無法前進。這時他看到楊岳斌的坐船駛近，趕緊招手呼救。但是讓彭玉麟心寒的一幕出現了，楊岳斌竟然充耳不聞，一轉眼的工夫就自顧自地飛駛過去。

萬幸的是，隨後又駛來一隻舢板。彭玉麟縱身跳入，才免於一死。

回到軍營，大家知道這件事後都很氣憤。湘軍內部最重情義，比如哨官會將積攢下來的薪水存放在營官那裏；而不識字的哨官甚至普通士兵，也會請營官幫他們寫家信。大家相處得猶如一家人，像這種敗不相救的情況以往極為罕見。畢竟，意氣跟義氣不是一碼事。你們再怎麼爭高下，上了戰場也得像兄弟那樣團結互助。

彭玉麟的心裏雖不好受，但只淡淡地說了一句：「風大水急，很可能他沒聽見吧。」

與此同時，楊載福為此所要承受的壓力也很大。兩人由爭強好勝變成了暗生芥蒂，儘管仍在一起共事，自此卻如坐同一輛公車的陌生乘客，彼此視而不見，無論表情還是語言都沒有任何交流。

彭楊不和的傳聞在軍營裏鬧得沸沸揚揚，胡林翼聽到後很是著急。他給彭楊分別傳話，以會商要事的名義把兩人一齊請過來。

彭楊並不知道胡林翼請了兩人，他們一前一後趕來。楊岳斌先到，來了之後，賓主談得很是開心。過了一會兒，彭玉麟也來了。楊岳斌一問，說誰來了，彭玉麟？啊，那我要跟您告退了。

胡林翼一把將他拉住：「是彭玉麟，又不是彭老虎，你怕什麼？」楊岳斌只好勉強坐下。

彭玉麟進門赫然看到楊岳斌在座，愣了一下之後，也轉身要離開。胡林翼又跑上去，連拖帶拽地將他留住。

彭楊相對而坐，誰也不說話，場面極其尷尬。胡林翼見狀，就令侍從擺上酒席，並親自給二人斟上酒。

接下來的一幕把彭楊都給驚倒了：胡林翼竟然端著酒杯跪在了地上。

敬個酒也不用行這麼大的禮啊！彭楊手足無措，不知所以。

胡林翼說：「天下混亂到這種地步，全靠大家協力同心才能迎來轉機。現在你們卻又生出罅隙，那麼國家的中興還能有什麼盼頭呢？」

說到動情處，胡林翼禁不住淚流滿面。

他在貴州八年，平了無數的亂。可是與這裏一比，貴州的亂只能叫作「小亂」，這裏才是「大亂」。要對付波譎雲詭的「大亂」並不容易，這使他隱隱然已有了才枯力竭的感覺。若再添上一個「內亂」，那真能要了他的命。

眼看淚水已經打濕了巡撫的衣衫，彭楊羞慚萬分，都對胡林翼說：「我們真是不識大體，辜負了您的期望。如果以後再有罅隙，上既以對皇上，也無顏再見您。」

在胡林翼的苦心調和下，彭楊終於冰釋前嫌，和好如初。一場可能影響全局的風波結束了。

剛剛解決內部矛盾，胡林翼就聽到了一個讓他頓足的消息：金口大營危急！

在胡林翼轉守為攻時，湖北境內的太平軍已向武昌附近大舉增援。趁湘軍主力渡江北上之際，韋俊集合援軍及武昌守軍，對金口大營發起猛攻。

正當胡林翼琢磨如何攻破漢陽時，他接到了金口守軍的求援信號。雖只有一水之隔，胡林翼卻不知如何去救。

他的兵力極其單薄，總共七千陸師，留了三千在金口，帶了四千主力北渡。若要返回去援救，這四千人分少了無濟於事，分多了就等於全軍赴援——那樣北岸又得被太平軍所據，前面算是白忙活了。

這麼一猶豫的工夫，韋俊就佔領了金口。失去金口，意味著北岸湘軍將腹背受敵。胡林翼審時度勢，趕緊從漢陽城下撤軍，一直退到奓山，以護住糧道。

這是胡林翼一生中最難熬的時期，守著糧道，卻眼巴巴地就是看不到糧餉在哪裏。

路途遙遠當然是首因，另外一個因素，則是部分餉銀早已被沿途官軍給提前截去了。湘軍的軍餉斷了五個月，到退守奓山時，連米缸子都空了。此後整整斷了一個月的糧，官兵們吃了上頓沒下頓，實在撐不下去了。

一八五五年九月十八日，太平軍大舉進攻奓山。平時就怕太平軍窩在家裏不出來，現在好歹出來了，胡林翼趕緊下令整兵出擊。可是命令傳下去就沒了聲響，面黃肌瘦的兵勇都不動彈。

胡林翼沒回過味來，硬拖著把他們給拉了出來。可是未等正式交鋒，眾人就大叫著狂奔而回。胡林翼震驚了。

自出仕貴州，胡林翼打過數不清的仗，但未戰先潰還是第一次，這使他的自尊心受到了強烈刺激。

當年湖口戰敗後，作為主帥的曾國藩激憤到要騎著馬去做自殺式衝鋒，現在胡林翼也想這麼做。他牽過一匹戰馬，就準備單人獨騎去與太平軍拼命。

馬夫見他神色不對，急忙將馬旋轉了四五圈，然後朝空中揮響馬鞭，將馬朝相反方向趕去。

這馬已經暈頭轉向，跑起來就停不下，噠噠噠地奔到江邊。江邊正好有水師戰船，聽說胡林翼在此，眾營官趕緊幫著收攏殘部，並用船運來援兵，總算幫巡撫穩住了陣腳。

三天後，從荊州轉來的川餉被押解來營，才把胡林翼從苦海中拯救出來。

自建立金口大營並升任巡撫後，因為與太平軍交戰從未落於下風，兼之有「平亂專家」的聲威，胡林翼一直保持著不錯的自我感覺。雖然調和彭楊時流淚，實際上他並沒真正把韋俊這些人放在眼裏。他總以為只要再發動一次進攻，就可以把對手徹底摧垮。

參山潰敗是壞事，也是好事，因為它給胡林翼上了非常生動的一課：太平軍絕非從前的生苗或「榔會」可比，如果繼續閉著眼睛單挑下去，在部隊已疲困不堪的情況下，只有潰敗一途。現實情況迫使胡林翼拋棄了最後一點兒僥倖和自傲，他決定伸手向遠在江西的湘軍主力求援。

誰給誰添堵

胡林翼在湖北固然艱難，但曾國藩在江西的日子也不好過，而且他的很多難處跟胡林翼還差不多。

每個人都有自己看問題的角度和側重點。咸豐比較重視湖北；而曾國藩更關注江西，認為此處不僅可作為威懾天京的橋頭堡，還能防衛兩湖——這也是他在石達開猛攻湖北時，沒有全師回援的重要原因。

除此之外，使曾國藩不能脫離江西的因素還有很多。比如內湖水師仍被困在鄱陽湖內，若無強有力的陸師進行配合，孤掌難鳴尚在其次，被太平軍一舉殲滅才最為可怕。又比如胡林翼只帶了一部分湘軍去湖北，就已出現了糧餉不繼的危機；若是大部隊再開過去，糧餉供給無疑會更成問題。

沒錯，曾國藩肯留在江西的重要原因是希望當地政府給他提供給養。可是他沒想到，江西政府對他的態度，竟然與當初的湖南政府如出一轍。

江西巡撫陳啟邁是曾國藩的老鄉，而且兩人還是「同年」，也就是同科錄取的進士。在清代的科舉制度中，「同年」關係也意味著一種無形的情感紐帶。之後，兩人又同在翰林院供職，私交雖談不上很好，但亦無個人積怨。

在江西，這對同鄉兼同年的矛盾卻激化到了水火不容的地步。

陳啟邁是一個目光短淺的庸碌之輩，他見曾國藩既無地方大員的身分，又不是欽差大臣，便有心相欺。用得著湘軍的時候，他就不顧死活地讓他們去拼命；當曾國藩開口要糧餉時，則百般刁難。往往是曾國藩在那裏費盡唇舌說上半天，他給來一句：「你講得太好了，我完全不知道你在講什麼。」

曾國藩把同鄉同年甚至翰林院的交情搬出來，陳巡撫仍是一臉傲慢和無情：「你也太不跟我見外了！就算你說破大天，我也拿不出一個子！」

遇到這樣的鐵公雞，曾國藩就算是磕頭作揖都沒用。而沒有糧餉就什麼都幹不了，尤其當時內湖水師新敗，如不出錢修理和重造戰船，很難走出萎靡的狀態。

湘軍之前的糧餉，主要是依靠士紳捐資。士紳的錢也是錢，不是光靠一個口號，人家就願意把真金白銀給捧出來。實際操作過程中往往是一手交錢一手交貨——你拿了錢，必須按其捐資多少奉送一個相應的虛銜。

饒是如此，勸捐仍收效有限。畢竟，在兵荒馬亂、窮字當頭的歲月裏，誰兜裏的錢都不多，這是怎麼勸也沒用的。早在衡陽練兵時，曾國藩就叫苦連天，慨歎「勸捐之難，難於登天」。為此，他甚至不得不改「勸捐」為「勒捐」，也就是向湘中大戶進行強制攤派——不想捐也得捐！

在江西，勸捐是完全不頂用的，因為湘軍奉出的那些虛銜白條，當地官府不承認。官府不認帳，多大的官帽都變得一錢不值。久而久之，再也無人肯對湘軍進行捐納。至於勒捐，湘軍屬於客軍，當然也做不出來。

曾國藩只能從湖南得到一點兒糧餉，但與胡林翼的情況類似，這點兒接濟少得可憐，根本就不夠用。

辭職不行，要錢沒有。曾國藩就像被吊在半空之中，上不著天，下不著地，幾乎到了無路可走的地步。

直到幕僚郭嵩燾獻釐金之策，才給曾國藩開闢了一條新路。

郭嵩燾隨湘軍赴援江西，路上遇到販鹽的，便跟他們攀談起來。在鹽販子那裏，郭嵩燾看到了一份太平軍簽發的稅單。原來太平軍也對商人設卡徵稅，這使郭嵩燾受到了很大啟發。

戰爭對農業而言，具有極大的破壞性，但它同時給敢於鋌而走險的商人帶來了發財機會。特別是鹽這種東西，誰都少不了。而由於戰爭期間交通堵塞，戰亂地區的鹽可能比黃金還貴。

郭嵩燾設計的釐金，相當於一種商業稅，稅額一般在百分之一，故以此名。對於冒險牟取暴利的商人來說，這點兒稅不過九牛一毛，肯交也願意交。

於是曾國藩設立釐局，對過往商人設卡抽稅，由此大大緩解了窘境。但如此一來，他又得罪了陳啟邁。陳啟邁認為江西是他的地盤，要設卡也得由他來設。曾國藩連招呼都不打一個，就把這麼肥的活兒給搶去，不是給人心裏添堵嗎？

陳啟邁一面上奏朝廷告御狀，一面把替曾國藩主持釐局的江西舉人彭壽頤給抓了起來。等曾國藩聞訊施救時，可憐的舉人已死在庸官的重刑之下。

彭壽頤曾舉辦團練，並代替棄城而逃的知縣抗擊太平軍，因此被曾國藩視為難得的人才，本來是要放在湘軍大營中予以重用的。如今他死於非命，令曾國藩「深為憤痛」。

曾國藩客居異鄉，又有當年避走衡陽的前例，因此縱使江西官府拒發糧餉且多次找他彆扭，他也「雅度無怒容」，拼命克制自己的情緒。但是這次，他再也控制不住了。

什麼同鄉同年？現在甭說翻臉，我連殺你的心都有！

正好他得知了陳啟邁暗中從走私鴉片中獲利的事實，便上奏咸豐，彈劾陳啟邁：「我不喜歡背後說人壞話，但這個姓陳的做得太過分了！」

兩份狀紙先後送到，而陳啟邁那份等於白告——咸豐自己發不出糧餉，要靠前線將帥自籌，當然不會責怪湘軍設釐金一事。倒是曾國藩的彈劾有根有據，一下子就摘掉了陳啟邁頭上的烏紗帽。

有了點兒錢，曾國藩得以在江西建立火藥廠和造船廠，內湖水師也逐漸恢復了戰鬥力。在此後的鄱陽湖戰役中，湘軍水師一舉擊敗太平軍水營，並燒毀太平軍船隻一百多艘。

曾國藩開心了一下，但很快就笑不出來了，因為塔齊布死了。

塔齊布負責進攻九江，然而他在九江鏖戰七個月之久，始終被阻於城外，心情變得越來越鬱悶。有一天返回軍營後他突然昏倒，不省人事，而後不治身亡，時年四十歲不到。

曾國藩在陸師中依恃的一直是塔羅組合，那是他的左膀右臂。塔齊布這一去，便只剩下了羅澤南。

戰術與戰略

胡林翼向曾國藩請援的時候，曾國藩剛剛痛失大將，傷心不已。而讓胡林翼更想不到的是，在他發出請援奏摺之前，羅澤南已經走在了前往武昌的路上了。

主動回援武昌是羅澤南的主意，他知道胡林翼已經被卡在那裏了，他必須前去幫忙。

起初，曾國藩並不願意放羅澤南走。

塔齊布去世後，他所轄部隊的戰鬥力也打上了問號，羅澤南及其湘勇成了唯一能讓人放心的勁旅。從曾國藩的角度考慮，當然希望將羅澤南留在身邊。

但是羅澤南的話，曾國藩又反駁不了。

羅澤南說，湘軍現在困守江西，就好像坐在甕罐中一樣，天天打仗，卻還是看不到外面的太陽，抓不到主動權；武昌則不一樣，一旦得手，即可坐控江西安徽兩省，並進而切斷天京的補給線。

羅澤南的方略是，陸師方面放棄進攻九江，轉而集中力量回援武昌；水師方面則合力攻下湖口，以攔截太平軍上下的船隻。

曾國藩和羅澤南都是那種有大局觀的人。認識到羅澤南言之有理後，曾國藩不僅不再強留，還從塔齊布軍中抽調精兵強將，與羅澤南原有的湘勇合併，組成了一支擁有五千多精銳的遠征兵團。

幕僚勸諫曾國藩，說您所倚靠主將只有塔羅兩個人。現在塔齊布不在了，羅澤南又要遠征湖北，江西兵力異常單薄。一旦發起戰事，將陷入無人可用的窘境。

曾國藩點點頭：「我當然知道了。可是為東南大局著想，也只能如此。羅澤南說的是對的，假使我們都困守江西的話，長久下去不可能有出路；而只要把武昌攻下來，則天下大勢猶可為，那樣我雖困猶榮。」

也有人跟羅澤南講，曾國藩勢單力孤，你忍心拋下他這麼走掉嗎？

羅澤南的回答是：「如果老天不亡本朝，曾公必不會死！」

話雖這麼說，羅澤南其實也為曾國藩擔著很多心思。走之前，他對曾國藩千叮嚀萬囑咐，讓他不要貿然進攻；一定要等他攻克武昌，率軍東下時再發動反擊。

自湖口之戰後，太平軍到處滲透，湘軍在湖北和江西已無法連成一線。羅澤南回援武昌，就必須通過太平軍的控制區。

集結在控制區內的太平軍有幾萬人，但都屬於地方部隊，戰鬥力一般；而且將領的指揮能力也不強，與能征善戰的羅澤南站一起，馬上就被比了下去。

聞知羅澤南西進，石達開趕緊率三萬人馬追了過來。這三萬人都是常年征戰的野戰部隊，非普通地方軍可比；石達開本人的軍事才能也與羅澤南不相上下，兩人早在湖口時就打得難分難解。因此，當新的較量到來時，自然將是血雨腥風。

石達開利用兵力優勢，不停頓地使用包抄合擊等戰術，將羅澤南的側翼部隊分批次包圍起來予以殲滅。湘軍雖勇，但面對太平軍的精銳，也只能以一當十，沒法以一當百。隨羅澤南出征的塔齊布部屬由於突擊過猛，首當其衝遭到圍困，從戰將到士兵幾乎全部損失掉了。

眼前是血途征程，羅澤南的處境變得異常險惡。

繼石達開追來後，韋俊也正率大批援軍趕來。假使兩軍會合，將達五萬之眾。而湘軍只有五千人馬，且落敗之後士氣大挫。如此一看，不要說到達武昌，就算是想安然撤回江西都變成了一件沒有把握的事。

關鍵時候，石達開卻突然撤離湖北戰場，掉頭往江西去了。

此前廣東爆發了洪兵起義，天地會出身的洪兵正取道江西北上。洪兵跟太平軍是一夥兒的，毫無疑問會成為太平軍的重要兵源。石達開去江西就是為了接應洪兵。同時，翼王還有一個計算，那就是他發現羅澤南的遠征兵團是湘軍的主力精銳，短時間內要想予以擊敗並不容易。但是轉言之，既然主力出來了，那麼江西的湘軍大本營必然空虛。何不乘虛而入，將其一舉摧毀？

主意聽上去是不錯，可是與對手相比，石達開的算計只屬於中等水準。他沒有看到更高更遠的地方；沒有好好想一想，思維那麼縝密的曾國藩為什麼肯將主力盡數派出，以至於暴露出這麼明顯的一個破綻。

因為與江西相比，湖北更重要；與九江相比，武昌更重要！

石達開一走，千載難逢的戰機便就此喪失。歸根結底，翼王或許是一個優秀的戰術家，但卻不是一個優秀的戰略家。儘管他的戰術無懈可擊，可能還略高於羅澤南；但戰事猶如博弈，一兵一卒的損傷無關大局。所以這局棋下到最後，他是注定要輸的。

好像交接班一樣，石達開剛走，韋俊就來了。

韋俊所率兵馬只比石達開少一點兒，總共兩萬多人。但是就指揮水準而言，他又比石達開低著一個檔次；同樣，羅澤南也要比他老到得多。

羅澤南登高觀察，發現太平軍兵分兩路：一路吹號放槍，搖旗吶喊，把聲勢搞得很大；另一路卻很淡定，什麼動靜都沒有，只是悄無聲息地在山林中穿行。

他馬上作出判斷，大張旗鼓的是「正兵」；悶嘴葫蘆一樣的是「奇兵」，也就是伏兵。

吸取與石達開遭遇時硬碰硬的教訓，羅澤南轉而收縮防守，並祭起他的看家絕活：以靜制動。

「以靜制動」說說簡單，真正實踐起來並不容易。常見的情況是敵不動我不動，敵一動我就動得亂七八糟——看到敵軍嗚嗚嚷嚷地撲過來，能不怕嗎？

湘勇隨羅澤南征戰多年，對這一戰術早就諳熟於心，能夠做到令行禁止，不動如山。在太平軍正兵逼近時，羅澤南始終不動聲色。直到正兵與奇兵拉開長長的距離，你看不到我，我看不到你時，他才下令猛擊。

韋俊用的是誘敵深入，中途設伏之計，給正兵設定好的橋段是見機撤退。但他沒想到羅澤南出手如此迅猛，結果反而真的敗了下來。

奇正二兵互相隔膜，那邊正兵已敗；這邊隱蔽於山林中的奇兵卻還不知道，仍然興致勃勃地等著對方進入他們的埋伏圈。等著等著，他們自個兒也被繞道進山的湘軍給包圍起來。

這一仗，湘軍追殺十餘里，殲滅太平軍近千人。得此一勝，湘軍士氣大振，羅澤南重新找回了自信。

緊接著，韋俊捲土重來，雙方二度交手。不過就採取的戰術而言，這幾乎就是第一輪的翻版：韋俊主動進攻，羅澤南「以靜制動」，斃俘太平軍兩千餘人，一名太平軍戰將重傷而死。

據抓到的俘虜供稱，石達開與韋俊曾有約定，不管他們誰出手堵截羅澤南，都要找機會攻入湖南。但在兩人均遭挫敗後，這個對湘軍來說非常致命的作戰計畫被迫流產。

第三方胡林翼緊接著加入了戰鬥⋯。

得到了羅澤南來援的消息，胡林翼當即決定親自率兵接應。幕僚紛紛勸阻，說我們的兵力太少了，看家都很吃力。眼下不宜提前出擊，還是坐等援軍為好。

胡林翼當然知道自己兵力單薄，但他更清楚羅澤南一路上可能遇到的艱險。無論石達開還是韋俊，那都是硬骨頭，怎麼放心交給羅澤南一個人去啃呢？

「援軍是來幫助我們的，而我們卻裝作沒事人一樣，還有廉恥嗎？我一定要去接應，不管是勝是敗！」

幕僚們倒沒說假話，胡林翼第一次接應就碰到太平軍擋路。在敵眾我寡的情況下，他果然敗了，只得撤回來。

幾天之後，胡林翼再次集合部眾出戰。這一次，他終於得以從蒲圻旁邊穿過，實現了兩軍會師。

赤壁鏖兵

雖然湘軍已兵合一處，但北上武漢的道路並未完全暢通，其中最大的一顆釘子正是蒲圻。

蒲圻即今天的湖北省赤壁市。三國時期有文赤壁與武赤壁的說法：文赤壁是指湖北黃岡，本來跟三國時的赤壁之戰沒什麼關係，因為東坡先生上去懷了一下古，才聲名鵲起；蒲圻才是真正的赤壁古戰場，又稱武赤壁。

兵家選擇戰場不是小孩子過家家，隨便指定。那都是兵家必爭之地，無論哪朝哪代，沒人敢忽略。比如田家鎮和半壁山，清末時湘軍和太平軍爭得你死我活；到了抗日戰爭時期，中日兩軍同樣是誰都不肯輕易相讓。

蒲圻也是如此，它被稱為湖北的南大門。韋俊退到這裏後，又聚集了三萬人馬，同時在蒲圻周邊設置營壘木城，從而斷絕了湘軍再次從邊上溜過去的可能。

大軍要想順順當當北進，非得把這道門砸開不可。於是，在「檣櫓灰飛煙滅」一千多年後，武赤壁又重燃戰火。

會師後的湘軍已達八千餘人，但數量仍遠不及太平軍；加之太平軍防守之處的地形十分險要，因此正面突破的難度很大。

如果有捷徑就好了。

這條捷徑是蒲圻當地的一個舉人提供的。胡林翼按照他的指引，率兵抄小路進軍，出其不意地佔據了蒲圻城西北的鐵山，使太平軍的正面營壘盡失其險。

儘管如此，麻煩並未完全消除。畢竟蒲圻城仍在韋俊掌握之中，不打下這座城，軍隊仍然無法前行。

羅澤南的看家本領為「以靜制動」，其前提條件是對方要來攻。可是韋俊兩度戰敗後，也變乖了——他就不攻，等你攻。

羅澤南又施誘敵之法，韋俊仍不上當——追是要追的，但沒追多遠就會及時收兵回營。

這是胡林翼在武漢就遇到的老大難問題。當哥倆兒碰一塊，兩個聰明絕頂的腦子加在一起，仍然想不出什麼更好的招，最後只能是一個字：攻！

湘軍一攻，太平軍就掌握了主動。韋俊在蒲圻城下紮有五座營壘，四道木柵。守壘的大多是「長髮兵」，作戰經驗相當豐富。兩軍在營壘前反覆搏殺，湘軍付出了很大傷亡，連軍官都陣亡多名，卻還是一座營壘都沒拿下來。

羅澤南十分焦慮。他擔心如果一直攻不破營壘，太平軍固城死守的意志將會更加堅決，而蒲圻也可能變成另一個九江。

他決定採用火攻，並召集諸將，動員全軍：「蒲圻不下，武漢必不能攻。今天大家一定要死磕下去，不然『九江故事』便會繼續上演。」

「九江故事」對湘軍來說是一個慘痛的記憶，因為從那時候開始，他們就像走了霉運一樣，不是損兵折將，就是敗績連連。

羅澤南統率的部隊，皆為榮譽感極強的精銳之師。傷疤一揭開，眾人連眼淚都流出來了，嗷嗷叫著便抱起稻草向太平軍營壘撲去。

儘管太平軍不斷放炮阻擊，但湘軍不顧傷亡，前仆後繼。木柵前的稻草越堆越高，烈焰突起。四道木柵被盡數焚毀，五道營壘也跟著著了火。

羅澤南一舉克復蒲圻，太平軍中遭斃俘者達五千餘人，幾乎是羅澤南出江西時遠征兵團的總數。此一戰成為官軍自失守武昌以來所取得的最大一次勝利。

這一戰後，韋俊退守武昌，再也無法阻擋羅澤南前進的腳步。

一八五五年十二月二十五日，羅澤南到達武漢。此前胡林翼已水陸並進，收復了包括金口在內的南岸前沿陣地。

一八五六年一月五日，羅澤南和胡林翼分路進兵武昌，並在城下與太平軍展開野戰。

韋俊一敗再敗，老兵傷亡很大。他的現有部隊實際上是個大雜燴，即由少數老兵帶領多數未經訓練的新兵，所以數量雖眾，但其野戰能力極差。湘軍朝後一包抄，他們便紛紛潰退。

經過短兵相接，太平軍戰死三千餘人，湘軍卻只死傷了十幾個人，幾乎可以用秋風掃落葉來形容。在不到一個月的時間裏，武昌周邊的太平軍據點被全部掃清。

羅澤南的到來，終於使胡林翼轉危為安，從而結束了他生平最為艱難的一段日子。

第五章 用時間來熬

周邊戰失利後，韋俊再施故技，開始歸攏部眾，堅守待援，太平軍野戰不行，但守城行。一個老兵看住幾個新兵，守住城垛綽綽有餘。韋俊本身也是防守戰高手，在城池布防方面很有一套：城下插滿竹籤木樁，城上除密布炮眼外，還堆積有滾木巨石。

羅澤南和胡林翼對此都很頭大。胡林翼調來大炮，在山上架炮轟城。但由於距離太遠，只夠擊毀有限的幾處地方，遠不足以對守軍構成威脅。

若是單純的仰攻——架著長梯登城的那種，傷亡又實在太大，可以說是得不償失。

羅胡經過商議，決定改變強攻戰術，轉而分兵於武漢下游，以截斷太平軍增援武漢的水陸通道，從而促使城內不戰自亂。自此，攻堅變成了圍困。

攻堅的好處是可以速戰速決，壞處是傷亡太大；圍困的好處是能夠最大限度減少傷亡，壞處則是時間可能會拖得很長。而時間的延長，對羅澤南來說，無疑是一種煎熬——因為他將無法在短期內揮師東下，自然也就沒有辦法兌現當初對曾國藩所作出的承諾。

赤子之心

羅澤南走後，曾國藩遵照他的囑咐，指揮水師發起湖口戰役，果然在石達開缺席的情況下一舉佔領湖口，並奪回了曾被太平軍繳獲的那艘特大型拖罟船。

但湖口戰役有得有失，統領內湖水師的蕭捷三被炮彈擊中，當即陣亡。一支水師不能沒有統兵將領，曾國藩遂急召在湖南衡陽的彭玉麟。

經過胡林翼的調和，彭玉麟與楊載福的關係已有所緩和。但大家低頭不見抬頭見，短期內總是覺得尷尬。於是，彭玉麟就以養病為由，選擇了請假回家。

彭玉麟接到曾國藩的信函時，湖南到南昌的水陸通道都已被太平軍截斷。如果為安全起見，就得從廣東福建繞路，但這樣至少得走一百天才能到達南昌。

一百天，三個多月，哪裏來得及？彭玉麟便化裝易服，「芒鞋徒步」，走了整整七百里路，竟然得以蒙混過關，安然到達南昌大營。

彭玉麟的仗義相助，讓曾國藩的一顆心暫時落了地。但這只是就水上而言，陸上則越來越糟。塔羅不在，曾國藩只能靠塔齊布的接班人周鳳山打仗。按說曾國藩看人一向很準，可這回選擇周鳳山顯然是看走了眼。

周鳳山出身綠營行伍，對治軍條令背得很熟。然而他並非一個能獨當一面的將才，而且還有著綠營軍官的一個致命缺陷，即不像塔齊布那樣平易近人，不能與士卒打成一片。尤其是他用人方面喜歡論資排輩，導致真正勇敢善戰的人上不去。這樣一來，部隊的戰鬥力便大打折扣。

周鳳山完全沒了塔齊布當年的風采，他很少打勝仗，幾乎全是敗仗。可曾國藩又沒有其他大將可恃，只好伸長脖子，眼巴巴地等羅澤南攻下武漢後趕快回援。

問題是武昌一時半會兒又攻不下來，曾國藩怕這時候召羅澤南回來會破壞大局。正好湖南方面計畫再派六千湘勇到江西，他也就強自忍耐，不提這茬了。

可是僅僅一個月過後，曾國藩就再也憋不住了，原因是江西戰局已惡化到極其嚴重的程度——石達開大破周鳳山所部，並一度迫近南昌省城。

曾國藩再也顧不得許多，他上奏咸豐請調羅澤南，說我先前讓羅澤南回援武昌，其中的一個重要原因是九江遲遲無法攻下。而現在攻破武昌也變得遙遙無期，那不如先讓羅澤南來挽救垂危中的江西。

曾國藩考慮得倒也算周全：武漢兩岸有三萬餘官軍，缺一個羅澤南不礙事；江西不行，他再不來，這邊就挺不住了。

其實就算曾國藩不上奏，朝廷上下也已議論紛紛，很多朝臣都主張盡快將羅澤南部調回。但咸豐俯瞰全局，認為武昌攻守已進入關鍵階段，這個時候不能抽走主力。

在上奏的同時，曾國藩又先後五次派人或去函，敦促羅澤南回師。

湘軍的這些將帥是真正有著共同理想和追求的，所謂「呼吸相顧，痛癢相關；赴火同行，蹈湯同往」。即使上了戰場，他們也是勝則舉酒讓功，敗則拼死相救。尤其羅澤南和曾國藩之間更有很深的私人情誼，絕不可能置對方安危於不顧。因此在接到曾國藩的信函後，羅澤南很是為難，但他又實在不甘心功敗垂成。

了解到湖南方面又派了四千湘勇去江西，羅澤南最後還是決定繼續圍攻武昌。他告訴曾國藩，今年攻武昌跟去年攻九江完全不同。去年攻九江時，周邊全是太平軍，就算是攻下九江，也不過是守著一座空城。今年攻武昌，不僅周邊的太平軍據點已被掃清，而且武昌城已被圍得跟個鐵桶差不多了。

羅澤南預計武昌不久就可攻下，到時他再與曾國藩會師九江。在此之前，他只能勉勵對方再堅持一下：「事在人為，你絕不可以因為一時的挫折而灰心喪氣。」

話說得有多灑脫，人心裏就有多難受。羅澤南念及「曾公艱危，義同生死」，幾乎每一天都想著趕緊把武昌打下來，好抽身增援江西。儘管圍困需要時間，他的優勢和特長又是「以靜制動」；但他不得不打破常規，不斷思考盡快攻城的辦法。

一八五六年四月五日，羅澤南設計將部分太平軍誘出武昌城，然後一路追殺，想乘勢衝進城去。他太想抓住這個機會了，沒留意自己已經進入太平軍槍炮的射程之內。

太平軍緊急關閉城門後，城頭槍炮如雨一樣地傾瀉。一馬當先的羅澤南頭部中彈，頓時血染衣襟。但他仍堅持奮戰，直到實在看不到入城的希望時，才收兵回營。

胡林翼聽到羅澤南受重傷的消息後大驚失色，急忙趕來探視。

羅澤南當時的官銜是寧紹台道，只比知府高一點兒，位列正四品；而胡林翼已經是從二品的巡撫。但胡林翼對羅澤南十分尊敬，見面後行弟子禮，言行舉止恭恭敬敬，儼然把他當成了自己的先生。

胡林翼這麼做，不是表面功夫，他確實對羅澤南的學識、人品和能力非常欽佩。即使私下與幕僚談到羅澤南時，他都要稱其為羅山先生（羅山是羅澤南的號）；平時事無巨細，均要向羅澤南諮詢，彼此意見統一後才會施行。因此雖然相處時間並不長，但兩人已經結下了很深的友誼。

當胡林翼到達時，羅澤南還能坐在營外，跟他商討作戰方略。但胡林翼清楚地知道對方的傷勢有多重，除了延請名醫診治外，還駐其營中，以便日夜看視。

但這次的傷勢是致命的，傷口深達兩寸，子彈無法取出，再好的醫生都回天無力了。幾天後，羅澤南病情加重，已不能坐，只能躺。他睜大眼睛，作手勢索要紙筆，並仰臥床頭寫下了遺書。

這是非常少見的遺書，一共就兩條：一條是「願天再生幾個好人，補偏救弊」；另一條是「亂極時站得定，才是有用之學」。

有人說羅澤南是一個迂腐的書呆子，即便在軍營裏也不肯放下書本，一睡醒便談學問。可是他留下的這份遺書卻分明昭示出，這個人有著怎樣的赤子之心，又有著怎樣的真學問。說他迂腐的人，恰恰是太過精明。而我們的周圍充斥著這樣的「精明人」，唯獨缺少「迂腐的書呆子」。

在接下來的兩天裏，羅澤南「神散氣喘，汗出如洗」，已經到了彌留一刻。胡林翼見狀，痛哭失聲。羅澤南握住胡林翼的手，掙扎著留下遺言，但仍無一字及私。

羅澤南說，武漢自古就是兵家必爭之地，太平軍肯定要死守。如果我們不拼命死戰的話，不僅武漢保不住，恐怕今後兩湖的其他地區也將「均無淨土」。

在這最後的時刻，羅澤南還想到了在江西苦苦支撐的曾國藩。他再不能夠去會師九江，救朋友於危急了。

羅澤南對胡林翼說，現在武漢攻不下來，江西又危在旦夕。而我們力薄兵單，沒法兼顧。我是不怕死的，唯一的遺憾就是不能為此做什麼了。以後只能靠你和李續賓繼續撐持……

話沒說完，一代儒將便停止了呼吸。

從出生直到死亡，羅澤南可以說沒有過上一天好日子，命運累加在他身上的傷痛難以計數。但是在他心中，這些都不重要，重要的只是要在幽幽暗暗反反覆覆中不斷追問：一個人活著，應該如何求學，如何救世，如何實現真正的人生價值。

長圍久困

羅澤南戰死的消息傳出，整個南方戰場都為之震驚。曾國藩更是痛悔不已，認為如果不是自己三番五次地催促，羅澤南可能不會鋌而走險。而胡林翼除了悲痛之外，還對攻城戰術有了新的認識。

改攻堅為圍困，本來是胡林翼和羅澤南共同商定的策略。但因為各種原因，兩人仍然不同程度地存在著急於求成的思想。他們都想乘守軍不注意，發動登城仰攻，以便一勞永逸。

登城仰攻固然爽快，可那實在太吃虧，太傷元氣了。對於講究身先士卒的湘軍而言，戰死在城下的往往都是那些最勇敢、最精銳的將士。羅澤南的死，讓胡林翼猛然醒悟過來。

「今後誰也不准提仰攻！誰提我跟誰急！」

胡林翼在「圍困」旁邊又加了兩個字：長久，連起來就是「長久圍困」。他要像僧格林沁對付北伐的太平軍那樣，慢慢地熬下去，用時間來熬出戰果。

長久圍困，要想圍得實、圍得緊，關鍵還是要把所有進出口一個不漏地堵住。對於武昌來說，則是要控制江面，以截斷太平軍的增援水道。

圍繞這一生命線，湘軍水師和太平軍水營又展開了殊死角鬥。

太平軍水營曾經被打到潰不成軍，它的復振，是從翼王石達開執掌前線指揮大權開始的。所有太平軍將帥中，石達開是發現水營弊端並主動彌補其缺陷的第一人。

水營弊端在哪裏？首先是船隻。太平軍多用民船，擄獲民船固然省事，一下子就可能弄到成百上千。可是面對湘軍的正規戰船和洋炮，改造版的民船往往就跟紙糊的一樣，一打就破，一破就沉；損失之後又無法補充，即便上萬船隻也很快就消耗一空。隨著船隻越來越少，水營的戰鬥力也就相應地越來越弱。

其次是訓練。由於原先忽視訓練，水營將士的軍事素養普遍很差，以至於對「水戰諸法，茫然不解」。打仗的時候，他們呼啦啦一道上。結果常常顧此失彼，被各個擊破。

石達開從這兩處著手，仿照湘軍的模式，在安慶和九江分別督造戰船；同時加強水戰訓練，從而打造出了一支以「湘式」大戰船為基幹，以改造民船和小划相配合，具有一定作戰能力的新水營。

湖口一戰，便是新水營的初試啼聲。此後，在湘軍水師被分割且遭擊潰的情況下，水營在長江之上重新取得優勢。從九江到武昌，幾乎處處都有太平軍的戰船。胡林翼的號令出不了三十里，在很大程度上也是因為水上交通斷絕的緣故。

石達開重建水營，曾國藩和胡林翼則要再鑄水師，雙方在造船和訓練方面展開了全面競賽。但是太平軍新水營的一招一式其實都是模仿湘軍的，有時架子是夠了，內功卻不足，所以很快就被湘軍水師反超過去。

在前期的江上作戰中，太平軍水營已多次遭到慘敗。為保存實力，韋俊便採取了一種游擊戰打法，即先將船隻收縮到岸邊，依託於城上的炮火掩護，使得湘軍戰船難以靠近；然後再乘隙突出，與對方繞上個兩三圈。

這種捉迷藏的遊戲，太平軍玩得起，胡林翼玩不起。他把楊岳斌找來，定下了火攻之策。

楊岳斌是軍人出身，有心眼偏狹的一面。特別在不肯援救彭玉麟這件事上，他曾廣受垢病。但胡林翼並沒有因此對楊岳斌產生看法，而是繼續重用，並保舉他署理湖北提督。

楊岳斌的短處是爭勝，長處也是爭勝。好鋼用在刀刃上，那就要激勵他到戰場上去獲勝。得到胡林翼放手任用的楊岳斌果然積極性高漲，他採辦了五十艘大船用於火攻。船上裝滿了硝磺和蘆葦，堆起來高達兩丈。

接下來還有兩個要素。一是需要江水大漲。太平軍為防止湘軍戰船靠近，在江上打有木樁。如果江水不漲，火船便無法越過。二是需要順風。跟作戰時需要逆風不同，火攻要的是順風，這樣可以縮短時間——反正是同歸於盡，又不打算原路返回。

一八五六年五月三十一日，兩個要素都齊了，楊岳斌率敢死隊架火船向太平軍水營大寨撲去。臨行前，他特地告誡眾人：「必須靠近大寨才能點火！」

楊岳斌這麼做，是要把火攻的效能發揮到極致，以免太平軍提前防範，遠遠避讓。但這也在無形中增加了危險——每條大船隻附一隻舢板，在火藥點起的瞬間，船員必須全部跳上舢板自救。

敢死隊砍斷太平軍施放的木牌、鐵鏈後，火船也離大寨越來越近，楊岳斌下令點火。

此時正是深夜，太平軍發現時，火船已經迫近。倉促之下，他們急忙開炮。不料船上已沒有人，全是越燃越烈的材料。

當天太平軍水營遭受了再建以來最為沉重的打擊，兩百多艘能戰之船被焚，其中包括很多長龍快蟹。從這以後，其水營便一蹶不振，再難有所作為。

楊岳斌仍不肯善罷甘休，又沿著長江一路搗過去。十天之內，該部轉戰千里，將九江以上江面掃蕩一空，從而徹底切斷了太平軍增援武漢的水上通道。

狼來了

按說胡林翼已經做得挺不錯了，可是咸豐並不滿意。這就跟當初僧格林沁包圍連鎮時一樣，你有耐心他沒耐心。

胡林翼報告說打了勝仗，咸豐都不願意看：「也不知道你說的到底是真是假！我所知道的，是你至今對攻克武昌都毫無把握！」

他懷疑胡林翼是因無計可施而空言搪塞，因此命胡林翼限期攻下武昌，否則就要予以治罪。

胡林翼被皇帝給弄急了。

自他回援武昌起，為了早點兒將這座城池攻下，湘軍已傷亡了三千餘人，光軍官就陣亡了百餘名。「兵易募而將難求」，如果繼續血拼下去，就算拿下武昌，湘軍也完蛋了。

最讓胡林翼感到痛心的是羅澤南的陣亡。在他看來，那是一位集學識、勇氣與廉正於一身的傑出將才，是今後長勝不敗的保證——就那樣白白戰死，簡直太可惜了。

胡林翼從史書中請出了兩位大腕來給自己做說客。

這兩位大腕，一個是韓信，另一個是韓信的謀士李左車。李左車名氣似乎不大，但他的語錄幾乎人人皆知：智者千慮，必有一失；愚者千慮，必有一得。

韓信是智者，不過他也曾經產生過要不計損失，一心攻城的「失」。李左車自謙為愚者，他給韓信貢獻的「得」，就是千萬不能這麼做，因為那樣只會越打越沒信心，越戰越沒營養。

胡林翼以秦末漢初的這段例子為引喻，直言：「野戰容易，攻城困難。兩千年前就是如此，到現在還是這樣。所以皇帝你應該向韓信學習學習，欣然納諫才是。」

咸豐無語了。

胡林翼不是僧格林沁，那是滿腹經綸，能言善辯的一個人。再扯下去，不知道他還要搬出多少個韓信和李左車來教訓你。

算了，那你就繼續磨吧！

知道胡林翼要長圍久困，但韋俊既不敢走，也不敢逃。須知太平軍的刑法十分嚴酷，從前丟了城池的石鳳魁、黃再興在歸京後，都被楊秀清處以車裂，其狀慘不忍睹。在水路被封死的情況下，要打破胡林翼的長圍久困，必須依靠援兵——更準確地說，是陸路援兵。

太平天國戰將古隆賢奉命從江西出援。他與韋俊曾有約在先：某月某日，舉火為號。到時武漢的太平軍出來接應，以便裏應外合，突破湘軍的封鎖。

孰料由於楊岳斌掃清江面，太平軍不敢沿岸行軍，只能繞道而行，這樣時間便耽擱了。到了約定日子，韋俊派兵出城，卻沒見到援軍相應，結果又被胡林翼給趕回了城。

胡林翼覺得奇怪：平時誘你們都不露頭，這時候出來瞎逛個什麼勁？審問俘虜，才知道還有這麼一齣。胡林翼靈機一動，想到了新的誘敵之策。

幾天之後，韋俊在城頭上觀察時，發現湘軍大營後忽然人喊馬嘶，亂成一團。這讓他意識到，可能是延誤行期的古隆賢到了，正在向湘軍發起攻擊。

太好了！這種情況下湘軍肯定難以兼顧，正是前後夾擊，有棗沒棗都先打上一竿子的時候。韋俊派出大隊人馬出城，直撲向湘軍營壘。

起先營壘附近靜悄悄的，讓人覺得湘軍都在後面應付援兵。但當太平軍接近時，忽然槍炮聲大作，湘軍從四面八方湧了出來。沒有什麼古隆賢，在營壘裏等著韋俊的是胡林翼。韋俊所看到的一切，都是胡林翼為了誘敵設伏而製造的假象。

此次出城，太平軍被殲一千多人，韋俊現在用於守城的兵力非常有限。棗沒打著，倒磕了自個兒的門牙，把他給心疼得夠嗆。

胡林翼捉弄韋俊一次後，似乎上了癮，屢屢冒充援軍，要騙韋俊上當。韋俊又不是小孩子，他怎麼會總上當呢？於是以後不管胡林翼裝得多像，他都不再出城，即便是古隆賢真的來了。

這是一個類似於「狼來了」的故事，只不過在那個故事裏面，倒楣的是說謊者；而在這個故事裏面，吃虧的卻是被謊話緊緊套牢的人。在誘敵之策外，胡林翼還有一個方略，那就是圍點打援。

古隆賢是金田起義時出來的廣西老兄弟，仗打得多了，經驗很豐富。既然約定的日期已經錯過，他就不再蒙著頭朝武昌急趕，而是選擇了離武昌東南約四十多里的一個地形險要之處，掘壕築壘，構築野戰陣地。

如果韋俊能及時出來接應，湘軍可能腹背受敵。但此時此刻，韋俊正被嚇得不敢出來。胡林翼就輕鬆多了，因為這意味著他只需對付一面。胡林翼一舉擊破古隆賢所築營壘，迫使太平軍潰敗二十里。古隆賢本人也中炮負傷，增援行動以失敗告終。

擊退援兵後，胡林翼即在武昌城外開挖長壕。這是僧格林沁在北方開展包圍戰時就被證明行之有效的戰法，同時也表明了胡林翼將長圍久困的策略進行到底的決心。

圍困武昌期間，胡林翼見到了從湖南趕來的曾國華。曾國華是曾國藩的二弟，他此次是奉父命來弔唁羅澤南，同時致詞勉勵湘軍子弟。

一系列程序走完了，曾國華才提到此行最重要的一件事：曾家已經有幾個月沒收到曾國藩的信了，曾父極其擔心兒子的境況，希望胡林翼能夠趕快分兵營救。

圍城靠的就是人多，分兵必然不利。但是，胡林翼能夠理解為人父的心情。況且羅澤南臨死都不忘援救江西，他更不能只顧自己建功，而不管曾國藩和江西的安危。

胡林翼當即從湘軍中挑選了四千名能征善戰的精銳，並委任曾國華為援軍總指揮，率部向江西進攻。

此時翼王石達開已經離開江西，由北王韋昌輝接掌該部指揮權。儘管韋昌輝的軍事才能與威望都遠不及石達開，但因曾國藩已無強有力的陸師部隊護佑，所以仍被其打得節節後退。

曾國華率兵回援，不啻於救了曾國藩一命。韋昌輝轉回頭與湖北援軍較量，吃了個大敗仗，連他的王轎繡傘都成了湘軍的戰利品。此時，江西形勢才趨於緩和。

石達開離開江西，是奉楊秀清之召，以解除江南江北大營對天京的威脅。

禦將之術

咸豐在江南共設立過兩座軍營，以長江為界，南京城外的叫作江南大營，揚州城外的稱為江北大營。兩座軍營各司其職，分別用於圍困城內的太平軍和防護工作。

奉命創建江北大營的欽差大臣是琦善。琦善時年已經六十多歲，小爵爺變成了老爵爺。早年在鴉片戰爭中「主撫」一事，無疑給他的人生履歷蒙上了一層陰影。但他恰恰是那種能在蹉跎歲月中自我磨練的人，年紀一大，則更顯老辣。

鑒於琦善沒有直接指揮過軍事，咸豐特意加派了一位叫雷以諴的刑部官員，以幫辦軍務大臣的身分做琦善的助手。

雷以諴自謂熟讀兵書，對各種兵法如數家珍。他在揚州城下紮營，軍營裏徹夜不停地敲梆子、燃火堆，看上去防衛非常嚴密。

反觀琦善的軍營，到了晚上靜悄悄的，既無聲音也無亮光，一副死氣沉沉的景象。雷先生樂了：都說這琦大人是連前朝道光皇帝都賞識的重臣，也不過如此嘛！若論軍事，簡直是個睜眼瞎，一竅不通！

雖說理應跟琦善提個醒，可是限於地位和資歷，雷以諴又覺得一時不便開口。也罷，我這裏也算樹個榜樣了，你天天看見總會明白過來的。

琦善大概真的明白過來了。某天，他把雷以諴叫了過去，不過看他的眼神跟刀子似的，冷不丁來了一句：「雷將軍的軍營裏挺熱鬧啊！」

雷以誠以為琦善會誇讚他，可瞧這意思又不像，話裏話外，隱隱約約地似乎還有點兒嘲諷和責備的味道。

不高興了？你這不是在嫉賢妒能吧？

琦善見對方半天不開口，這才把話挑明：「你這麼做是不對的。晚上防守，一味亂敲梆子，就聽不見敵人的動靜；燃起火堆，對方就可以把你的上上下下、左左右右看得清清楚楚。若是太平軍發起偷襲，豈不是很危險？」

雷以誠聽得怔住了，他沒想到琦善如此有見地。這都是正經八百的兵書上不會說的，卻絕對是用兵打仗的要訣。

自此，雷以誠對琦善心服口服，不敢再班門弄斧。

江北大營兵力單薄，但任務並不輕：一邊要阻截渡江北上的太平軍，一邊還要攻取重兵屯集的揚州。而在這兩方面的又多為太平軍精銳部隊，個頂個全是「老長毛」，仗很不好打。

咸豐對曾在前朝「主撫」的大臣素有看法，見揚州遲遲不下，就常常語帶譏刺地說琦善「老而無志」——年紀一大把，已經不知道「奮鬥」這兩個字怎麼寫了。有一次他甚至揚言，如果琦善再不把揚州城給攻下來，就要用曾賜給賽尚阿的遏必隆刀砍他腦袋。

有人提議，既然揚州城固難攻，不如引湖水以灌。但咸豐又顧慮揚州素為江南名城，水攻可能會毀掉整個整座城市，所以始終不予批准。

這正是既要馬兒跑，又要馬兒不吃草。琦善的壓力非常之大。為此，他不惜親自帶兵，多次誘敵設伏；同時著力培養和提攜將才，調動部下的積極性。

琦善的禦將之術也與眾不同。他手下有個姓賽的將校，職位不高，但很有些才氣。琦善把他和另一位曾姓將領召到一塊，各給五百兵丁，分攻兩地。布置完了，琦善問他們帶的兵夠不夠用。

小賽年輕氣盛，感覺自己就是那寶馬賓士車。別說五百，就算你給他五個人，他也不肯從嘴巴裏冒出一個不字來。

那姓曾的則覺得不要白不要，要求多給點兒。琦善點點頭，多給了他一倍兵丁。

二人出擊，賽勝曾敗。

兩人回來覆命，自然是大勝的小賽走在前面，灰溜溜的曾某落在後頭。

在未入大帳之前，小賽就一路走一路笑，得意之色溢於眉梢。也不知道這琦大帥究竟會如何獎賞自己，反正那畫面想起來就特別美。

不料真實的畫面十分殘酷：琦善見到他後，不由分說，就喝令親兵將其拿下，要按倒打屁股。

小賽以為琦善認錯了人，把自己當成了姓曾的，趕緊分辯，說我是那誰誰誰。

琦善大喝一聲：「我知道你是誰，但恐怕你不知道我是誰！再囉嗦，就把你屁股打爛！」

小賽再不敢多言。由於心裏氣不過，被打時縱使再痛，他也忍住不出一聲。被打完之後，他已不能走路，只好讓人抬著出去。

那曾某還在帳外候著，眼見小賽落此下場，差點兒被嚇死。你想，人家小賽打了勝仗，還要受到如此重罰；我這個敗軍之將，不是更慘了嗎？說不定今天就要人頭落地了。

等到曾某被召見時，這位差不多是連滾帶爬地進去的。進去後他就磕頭如搗蒜，而且一句話都說不出來。

與剛才的滿面怒容不同，這次琦善竟然笑了，不過是那種不屑一顧的笑：「你這老兄還有臉來見我，我倒沒臉見你了。」說完便離座而去，並未對他做出什麼明確處罰。

曾某暗自慶幸逃過一劫。小賽則倒了大楣，由於被打得很重，好些天都躺在床上不能動彈。

小賽滿腹怨尤，自認是遇到了有史以來最雷人的情節：人家說賞優罰劣，到我這兒怎麼就掉了個兒？

看來還是上面對我有看法，所以不管我怎麼努力，橫豎都得給我小鞋穿，再大的戰功換來的也不過是一頓暴打。

小賽打定主意，等傷一好就馬上告退，回家種田，不幹了。

這一天，忽然有親兵拿著琦善的名片來到他的帳外，隔著帳幕便問：「請問賽大人在嗎？」

小賽職低位卑，起初聽到「賽大人」，還不敢開口答應。那親兵乾脆指名道姓，告訴他，琦善有請。召變成了請，自己的稱謂也變成了「賽大人」，小賽馬上意識到其中有戲，趕緊穿好衣服前往。

琦善出示了一疊奏摺，小賽一一看過去，上面列舉的全是他的戰功。原來琦善已多次對其進行保舉，如今朝廷已經批准了。

這下子，怨氣都化成了感激，感激得不知道說什麼才好。

琦善還特地留他共同進餐。吃飯的時候，琦善忽然笑著問他：「前些天我責罰你的事，老弟知道是什麼意思嗎？」

小賽老實承認不知道。

琦善解釋說：「一個人年少氣盛有好處，也有壞處。好處是可以一往無前，建功立業；壞處是容易因功生驕，驕而誤事。那天我看你已有驕氣，如果我再縱容你，對你並無益處。因此我才要「折弟之氣」，讓老弟你受一些挫折。」

最後琦善語重心長地對他說，只要你今後注意勝不驕，敗不餒，前程將不可限量。

小賽這才明白琦善作為一個老前輩的深謀遠慮和良苦用心，之後果然戰功卓著，成為江北大營中的得力戰將。

那位曾某的遭遇則正好相反。儘管琦善沒有當場責罰他，但終其任上，不僅再未予以任用，而且連他的面都不願意見——琦善已經料定他是個廢才，這樣的人，你責罰他又有什麼用呢？

琦善的努力終於收到成效。在江北大營建立不到一年後，他即將揚州的太平軍逼入絕境。在北上援軍的救助下，這批太平軍才得以突圍而出。

至此，太平天國在江北的據點僅剩一個小小瓜洲。

左支右絀

江北大營的捷報，無異於在把江南大營往狹道裏逼。

江南大營的統帥是向榮。江忠源曾經評價這位名噪一時的兩朝大將，說他這人心計太過。若不是他在廣西時賣弄小聰明，網開一面放跑了太平軍，哪裏會出現後來那種不可收拾的局面？

因為這個錯誤，向榮背了一輩子的包袱，甚至咸豐都經常拿這個把柄來敲打他。

咸豐說：「你要是盡快把天京打下來，我就給你記天下第一大功，將以前的錯誤全部豁免。但要還是拿不下來，對不起，老帳新帳一起算，我一定會提刀殺了你。」

與已普遍趨向於庸碌的官軍將領相比，向榮至少還有一個長處，那就是他比較自覺，不會迴避責任。該他做到的事，他不會躺在地上耍賴皮。但打下太平天國的都城，哪裏是輕輕巧巧就能做到的？

江南大營的兵力比江北大營略多，但也不過萬餘人。自太平天國發起北伐西征後，朝廷先後調出三千餘人尾追；加上當時上海爆發了小刀會起義，政府又得分兵攻剿，剩下來的那幾千號人根本就圍不住偌大的一座金陵。

向榮曾一度想把南方戰場上的江忠源和北方戰場上的勝保調過來，可是江忠源半途被江西巡撫留住，對付西征軍去了；而勝保也正跟北伐軍來來回回兜著圈子，亦無可能南下。

無奈之下，向榮只好打琦善的主意，提出先從江北大營抽一千人馬赴援。

人家江北大營那邊還嫌人不夠呢，如何能調兵給你？接到向榮的請援摺後，咸豐回了一句話：「你要江北兵是吧？可以！先把你的腦袋寄給我！」

在兵力不足的情況下，向榮很難從陸上對天京造成威脅。這時候，他就想到了從水面發起攻勢。

從當初沿江東下，追擊太平軍起，向榮便深受缺少水師之苦，一直計畫打造戰船。但他出身行伍，除了打仗，所知有限，根本不可能像曾國藩在衡陽時那樣辦船廠、造戰船。

好不容易，朝廷從廣東給他調派了五十隻「紅單船」。

據傳紅單船是廣東順德人的發明。順德商人經常到南洋販貨，沿路不僅要經受驚濤駭浪的考驗，還得跟窮凶極惡的海盜打交道。為了保護自己，他們就下工夫獨立研發和製造船隻。因私人造船需報海關批准，給予紅單後才可開工，所以這種船隻被外界稱為紅單船。

廣東的紅單船每艘可裝二十到三十門炮；而在鴉片戰爭中，即便水師提督關天培坐的旗艦，也不過裝了十多門炮。此外，從船隻的牢度、速度，到船員發炮的嫻熟程度，一應指標都超過了當時的廣東水師。更值得一提的是，紅單船上的舵工和水手都是父子兄弟。一家人，能夠做到攻時合力向前，退時你幫我扶，沒有水師官兵常見的那種互相推諉潰散的情況。

得到紅單船相助，向榮喜出望外。他將紅單船部署於天京附近江面，以切斷天京與長江上游的聯繫。

紅單船現身後，果然不同凡響。儘管楊秀清採取了沿江設置鐵鏈、派水營出擊等各種辦法，但無一能夠奏效——上鐵鏈，鐵鏈被斬斷；出水營，水營被擊退。

向榮的這一招，等於掐住了太平天國的脖子。時間一長，天京就出現了供給不足的情況，城內糧食也開始匱乏起來。

趁此機會，向榮將江南大營不斷擴展，佔領了太平軍在雨花臺的各座壁壘，以至於在一段時間內太平軍都不敢出城。

楊秀清再也無法忽視江南大營的存在了，他決心從西征戰場上抽調重兵，將江南大營徹底摧毀。

首批回援的是原在安徽戰場的燕王秦日綱，楊秀清交給他的任務是打通天京與鎮江之間的通道。

當時向榮已將天京與鎮江分隔開來。鎮江位於長江南岸，是天京的東南屏障。一如鴉片戰爭時，英軍欲佔天京，必先攻鎮江。

為應對太平軍的反擊，向榮與江蘇巡撫吉爾杭阿分工：由江南大營阻擊秦日綱東下，由吉爾杭阿阻擊鎮江太平軍西進。

雖然秦日綱曾在田家鎮敗於湘軍手下，但他的部隊長期在安徽一線鏖戰，其戰鬥力十分強勁。經一個多月的激烈拼殺，秦日綱終於突破防線，到達鎮江。之後他馬不停蹄，乘夜渡過長江，猛攻江北大營。

此時琦善已病死揚州。戎馬倥傯的生活，高度緊張的節奏，顯然對他的健康造成了很大傷害。若是他能在京城或某個安靜一些的地方頤養天年，以爵爺的樂天，當不致如此短壽。

如果琦善還在，江北大營是能抵擋一下的。換成別人，就另當別論了。

繼任的托明阿有過很多次打仗的經歷，但僅僅一個回合，他的江北大營便陷瀕臨崩潰，揚州也再度被太平軍所佔領。

江北大營如此軟蛋，是向榮此前沒有想到的。他被迫抽調主力渡江北援，才稍稍穩住了北岸局面。

剛把兵派出去，向榮就得到了一個讓他膽戰心驚的消息：第二批西征軍來了，從江西戰場回援的翼王石達開即將趕到。

石達開的能力和戰績還遠在秦日綱之上。向榮急忙將北岸的主力撤回，以阻擊石達開。

左支右絀下，他已經完全亂了方寸。

秦日綱得以再次南渡鎮江，並趁向榮無暇顧及之機，與鎮江守軍合兵一處，猛攻城外的清軍堡壘。

這些堡壘乃江蘇巡撫吉爾杭阿所建。吉爾杭阿是滿洲八旗出身的官員，在任期間曾攻佔上海並擊潰了小刀會，此後就一直全力圍攻鎮江。

可是，對付小刀會是一碼事，和太平軍作戰又是另外一碼事。論戰鬥力，太平軍比小刀會那種尚具有會黨性質的武裝力量不知高出幾個層次。

吉爾杭阿拿鎮江不下，便也準備像胡林翼圍武昌那樣，來個長圍久困，將這些堡壘專門用來遮蔽鎮江守軍的糧道。

幕僚們勸吉爾杭阿說：「現在太平軍攻勢如此猛烈，不如暫避其鋒，放棄堡壘。」

吉爾杭阿不同意：「太平軍緊盯堡壘不放，就是知道堡壘對他們具有致命的威脅。再堅持一下，說不定守軍的糧食就會斷絕，那樣鎮江就容易攻了。我們圍攻了這麼多天，不可輕易放棄。」

說罷，吉爾杭阿便率部進入堡壘。

吉爾杭阿說的當然有道理，可問題是，對鎮江長圍久困的條件早就不具備了。不光秦日綱已經屢進屢出，鎮江還能從北岸的揚州獲得糧食。在這種情況下，太平軍豈是你能困得住的？

秦日綱隨即將堡壘緊緊包圍。吉爾杭阿激戰五晝夜，親自揮旗指揮，最後中炮而亡。堡壘守將要帶著他的屍體衝出去，旋即卻血戰而死。

他的一位八旗副都統僥倖突圍，出來後痛哭著說：「從很早起，我就跟隨吉公（指吉爾杭阿）從軍作戰。現在他死了，連屍體也找不到，我怎麼能一個人繼續苟活下去呢？

這位副都統隨即投江自殺。

吉爾杭阿死後，天京與鎮江連成一氣。向榮獨木難支，陷入苦戰之中。

一八五六年六月二十日，在楊秀清的親自指揮下，雲集於天京郊外的各路太平軍發起總攻，一舉摧毀了江南大營。

向榮敗退丹陽，因疲憊和鬱悶而生了重病。

驚恐不安的幕僚們勸他繼續移營，撤往常州和蘇州一帶。向榮歎息著說：「我的身體狀況不好，不能親自去圍困天京，還有什麼臉面再向南撤呢？就死在這裏吧！」

一八五六年八月九日，這位道咸時代的名將，楊遇春手下的前鋒，果然病死於丹陽。

獲知向榮的死訊，天京方面無不舉杯相慶。儘管向榮從未有可能攻下天京，但他曾經一直是太平天國的腋肘之患。他活著一天，天京城裏的天王和東王就睡不好覺。

終於可以做一個好夢了——對於太平天國的領導層來說。

恍然間，大家都變得飄飄然，沒有人再去理會腋肘之患的深層含義：它可能在外，更可能在內。

第六章 從天國到人間的恩仇

太平天國領導層有很多讓外人摸不透的現象。比如：洪秀全是天王，又是教主，照理是老大。但軍政大事卻全由老二楊秀清說了算，而且有時老大在老二面前還得服服帖帖。

並非洪秀全喜歡這樣，而是不得不如此。若追根溯源，可稱之為原罪。

作為從廣東遷移到廣西的客家孤兒，楊秀清讀書不多，也識不得幾個字，然而野心和魄力卻在洪秀全等諸人之上。

他以燒炭為生，喜歡接觸江湖人士。每次賣完炭，他就用得來的錢買酒，回去和江湖朋友們一醉方休。時間一長，他對江湖上的各種技巧，包括坑蒙拐騙那一套便拎得比誰都清。仗著頭腦靈活，反應敏捷，他自己也常常加以試驗。

某日，楊秀清突然神祕兮兮地告訴別人：「我昨天夢見一個地方有金子！」並且言之鑿鑿地說，他夢見有金子，就一定會有，如果沒有的話就如何如何。

起初旁人當然不信，可是禁不住楊秀清那無限真誠的表情，便抱著玩笑般的心態去他所說的地方找了一下。

不找還好，一找差點兒把他們給驚倒——那裏竟然真的有金子！

這當然跟做夢沒任何相干，金子根本就是楊秀清事先藏好的。金子多貴啊！拿這來證明自己的

「靈異」，別說窮人，就是富人也絕難做到。不過，那是他們沒志向、對楊秀清來說，這麼做絕對值得。

裝神弄鬼是會上癮的。到後來，不裝一下，楊秀清都覺得不爽。就是偶然窺見人家的隱私，他也一定要公布於眾。問他是怎麼知道的，答曰：夢中看到的……

要說吹牛胡掰，洪秀全也是此中高手。但兩個瞎話簍子湊一塊，應該說楊秀清比他更能瞎掰。楊秀清吃虧就吃虧在他是後來加入拜上帝會的，那時洪某已經是教主了，他只能屈居其後。

以父之名

機會專門提供給有準備的人。在楊秀清加入拜上帝會後，有一段時間，洪秀全和馮雲山都惹上了麻煩，足足有一年半無法待在教內，當然也無法主持會務。

這時候，楊秀清便「生病」了。

在那兩個月內，楊秀清變得不言不語，口啞耳聾。等他恢復正常時，便被下凡的「天父」（即上帝）附了體。

無所不能的天父跟大傢伙兒這麼解釋：為什麼我在天宮待不住要下來呢？這是因為世人都不聽洪阿哥的話。我本來是要降瘟疫懲罰大家的，幸好楊秀清這孩子不錯，「以一己之身，贖眾人之病」。他病了兩個月，你們都因此得救了，這是楊秀清的功勞。

楊秀清以為他是獨一份的，未料旁邊還另有覬覦者。緊接著，「天兄耶和華」又鑽進了蕭朝貴的身體。蕭朝貴也是個厲害角色，他是楊秀清的鄰居，兩人交情不錯。此君要來分一杯羹，楊秀清也沒辦法拒絕，只能與之「共用天父天兄」。

若光一個蕭朝貴也就罷了，問題是後面還有好多。此後，天父天兄便跟活閃婆一樣，一會兒躥到你這裏，一會兒跑到他那裏，到處發表宣言。有些言論甚至跟楊秀清和蕭朝貴形成對立，擺明了要另立山頭。

洪秀全回來後，眾人都找教主評判誰真誰假。洪秀全暈頭轉向，不明白為什麼自己一下子會冒出這麼多爹和哥。但你要說這些全都是假的，天父天兄是不是真的存在也就成了問題——那可是拜上帝會的信仰根基，動搖不得。

不管怎麼樣，得認！不過憑的不是真假，而是實力。楊秀清有頭腦，所謂「譎詐有才」；蕭朝貴有蠻力，所謂「性情猛悍」，且二人身後還有不少追隨者。對金田起義之前的洪秀全而言，他們的利用價值頗高，輕易得罪不起。

於是，洪秀全給出結論：楊蕭為真，其他哥兒們就暫時靠邊站吧！

當洪秀全賦予楊蕭「天父天兄代言人」的身分時，他不知道，自己已經埋下了一顆隨時會引爆的炸彈。

當然，一開始洪秀全嘗到的都是甜頭。在太平天國起事之初，一遇到險境和過不去的坎，楊秀清就以天父的名義裝神弄鬼。而聽到天父發話，教徒及太平軍將士無不豁出性命去打，頗有一種縱使做鬼也幸福的勁頭。

另一方面，洪秀全的軍政才能極平庸，在很多方面都是因人成事——早期發展會眾，靠的是馮雲山；後期指揮作戰，依賴的是楊秀清。依賴慣了，洪秀全也就索性一懶到底，將所有軍務政務均交由楊秀清一手辦理。

隨著時間的推移，翅膀硬了的東王開始淩駕於眾人之上。

在拜上帝會內部，思想動機最不純的往往不是一般教眾，而恰恰是他們道貌岸然的老大。它要求一般教眾奉行禁欲主義，但洪楊等人作為首領，卻不僅不禁欲，還縱欲。在金田起義之後，他們每人光妻妾就有三十六個；出門一定要穿黃衣打黃傘；晚間還有專職更夫為之巡更。

金田起義時條件尚屬一般，所以大家胃口還不算太大。後來定都天京，來到江南繁華之地，他們頓時「眼界無窮天地寬」，個頂個地展開了暴發戶式的競賽。楊秀清在其中最為惹眼，絲毫不遜色於自居天王的洪秀全。

三十六個老婆太少，起碼幾百個才過癮！除此之外，其他方面的規格也高得嚇人。古時官員出行要坐所謂的八抬大轎，也就是八個人抬的轎子；最多的是十六抬大轎，由十六人抬。楊秀清出行坐的是三十二抬大轎，十六抬大轎的兩倍。他要麼不出去，一出去便是前呼後擁，鼓樂齊鳴，光隨從便有千人，儼然是一支行軍部隊。

與派頭一道上去的是架子。

當初洪秀全、馮雲山、楊秀清、蕭朝貴、韋昌輝、石達開曾結為異姓兄弟，因憑空弄了一個耶和華做上帝的大兒子，洪秀全便稱為老二，後面依次老三老四這麼排下來，到石達開排老七。六人歃血為盟，今後要有福同享，有難同當。

難是一路「當」過來了，老三馮雲山和老五蕭朝貴還「當」在了半途。但到了享福的時候，楊某卻變了一副嘴臉。韋昌輝和石達開在他眼裏，不是什麼王侯或一同出道的兄弟，而壓根就是他帳下的兩名部將。

石達開的日子還好過一些，畢竟常在前線，可以名正言順地避開楊秀清；而且他的能力和戰績在那裏擺著，打仗少不了他。與之相比，韋昌輝的日子則要難過得多。

在以大老粗為主的太平軍將領中，韋昌輝還算是個文化人，與洪秀全、馮雲山、石達開基本處於一個檔次。因此在馮雲山、蕭朝貴死後，他就很少外出率兵打仗，而是「常居中樞」，猶如宰相一樣在天京處理日常事務。韋昌輝曾一度權力很大。太平天國官員的證書，正面蓋東王楊秀清的大印，騎縫處則必蓋他北王韋昌輝的一半印章。遇到有政事彙報，起初也要先稟報韋昌輝；他覺得可以實行，再報楊秀清；最後轉奏洪秀全核准通過。

時間一長，韋昌輝便受到了楊秀清的猜忌，不僅權力被越分越少，立功受獎基本沒他的份，而且動輒得咎。有一次他還被不分青紅皂白地按倒在地，打了幾百下屁股，直到站不起來，最後被人抬回了家。

韋昌輝不是普通將領，在眾目睽睽之下受如此重責，痛尚在其次，羞辱更折磨人。可是俗話說得好，人在屋簷下，不得不低頭。兄弟早成過去式，明爭暗鬥又不是其對手，那就只有曲意逢迎一途了。

知道大字不識幾個的楊秀清跟玩思想的人是死敵，因此每次見面，韋昌輝都要說自個兒「肚腸嫩」，見識淺。總之他是變著法作賤自己，以討好對方。

可就是如此放低姿態，楊秀清也沒打算饒過他。韋昌輝的一個族兄因為一件微不足道的小事得罷了楊秀清，先是遭到鞭打，接著竟然被處以五馬分屍的酷刑。

韋昌輝既恨又怕，連在北王府議事時也時常左顧右盼，唯恐一句不慎，被楊秀清抓住把柄，落得個吃不了兜著走的下場。

韋昌輝位居北王，排行老六，尚且如此，其他像燕王秦日綱之類的人就更不用說了。

對位次排在他下面的兄弟，楊秀清又打又壓；對位次在他之上的洪秀全，他也經常不給好臉色。而他使用的都是同一工具——天父附體。

生活秀

附體這套把戲，原來屬於雙簧——楊秀清扮天父，蕭朝貴扮天兄。

表演是需要天分的，有時分寸很難拿捏到位，比如蕭朝貴有一次就差點兒演砸。

那還是在永安被圍的時候，為了鼓舞軍心士氣，蕭朝貴便來了個「天兄下凡」。當時蕭某站在桌上，拿把刀跳來跳去，口裏念念有詞，說大家不要怕，本天兄已誅殺清妖，斬得賽尚阿人頭云云。就在他舞得正起勁的時候，一個不留神，腳下失了準頭，從桌上滑到了地上。偏偏他滑倒的動作又不夠靈活，結果把脖子給摔傷了。

戰無不勝的天兄下凡除妖，卻把脖子給摔了，這狗血情節令圍觀的一眾將士都驚得不知所措。本來要提提精神，結果大家的精神反而萎靡了。

蕭朝貴演得太過，把戲給演砸了。他只得自我解嘲，還引用了一句文縐縐的語言，稱「成人不自在，自在不成人」，出來混總要經歷點兒風雨。大家一定要相信天兄，天兄這個人就是「越受苦越威風」。管它什麼妖魔鬼怪，再怎麼飛怎麼變，都無法逃脫天兄的手掌心。

與蕭朝貴相比，楊秀清對於「天父附體」的演繹幾乎已達到爐火純青的地步，那是說來就來，說上身就上身，比專業演員的反應還要迅速逼真。值得自傲的是，出道以來，他從未有過任何失手，更不用說跳跳舞都能把脖子摔傷這種坑爹大作了。

同樣是軍情緊急，楊秀清可以二話不說，「撲通」一聲就倒在地上，即便被抬到床上也不動一下。而一旦「病癒」，他立刻霍然躍起，指揮調度井井有條，躍馬征戰攻無不破。那雷厲風行的爽利勁兒，就算是天父天兄真的下凡，想來也不過如此，讓你不心悅誠服都不行。

在表演功力上，蕭朝貴明顯落於下風，上臺表演的次數也就越來越少。直到長沙城下他被一炮打死後，下凡節目便成為楊秀清的專利。

進入天京後，「天父下凡」越來越頻繁。為了點兒瑣碎小事，天父也要不辭勞苦地跑下來指手畫腳一番。看著楊秀清在上面張牙舞爪做癲狂狀，大家跪在地上，連大氣都不敢出一口，就怕從楊某的嘴裏冒出天父發怒，要對爾予以懲戒之類的話——韋昌輝被打屁股，他的族兄被五馬分屍，無一不是拜楊版天父所賜。

眾人之苦，卻是一人之樂。人生好比作秀，楊秀清已經深深地愛上了這種表演。因為在誠惶誠恐的人群中，不僅有諸王大臣，還有那個「虛君」洪秀全。

石達開號稱天王，拜上帝會的教主。無論在真實的人間還是虛擬的天上，他都是唯我獨尊。可在「下凡的天父」面前，他也只有俯首貼耳，老老實實聽著的份。

據說有一次在行軍紮營期間，洪秀全正跟一群妻妾卿卿我我，有人忍不住透過營帳偷窺了兩眼，被他發現了。洪秀全對自己執行自由主義，對別人則是上綱上線。在太平軍內，連夫妻都不能在一起，更不用說偷窺了。他當即勃然大怒，要下令處決此人。

楊秀清不以為然。倒不是說他無所謂，事情若發生在他身上，那人也是一百個腦袋都保不住。他之所以不同意不高興，是因為洪秀全沒跟他打招呼，就「擅自下令」。

於是，楊秀清「咣」的一聲倒地。等眾人將他扶起時，聽到的已是「天父」的聲音。

「天父」以老子訓兒子的口氣教訓洪秀全：「爾與兄弟打江山，殺人大事，何不與四弟（即楊秀清）商議？此須重罰！」

重罰，就是要像對待韋昌輝那樣，撳倒在地打屁股。洪秀全目瞪口呆，但是又不敢違抗這個虛擬的天皇老子，只好跪下乖乖認罰。

其他人見狀不好，趕緊苦苦求情。堂堂天王，總是要給他留面子的。楊秀清並不是一定要打洪秀全的屁股，純粹是為了樹立自己的權威。現在目的既已達到，他也便見好就收，放了洪秀全一馬。

表演結束，恢復正常的楊秀清居然還故作驚詫，問別人剛才究竟發生了什麼。洪秀全哭笑不得。縱使他知道楊四弟在揣著明白裝糊塗，可事已至此，「天父代言人」的交椅已經是撤不回來了。

對當年的合法授權，洪秀全真是把腸子都悔青了。他這才發現，或許別的事都可以通融，唯有讓人裝自己天父老爸這件事，實在玩不得。

請問，做錯事的後果有多嚴重？答案是無法設想，沒有上限。

對於擊破江南江北大營，以及向榮的一命嗚呼，楊秀清認為皆其一人之功。此後，他為人處事更加為所欲為，成天想著要挾制和架空洪秀全。

洪秀全身為太平天國的元首，卻老有一種「兜裏的錢不是自己的，是跟人借的」感覺，自然苦不堪言。

一八五六年八月二十二日，楊秀清又假裝生病，要洪秀全前去探望。自定都天京，洪秀全便成了天字第一號宅男，平時待在天王府內尋歡作樂，足不出宮。除了東王，一般王侯要見到他都很難。

此時洪秀全已聽到風聲：楊秀清正預謀以「禪位」的方式迫其下臺。這使探病變成了一場猶如鴻門宴的局：去，也許會出不來；但如果不去，可能馬上就會性命不保。糾結了半天，洪秀全還是決定去。

東王府果然防衛森嚴，隱隱透出一股殺氣。可這時候想撤步回頭都來不及了，洪秀全只能硬著頭皮繼續往裏走。到了楊秀清的臥室，這貨正仰臥在床上，被左右四個美女伺候著，對洪秀全不理不睬。

得找個地方坐下啊！洪秀全一看，床邊僅有一隻小榻，是給他坐的。

坐下之後，洪秀全便有一搭沒一搭地扯，無非是「聽到你東王病了，我多麼擔心想念」之類的套話。未料楊秀清這個「戲癡」還在裝昏迷，而從他口裏跑出來的「夢話」則讓洪秀全大驚失色。

「別人都說天無二日，秦朝時又有兩日相鬥的典故，這是為什麼啊？」

鴻門宴

傳說中的奪權篡位原來是真的！

這是楊秀清早就設計好的套路。在清醒的狀態下，「禪位」那兩個字很難說得出口，那就不如用夢話來試探：我說天無二日，接下來就是人無二主。識相的趕緊把位置讓給我這個正宗的太陽，否則今天你就不要想走出東王府！

洪秀全的反應卻是沉默。

你不是在做夢麼？我就當你胡言亂語好了。

楊秀清一計不成，再施一計——那個讓洪秀全深惡痛絕的幽靈又出現了。楊秀清以天父的口吻問洪秀全：「四弟立下如此大的功勞，怎麼才九千歲啊？」

這次再不能裝聾作啞，洪秀全趕緊回答：「對，九千歲不合適，應該是萬歲。」

「那東王的兒子呢？」

洪秀全不敢怠慢：「也是萬歲。東王萬歲，東王兒子萬歲，他們家世世代代都是萬歲。」

怕楊秀清仍不滿意，洪秀全又下令隨從官行九叩首的大禮，並且三呼「東王萬歲」。

見此情景，楊秀清倒愣住了，只好順勢來了一句「東王萬歲，天王萬萬歲」，以敷衍場面。隨後，他便開始打呼嚕裝睡。

洪秀全再也待不住了。趁楊秀清還在扮萌，他向赴鴻門宴的劉邦學習，以上廁所為由，找機會溜之大吉。

洪秀全走後，楊秀清突然睜開眼睛，又恢復了正常人的樣，並煞有介事地問洪秀全去哪兒了。左右據實以告。楊秀清得了便宜還賣乖，當著大夥兒歎息一陣。那意思無非是要表明，他跟「逼封萬歲」這件事毫無關係，一切皆為天父他老人家一手安排。

都把人逼到這個份上了，還要遮遮掩掩，既做婊子又立牌坊——眼瞅著楊秀清就是要直奔項羽的後塵而去。洪秀全在東王府還能強作鎮定，回到家身上那冷汗啊，就跟洗了桑拿差不多。

只要是原罪，有一天總會「發酵」；只要是定時炸彈，在某個時間也一定會引爆。楊秀清的「逼封」其實早有先例可循。

當初楊秀清和蕭朝貴連袂出演，動不動就以天父天兄的名義發號施令。早在金田起義前，這哥兒倆就表現出了不安分的跡象。不過那時候他們還不敢對洪秀全這個教主叫號，在地位上想要超越的是馮雲山。

在拜上帝會裏，馮雲山堪稱元老，很多骨幹教徒包括韋昌輝都是由其一手提拔出來的，要壓過他就得一步步來。蕭朝貴曾借「天兄下凡」，把自己、楊秀清、馮雲山都列為洪秀全的軍師，其中楊馮為三星軍師，他為二星軍師。但在所謂的三星軍師中，楊的位置已經排在了馮的前面。

嘗到甜頭後，在又一次「天兄下凡」中，蕭朝貴就用天兄的口吻故意問洪秀全對楊蕭二人的看法。洪秀全幹別的不行，在這方面倒是極其機敏，馬上便猜出了蕭朝貴的用意，遂投其所好：「要打天下，我有楊蕭輔佐，哪有什麼做不到的事？」

因為這句話，楊蕭騰地一下都躍到了馮雲山的前頭。那是洪秀全第一次受人擺布。但壞事也能變成好事，如果不是在那次遭遇戰中吃了啞巴虧，也許今天他就可能上了楊秀清的套——縱使活著走出東王府，也得灰溜溜地下臺走人。

當然，更多的只能說是僥倖。要是楊秀清徹底翻臉不認人，也許連上廁所的機會都不會留給他。

楊秀清的「天無二日」和「逼封萬歲」深深地刺激了洪秀全，讓他意識到自己已命懸一線，必須找人護駕。

在過去的六兄弟中，除已戰死的馮雲山外，韋昌輝和石達開是洪秀全僅有的可依靠對象。這實際上也是他在吃了蕭朝貴的暗虧後，提前為自己擺好的兩隻棋。尤其北王韋昌輝，與楊秀清積怨很深。在楊秀清要以天父的名義杖擊洪秀全時，他又曾經聲淚俱下地請求代其受罰，讓洪秀全很是感動。有情感上，他們早已達成了一種默契。

洪秀全一邊下令四門緊閉，加強天王府的防衛；一邊連夜寫下密詔，召韋昌輝、石達開和秦日綱入京勤王。

此前，石達開已奉楊秀清之命，再赴湖北救急，所以離得很遠。距離都城最近的就是韋昌輝和秦日綱。

韋昌輝在天京遭到楊秀清的排擠和打壓，不得已來到江西戰場指揮作戰。他雖是書生，但在早期的太平軍中也曾以善戰而聞名，本指望靠立軍功東山再起。可惜他的運氣不好，剛好趕上曾國華率湘軍精銳回援江西，劈面就吃了敗仗，連隨身的王轎繡傘都丟掉了。聯想到從前在楊秀清那裏所受到的羞辱，韋昌輝感到不寒而慄，不知道該如何回京覆命。而天王的密詔則柳暗花明，為了提供了解決困擾的另一種方法。

老帳新帳一齊算——不是你楊秀清對我，是我對你楊秀清！

一八五六年九月一日，韋昌輝從江西趕回。他的到來，顯然出乎楊秀清意料。你打了敗仗，我正要打你屁股呢，你還敢自己冒出來?!

楊秀清不讓開門，要韋昌輝打了勝仗再來見他。韋昌輝只好再三懇求，好說歹說。楊秀清這才鬆口放行。

這時候，楊秀清無論如何不會想到韋昌輝要來殺他。在一本清末筆記中，雖然也記載守軍最初不讓韋昌輝進城，但上面說韋昌輝是以「奉東王密書」為藉口混進城的。

這種說法經不起推敲之處在於，天京曾被江南大營圍困多年，城防應該極其嚴密，加上太平軍本身軍紀嚴明，如果負責守城的楊秀清不答應或不知曉，很難相信韋昌輝可以靠編謊話過關。況且要是「東王密書」被當場拆穿，那韋昌輝無異於搬起石頭砸了自個兒的腳。

同樣是根據那本清末筆記的記述，韋昌輝進城後立刻對東王府發起攻擊，最後把躲在水閣下面的楊秀清給生生拖了出來。

且不論楊秀清身經百戰，臨場表現是否真的會這麼熊；只說韋昌輝攻擊東王府，遍布全城的楊秀清親信便不可能等閒視之，一定群起援救。此類僵持戰打下去，未必對韋昌輝和秦日綱有利。

事實是，雖然進了天京城，但韋昌輝並不能馬上拿楊秀清怎樣，儘管他想這麼幹的心情十分迫切。

韋昌輝先去天王府拜見洪秀全。這是按照規矩來的，前線將領回天京莫不如此，楊秀清並不起疑。在韋昌輝之前，近在江蘇戰場的秦日綱已經入了城。此君之所以被洪秀全列入勤王者名單，除了也曾受過楊秀清的打罵外，肯聽話，讓幹甚就幹甚是重要原因。但也正因為他沒什麼政治頭腦，所以洪秀全又不完全放心，不敢賦予重任。

洪秀全看中的是韋昌輝，只有這個長期接觸官場厚黑面的小文人型將領，才足以完成使命。

當著眾人的面，洪秀全假模假式地將韋昌輝大罵了一通，讓他趕緊到東王府去向楊秀清請罪；私下裏，卻密告韋昌輝一條他早就想好的計策。

送走神，來了魔

韋昌輝按計而行，見到楊秀清後，未提戰敗的事，而是道喜，祝賀東王成為「萬歲」。

洪秀全可說是摸準了楊秀清的脈絡。東王本來憋著勁要給韋昌輝一頓板子，但「萬歲」正是他的癢處，巴不得別人提起和擁護，況且還是韋昌輝這樣重量級的王侯。

楊秀清立刻轉怒為喜，還留韋昌輝吃飯。

席間，一個是得意忘形，毫無芥蒂；一個是投其所好，居心叵測，喝酒的效果自然大為不同。到酒飯上到一半時，楊秀清已然完全解除了戒備。見時機已到，韋昌輝出其不意地拔出佩刀，使足力氣刺穿了楊秀清的心臟。

殺死楊秀清後，韋昌輝又威嚇住驚慌失措並正要上前圍攻的王府侍衛：「東王謀反，我受天王之命將其誅殺。」隨即出示洪秀全的密詔。眾人一看，果然是天王的旨意，便再也不敢亂說亂動。

接著，韋昌輝又和秦日綱一起關閉城門，在全城對「東黨」進行大捕殺。

在「東黨」眼裏，韋昌輝和秦日綱帶來的人馬就是「北黨」。在雙方混戰中，「東黨」因失去了楊秀清這個主心骨，又缺乏防備，所以不是「北黨」的對手，不是亡便是逃。

當時的金陵城裏，還住著一些外國人。第二天拂曉，當他們出門時，發現街上到處都是屍體，大部分為楊秀清的部下親信，以及僕役和隨從。

雖然「東黨」被殺得四散，但其中很多人還是得以逃脫並藏匿起來。不久，他們得到消息：洪秀全只想除去楊秀清一人，因此責怪韋昌輝等人濫殺無度。他已下令對每人杖責五百，並在天王府公開行刑。同時，天王還邀請「東黨」來參觀，以示不再殃及他人。

洪秀全的這番話，其實正是「東黨」想聽到的。楊秀清謀反不管真假，總是他個人的事。而且就這麼成天躲躲藏藏也不是個辦法，既然天王親自召見並豁免其罪，豈有不去之理？

大家去那兒一看，果然韋昌輝等人都被按在天王府的大廳外面，板子馬上就要敲下去了。大家放了心，按照規定把武器放在門外，一批批地在大廳裏面落座，準備觀看行刑。

他們不知道，即將被行刑的卻是自己。

在上當的「東黨」到齊後，門窗忽然一齊關閉，不管如何拼命叫嚷和敲打都無濟於事。

第二天凌晨，門窗被打開——不是要釋放他們，而是為了朝裏面扔火藥。在人們被炸得東倒西歪之後，全副武裝的士兵才衝進來，猶如殺雞斬鴨一般將「東黨」全部處決。

一切都是早就策劃好的。

雖然成功刺殺楊秀清並打垮了「東黨」，但逃跑的那些人仍讓洪秀全、韋昌輝等人放心不下，就怕除惡不盡，留下後患。

在生死攸關的節骨眼上，洪秀全的頭腦總是特別靈活，他很快就想出了這樣一個請君入甕的妙計。

在所謂的「天京事變」中，曾隸屬於楊秀清的親信部眾損失殆盡，死者近三萬人。太平天國的大批骨幹和精銳均消失於這場殘酷的自相殘殺之中，據說連秦淮河水都被染紅了。

一八五六年九月中旬，從湖北戰場匆匆趕回的石達開也到達了天京。眼前的景象令他大為驚駭，顯然翼王沒有想到殺戮會如此之慘。

他對韋昌輝說：「天王的密詔裏只說楊秀清謀逆當誅，殺他一個人也就夠了。如果株連過多，恐怕人人自危，動亂將不會停止，而這正是我們的敵人所高興看到的。」

石達開說得當然沒錯，可是韋昌輝已經停不下來了。

殺人就是這樣，殺一個是殺，殺一萬個也是殺。再往後，真的跟殺雞斬鴨沒什麼區別了。儘管韋昌輝已用請君入甕的辦法，幾乎盡殲「東黨」，可保不準還會有人躲在城內的邊邊角角。為了防止對方日後報復，他還得繼續殺下去。

這就叫作「已蹈虎背，勢不能下」。

瘋狂的殺戮已令韋昌輝近乎失去理智，他殺紅了眼。任何人擋路或口出怨言，他的回應就只有一個字：殺！

他給予石達開的待遇，也是一樣。

因為沒有大開殺戒的準備，石達開並沒有像韋昌輝那樣帶回大批兵馬。韋昌輝要殺他，容易得很。

發現韋昌輝已經變成了一個瘋子，而且對自己也動了殺機，石達開連夜用繩子滑下城牆，逃回了他的老根據地安慶。

見石達開隻身逃脫，韋昌輝一不做二不休，索性衝入翼王府，滅了石家滿門。

曾經的同盟者變成了不共戴天的死敵。石達開召集部眾，打著「靖難，清君側」的旗幟，準備進軍天京。

在諸王之中，石達開素以冷靜沉著著稱，如今連他都被惹毛了。到了這一步，洪秀全也認為韋昌輝做得太過火，忍不住埋怨起來。

可是如今的韋昌輝已不是從前的韋昌輝，對不入耳的話一句都聽不進去，即使說話的人是洪秀全。當初一個勁求我的是你，現在一個勁怪我的又是你。合著我總是做壞人，你總是扮好人，天底下有這樣的事嗎？

韋昌輝成了升級殘暴版的楊秀清，不僅繼續大肆殺人，而且儼然把自己當成了金陵城裏的主宰，連進出天王府也是橫衝直撞。

要問口令，要通報，要等候嗎？我沒這閒工夫！一個字，還是殺！

洪秀全的幾個侍衛都因此死在他的刀下。剩下的侍衛人人自危，都跑到洪秀全面前哭訴，說那姓韋的如此殘暴，我們自己的小命都快保不住了，如何還能保護天王您？

洪秀全既恨又悔。出現這種送走神卻來了魔的局面，是他始料未及的。

不過在關鍵時候，韋昌輝也犯了和楊秀清一樣的錯誤：你連天王府的侍衛都殺了，還留著洪秀全本人，那就是在坐等對方先下手了。

洪秀全召集數十個侍衛，在夜半時分潛入韋昌輝的住所。此時韋昌輝的衛士們都睡著了，防備不嚴。這些功夫高手一擁而入，將韋昌輝逮個正著。

接著，洪秀全又逮捕秦日綱，將其與韋昌輝一同處死。兩人的首級都被送到石達開軍中，供其驗看。

仇家已死，石達開一口怨氣平息下去。至此，太平天國內部的大動亂才得以收尾。

財政危機

天京事變之前，咸豐正陷於淒風苦雨之中。所謂一波方平一波又起，剛剛依靠僧格林沁消除太平軍北伐的威脅，那邊江南江北大營就被人家攻破了，同時湖北、江西也毫無進展。眼看著整個南方戰場千瘡百孔，進入了新一輪的混戰。

曠日持久的戰爭極大地消耗了帝國的元氣。從太平天國定都天京開始，大清國就已面臨空前的財政危機，國庫用到了空。當年戶部的存銀不足三十萬兩，不要說向前線輸送糧餉，就連京旗的俸餉都發不出來。

咸豐遇到了和他曾念叨的那位崇禎皇帝一樣的難題。據說李自成兵臨北京時，明朝戶部存銀只剩四十萬兩，僅比咸豐這裏多十萬兩，根本難以應付戰爭需要。

崇禎被逼得沒法，只好動員皇親國戚和大臣們捐款。但明末的那些貨色正如《金瓶梅》中描寫的西門慶一樣，多為不知理想正義為何物，只知瘋狂撈錢玩女人的庸碌貪腐之輩。國破至此，他們猶目光短淺到不肯拔出一毛以救天下。

見下面不動彈，崇禎便派司禮監太監去通知國丈周奎，希望他老人家能起點兒帶頭作用。周奎擁有大量田產房宅，還有私家的歌伎班子，錢是肯定有的。不料傳旨太監苦勸半天，對方竟然一個子兒都不肯掏出來，還一個勁地哭訴，說什麼我哪有錢捐啊，家裏已經窮到只能買發黴的米了。

太監好說歹說，周奎就是不為所動：「你別再跟我扯舌頭了，沒有就是沒有！」

危難時刻，連太監都比國丈有遠見。此君憤怒地說：「老皇親如此吝嗇，朝廷該何去何從呢？看來大事必不可為。可是替您老想想，即便坐擁萬貫家產，一旦大廈崩塌，還能保得住這一切嗎？」

崇禎的老婆周皇后是個深明大義的女人，但她長居皇宮，對父親的實際經濟狀況已不了解。老頭子一哭窮，她也不知如何是好。

一個正深陷困境，一個又說窮得揭不開鍋，周皇后左右為難。為了幫助這兩個男人，她瞞著崇禎，把自己積攢的五千兩銀子交給周奎，讓他拿去捐款。

周奎下作到連女兒的私房錢都要坑，收了五千，只捐三千，其餘那兩千都給他私吞了。

崇禎一輪勸下來，只募到白銀二十萬兩，不夠打一場仗的。

北京城陷後，李自成可不像崇禎這麼客氣。他採取刑訊逼供的辦法，一下子從百官那裏搜到幾千萬的銀子，著著實實撿了一個大便宜。

周奎可以跟女婿耍無賴，卻沒法跟李自成捉迷藏。李自成的大將劉宗敏給他上夾棍，周奎哪受得了這個，被逼交出白銀七十萬兩，後被人從家裏抄出五十多萬兩，合計白銀百萬兩。此後他又被李自成的另一位大將李岩趕出府第，變得無家可歸。老鐵公雞這下算是爽了，真是早知如此，何必當初。

歷史一直在不斷重演。當北伐軍接近北京時，咸豐同樣拿不出這筆軍費。王公大臣們趕快開會集議，按照家產分配捐額，以為皇帝分憂。

輪到戶部尚書孫瑞珍時，他應分攤的捐銀為三萬。孫尚書臉色都變了，說：「我跟你們說老實話，我的全部家產合起來不過七萬。三萬差不多是家產的一半了，如果捐出去，一家老小就只能喝西北風了。」

清末的人比明末的人要臉，孫瑞珍說的也大抵不差。他官是做得很大，但參看曾國藩兼任五部侍郎時的境況，他所能撈到的油水實在沒別人想像中的那麼足；與崇禎的丈人更不能相比。孫瑞珍越是哭窮，眾人越是不依，雙方甚至從口角相爭發展到舉拳相向。老爺子脫口而出：「我真不騙你們！若是有半句虛言，便是烏龜王八蛋！」

這孫尚書也是堂堂進士出身，儒學之臣，如今連烏龜王八蛋這樣的話都能說出來，是真被逼到無路可走了。

幸好還有個僧格林沁，沒有讓大臣們的捐款打水漂。孫瑞珍老臉喪盡，財政這項工作又如此棘手，於是很快就告老還鄉，回家歇著去了。

讓王公大臣們獻愛心畢竟是被逼出來的主意，並非長久之計。當年崇禎除了動員官員集資外，就是不斷地增加賦稅，以補充軍費所需。民間不堪其苦，所以按照諧音，把崇禎叫作「重徵」。咸豐什麼都可以跟著學，唯獨這一點他學不得，因為不加賦稅是清代的祖制。

在歷代皇朝中，清代皇帝是個非常特殊的群體。就勤政而言，這一群體堪為第一。從開國到末代，只要還能處理政事的皇帝，無不是兢兢業業，勤勤懇懇。除了節假日或患病等特殊情況，他們幾乎沒有哪一天會輟朝。其敬業程度，可以把明代那些「怠政皇帝」「糊塗皇帝」「白癡皇帝」「木匠皇帝」甩幾條街。

除此之外，在體恤民生方面，清代也是數一數二。當時的賦稅本來就不高，遇到災年還必須減免。甚至每逢節慶大典，皇帝都要把民間拖欠的賦稅一筆勾銷，算是取悅於老天爺和老百姓。到康熙和雍正時期，這一形勢達到了頂峰。

一攤又一攤

賦稅是田賦和人丁稅的合稱。康熙過六十歲生日時，下達了一項前無古人的旨意，規定今後人丁稅按康熙五十年，也就是一七一一年的總量算，那時候有多少人就按多少人收稅。對此後出生的人，永不加徵。比如一戶農民家有三口人，後來變成了五口人、七口人乃至更多，但也只按三口人徵稅。

雍正比他父親更為激進，執政初期即推行「攤丁入畝」，也就是把人丁稅總額全部攤入田賦中一併徵收，實際上完全取消了人丁稅。在田賦稅方面，他同樣宣布「永不加增」——現在稅率是多少，將來還是多少。

在釐金出現之前，中國的商業稅幾乎沒有，財政收入主要依賴賦稅；人丁稅取消後，又單靠一倆田賦。

每年收到的田賦總是那麼多，所以國庫收入也是固定的，大約為四千萬兩白銀。如果豐年或者太平無事，做皇帝的再節儉精明一點兒，錢是夠用的，有時還能略有盈餘，所謂的「康乾盛世」便是如此。但戶部存銀最多時，也不過七千萬兩。

這是好的情況。倘若不巧碰到水災、旱災、戰爭這些不可抗力輪著來，那政府就抓狂了，把老本倒貼進去都不夠。道光和咸豐的運氣不好，什麼糟心事兒都讓他們給趕上了。而這父子倆之所以要如此刻薄自己，實在也是情非得已。

咸豐更倒楣。按照清代慣例，新君即位後都要免掉當年民間未交的賦稅，剛上臺的咸豐自然也不能破例。這麼一免，一大筆可觀收入就沒了，可是緊接著卻是用錢高峰的到來。

退一萬步說，即便可以增加田賦，在造反者已經不絕於途的情況下，亦無異於飲鴆止渴。況且老百姓生活本來就艱難，你再重徵，若是短時期內沒法把各路造反人馬鎮壓下去，火就可能越燃越旺。明末就是這樣，崇禎實際上是被他自己的「重徵」給壓死的。

不能增，便只能減。爆發財政危機的那一年，從文官武將到一般士卒的俸祿餉銀都先後被減了兩成，以後又陸陸續續地被扣減。但清代的工資標準本來就不高，再怎麼扣也得有個限度，總不能讓大家白給你打工吧?!

一個錢字，難倒了所有的人。當曾國藩和胡林翼等人為此抓耳撓腮的時候，他們的皇帝也正四處尋覓著孔方兄的蹤影。

不是沒錢嗎?那就造錢！咸豐年間的大錢，除了一枚可以當十枚用外，有的還能當百當千。大錢說到底還是金屬，多少得消耗點兒成本。最划算的是戶部印製的銀票，上面只要印著面值多少就可以了——印一萬就值一萬，一百萬就值一百萬，印一千萬就值一千萬。咸豐開了竅，乾脆發工資也用銀票。京兵們收到的兵餉往往都是一半實銀，一半銀票。

這樣的銀票誰要？誰都不肯要！

咸豐開的不是山西票號，沒有與銀票相匹配的真金白銀。那麼政府大量印製銀票的行為就無異於是在搶錢，民間理所當然地視之如同廢紙一般。

官員們領到銀票，不過自認晦氣，也就相當於工資又被扣減了。而前線不行，都巴巴地等米下鍋呢！你送來一堆廢紙，除了拿來燒火，還能派上什麼別的用處？

咸豐實在沒轍了，便只好令各省協餉或者自籌。

還好，所謂窮極思變，群眾的智慧總是無窮的。自釐金這麼一個新發明誕生之後，前錢真的開始了自力更生。早在曾國藩於江西開辦釐局前，江北大營就已抽釐助餉，接著江南大營設釐局，湖南設，湖北設……幾乎沒有一家不靠著抽商業稅賴以活命。

這一攤剛剛可以甩手，咸豐又碰到了另一攤。這次的麻煩不是屋外，而是屋內。

咸豐即位後，感念養母靜貴妃十年養育之恩，特尊其為康慈皇貴太妃，一切待遇均比照皇太后級別。但對咸豐的孝順，太妃顯然不是十分領情。

當年她曾勸丈夫立咸豐為皇太子，但那並不完全是她的真心意思，更多的是一種以退為進的策略。等到咸豐真的繼承大統，她便開始懊悔起來。

按說道光的養母孝和皇太后也曾力挺自己的養子，可兩人情況不同。孝和的兩個親生兒子不成器啊，冷板爛泥扶不上壁。我的兒子奕訢哪一點不比他那個走路一跛一跛的瘸子哥哥強？

在太妃看來，不僅奕訢屈居人下，連她也受到了牽連。你想，若是親兒子當上皇帝，我現在還不早就是名正言順的皇太后了？「比照皇太后」，不過是比照，哪能跟真的比？

有沒有戴上鳳冠，最大的差別不是生前，而是死後——如果是皇太后，可與皇帝丈夫合葬皇陵，而且靈牌還能進入太廟供祭祀；倘若不是，管你是貴妃太妃，一律靠邊。

越到晚年，太妃的這種情緒和心結就越重，漸漸地就露在了臉上。咸豐天天去請安，漸漸也感覺到了。

對咸豐來說，養母的抱怨很不公平。我的皇位又不是從弟弟奕訢那裏搶來的，是父皇所賜的。哪有像你這麼偏心眼的？合著就因為我不是你的親生兒子？

這事擱誰心裏都會覺得委屈。但咸豐並沒有表現出任何不滿，相反，他對待母親更加殷勤，唯恐再有哪一點做得不到位，引起老太太不高興。

知道太妃最疼奕訢，咸豐把自己能給的都給了弟弟。除冊封恭親王外，他還逐步培養其入主軍機處，直至成為軍機首輔。按照皇家制度，皇兄皇弟在成人後就不能繼續住在皇宮裏，而應分開別居。於是咸豐又另外賜給奕訢兩座精美園林，其中一座是當年和珅的宅地，也就是後來著名的「恭王府」。

同樣是皇家規矩，親王們與咸豐之間是兄弟，更是君臣。如果沒有咸豐的諭旨，親王是不能擅入皇宮的。但咸豐專門給予奕訢特權，准許他可在未奉諭旨的情況下，早晚入宮給太妃請安。

咸豐的兄弟不只一個，但除了奕訢，沒人能得到如此高的待遇。道光並沒有看錯咸豐這個兒子，他的寬容、大度、平和，乃至於那種發自內心的仁孝都不是裝出來的，是本性如此。

太盡心盡力了

就在消滅北伐軍的那年夏天，太妃得了重病。咸豐焦慮不已。儘管南方戰場仍然混沌不明，一大堆軍務政務需要處理，他仍然每天抽空去探病，並在床邊以皇帝之尊親自端湯送藥。說句實話，親兒子也不過如此。

給太妃探病的還有奕訢。兄弟倆商量好，輪班互值。上午你，下午他，反正不讓太妃的身邊缺了親人。隨著病情加劇，太妃時而清醒時而迷糊，有時連人都認不清楚。有一天當咸豐陪侍在旁邊時，太妃忽然握住他的手，絮絮叨叨地說了一段話。

太妃說：「我這次的病可能好不了了。想想在宮中享了這麼多年的福，也不覺得有什麼遺憾。唯一抱恨的事，就是覺得對不起你。」

咸豐一愣，接著心裏又一動。他想，母親終於被自己感動了。可還沒等他回過味來，接著潑來的卻是兜頭一盆冷水。

太妃說：「當年你父親本來是要立你做皇帝的，可惜我那時候太矯情，為了表現高姿態，當面推辭了，以致鑄成大錯，使你現在只能在他人面前低著頭做事……」

太妃一邊說一邊哭，竟至哽咽。

咸豐這才明白，「你」並不是指他咸豐，而是指奕訢。太妃昏昏沉沉中認錯了人，把他當成奕訓了。

若再聽下去，還不知道太妃會胡說些什麼。咸豐趕緊岔開話題，才避免了更多的尷尬。過了一會兒，太妃清醒過來，猛然發覺面前坐著的是咸豐，知道自己剛才說錯了話，臉騰地就紅了。咸豐則好像什麼事都沒發生一樣，對待母親和弟弟一切如常。但人心都是肉長的，在那一刻，皇帝的心不可能不疼。

原來再多的付出都沒有用，在母親眼裏，我永遠是「他人」，而不是兒子。可我究竟做錯了什麼，讓您這麼嫌棄我？我那麼重視和幫扶弟弟，難道是要他在我面前低頭嗎？

咸豐不可能去質問太妃，也無法找人排解，他只能把情緒悶在肚子裏。

太妃則是又羞又悔。但說出去的話如同潑出去的水，收是收不回來了。以後還是看清楚人再說話吧！

這回她看清楚了，身邊正是親兒子奕訢。此時太妃感到時日無多，便說出了自己最大的心願：希望死前能被加封為皇太后。

奕訢除身居軍機處首輔外，還是宗人府宗令、正黃旗滿洲都統，可算是一人之下，萬人之上。身為朝中重臣，他自認在皇帝哥哥面前也有了說話的地位和分量。他當然不知道太妃認錯人說錯話那件事，只覺得母親既有這個心願，做兒子的就有義務和責任幫她實現。

咸豐來探病，兩人在門口交接班。咸豐問太妃的病情怎樣了，有沒有好轉一些。奕訢「撲通」一聲跪倒在地，流著眼淚說：「看來是不行了。她想得到一個封號，如此才可瞑目。」

對奕訢的話，咸豐並沒想到深裏去，也不知道太妃想要的封號是皇太后，只是就事論事地

「哦」「哦」了兩聲。

回頭上朝，禮部卻送上來一本奏摺，請求尊康慈皇貴太妃為康慈皇太后，還說這是遵旨執行。

原來那天咸豐「哦」「哦」之後，奕訢就跑到軍機處，以皇帝的口吻擬了諭旨，並下令由禮部出面具奏。

咸豐這才意識到情況的嚴重性。這麼多年來他之所以只給太妃享受皇太后待遇，不正式加封，不是因為小氣，而是不能逾越祖制。

從順治帝開始，所有皇帝都是尊生母為皇太后。當然，在沒有生母的情況下，也可尊先帝皇后為皇太后。但太妃既非咸豐的生母，又不是前朝皇后，只是一個嬪妃。

如果那天咸豐知道奕訢說的「封號」是指封皇太后，他是絕不會如此草率就點頭的。

這個奕訢實在太過分，我不過是「哦」「哦」了兩聲，你就敢以我的名義決定這麼大的事！究竟誰是皇帝，是我還是你？

最令咸豐惱火的地方還在於，他已經被奕訢逼到臺上下不來了。你要是駁回禮部的奏摺，人們輕則會說你身為皇帝，金口玉言，卻出爾反爾，明明諭旨都下了，還要耍賴；重則會說你不孝，因為不是生母，便另眼看待，也就坐實了太妃的話。

甚至咸豐都不能說自己那天的「哦」「哦」不是同意封太妃為皇太后的意思，否則奕訢便有矯旨之罪——不殺會被認為是法紀不嚴；而殺的話，便要傷害兄弟手足之情。老太太正在重病垂危之際，就是奕訢少了一個手指頭，也等於提前要了她的命。

咸豐憋屈了半天，很無奈地批准了這封禮部奏摺。

奕訢母子皆大歡喜，康慈皇貴太妃正式成為了康慈皇太后。一個星期後，她了無遺憾地閉上了眼睛。

咸豐對皇太后的葬禮不敢馬虎，親自扶柩送靈。但他總覺得不能逾越祖制，所以特地從皇太后的謚號中減掉了一個「成」字——道光的謚號為「成皇帝」，你不是「成皇后」，待遇就要打折扣，不光不能與道光合葬，還不能進入太廟。

太妃忙活了半天，只不過做了一個美麗的夢，還為此連累了親生兒子。

對被逼著加封這件事，咸豐越想越惱火。而奕訢如此不把他這個皇帝哥哥放在眼裏，也讓他意識到對方翅膀長硬後將對自己構成的威脅——若是再不有所行動，沒準兒就要給人架空了。

對奕訢是一定要懲處，而且要嚴懲。關鍵是罪名——矯旨肯定不行，只能換個名目。

在為皇太后舉辦葬禮期間，咸豐頒下諭旨，說奕訢在喪儀上不盡心盡力，馬馬虎虎，因此將其所有職務，從軍機大臣到宗人府宗令，乃至滿洲都統一併革去。

被削得光禿禿的奕訢能幹什麼呢？到上書房讀書，靜心悔過。

這是一份別人猜不透奧妙，只有咸豐、奕訢心知肚明的諭旨。什麼叫不盡心盡力？就是奕訢太過盡心盡力，才落此下場。

時間是把殺豬刀

如果肯將心比心，咸豐實在很悲劇。事業坎坎坷坷，從來就沒有順當的時候；母子情同樣指望不上，太妃一直到死都把他視為「外人」；而最友愛的兄弟也因「逼封」和處罰之事產生了隔閡。

他盡了最大努力去維護這一切，可是仍然無濟於事。沒有人會站出來告訴他應該怎麼辦，他也不能向任何人傾訴自己的苦衷。這個才二十多歲的年輕人，沒有朋友，沒有夥伴，甚至沒有可以信賴的家人。在這個世界上，他其實是如此孤單，以至於外界的所有壓力、內心的所有苦悶都只能獨自去承受和消磨。

也許他還有一個為人稱羨的優勢，那就是電影《大腕》中葛優的評點：「皇帝有很多漂亮的女人，如果他有心氣的話，可以每天換一個。而且不用花錢，都是朝廷給他養著。」

不過這個在普通老百姓眼裏不得了的大福分，咸豐一開始並不特別在意。否則的話，在個人生活上那麼嚴肅的道光又怎麼會看好他呢？

按照清代皇室規矩，皇帝的嬪妃須從八旗家庭的子女中挑選，叫作選秀女。被選出的秀女由於年齡還小，並不是馬上就成為嬪妃，而是放在宮內進行「觀察」。到她們二十五歲以上時，如果被皇帝看中，便留下做老婆；未被看中的則被放出宮。

咸豐繼位前就結了婚，但是老婆沒有做皇后的命，早早便死了。他即位後，選了一次秀女，後來的兩宮皇太后就是那時的入選秀女。

選秀女活動每三年舉行一次。在那一次選秀中，出現了一個很戲劇性的場面。

當天一群女孩站在宮前排隊等候，但是從早上等到中午，仍不見皇帝的身影。這些女孩都不超過十六歲，最小的才十三歲，從未進過深宮，離過父母。饑渴加上惶恐，有人便忍不住嗚嗚地哭了起來。一人哭，引得眾人哭，整個選秀隊伍一片混亂。

負責看管女孩的士兵著了急，不知道怎麼辦才好，只好恐嚇說：「不許哭！再哭，小心皇帝發火抽你們鞭子！」

女孩們更害怕了。紛亂之中，忽然有一個女孩從佇列中站出來，對士兵們說了一番讓他們目瞪口呆的話。

女孩說：「我們這些女孩子離開父母，獨自進宮，不入選還好；一入選的話，長在深宮，就跟坐牢差不多。這種時候誰能開心得起來?!」

女孩說的是實話，大多數官宦人家並不願意將女兒送入皇宮。這些話私底下講講沒關係，可是在公開場合說出來，叫皇帝如何下臺？

士兵們害怕被咸豐聽見，趕緊對之大加恫嚇。可對方卻絲毫不感到畏懼，而且越講越激憤。

「我不怕死，難道還怕鞭子嗎？現在廣西長毛已入金陵，天下失了大半。他做皇帝的該選的不是秀女，而是將帥，以保住祖宗基業！如果這樣貪戀女色，不顧正業，又算得上什麼英明君主呢？」

聽到後面這幾句時，不光是士兵，就連同來的秀女們也被嚇得快要魂飛魄散了。這幾乎是在對皇帝進行人身攻擊啊！你還想不想活了？

士兵們一擁而上，將女孩綁了起來。正好咸豐來了，士兵們便把被綁女孩推到咸豐跟前，讓其下跪謝罪。女孩跪下後，卻打死也不肯認罪。

咸豐感到奇怪，問怎麼回事兒。女孩一五一十地把剛才的話重複了一遍。

咸豐十分驚異，因為他從沒見過如此潑辣大膽的小女生。再一詢問，女孩出生於八旗軍官家庭，從小就很懂事很能幹。她除精於女紅針線外，還識得文字，能靠教別人認字來賺錢。

「難怪呢！這真是一個奇女子！」咸豐不僅沒有治罪，還依照女孩所說，將所有待選秀女都放回了家，選秀一事自然作罷。至於那位勇敢的女孩，則好人好運，被咸豐指婚給了一位親王做王妃。

那時咸豐一門心思都放在國事天下事上，正為如何對付太平天國絞盡腦汁呢！他的心思完全不在什麼選秀女上面，所以才會有這一舉動。

即便是對已配好的老婆，咸豐也並不上心。他最固定的住所是辦公室，吃飯睡覺都在那裏面，除了批閱奏章、接見官員外，就是讀書。他讀前朝皇帝留下的《祖訓》和《實錄》，以便從中汲取治國理政的經驗。

在皇宮裏，咸豐就是個大宅男，幾乎是足不出戶；外出通常是去太妃寢宮請安，或者是在室外主持祭祀活動。

可是自從太妃死後，咸豐的形象忽然變了：請安不用去了；讀書沒有興趣；辦公室成了最厭惡的地方；業餘時間他寧願跟嬪妃們廝混在一起；而且家裏紅旗飄飄，外面彩旗不倒……

在皇帝自我放縱的影響下，原有的禁錮逐漸打開，連京師娛樂業都出現了復興的跡象。胡林翼他們當初偷偷摸摸的行為如今都已公開化合法化，君臣真正開始了「與民同樂」。

想到曾經那麼勤勉向上的好青年，一變而為終日沉溺於醇酒婦人之中的浪蕩子，不由讓人感慨：時間真是一把殺豬刀，它會悄悄改變每一個人的模樣。

死亡的另一種方式

關於皇帝的私生活，正史中很少記載，所以我們只能翻野史——野史就是八卦的歷史。古代的狗仔隊也是無孔不入，尤其是對皇帝的緋聞，恨不能予以一網打盡。

在所有的皇帝緋聞中，就數咸豐的最多。當然，其中真真假假，亦多有誇大之處。但所謂無風不起浪，起碼是你有線索或把柄被人家抓住了。

據野史所載，到後來，尋常的嬪妃宮女已經勾不起皇帝的興趣，因為選來選去都是北方旗人，日久天長便沒了新鮮感。如今咸豐中意於傳說中的南方佳麗，想像著她們的婀娜多姿，想像著她們的燕語鶯聲，甚至想像著她們的「三寸金蓮」，那真是回味無窮。

按照皇室規矩，非旗女不能入宮。大清一朝，只有乾隆的容妃（即傳說中的香妃）屬於例外。不過當時也不是乾隆為容妃姿色所迷，說到底，他肯娶這位維吾爾籍的貴族女子，實際是與新疆上層的政治聯姻。

從前咸豐這也不能做，那也不能為；可一旦放開，也就百無禁忌，什麼都不顧了。況且規矩是死的，人是活的。朝廷之上忠臣和能吏雖不多，爭相獻媚的馬屁精卻是不少。窺探出皇上的隱祕心思後，便有人出重金到蘇杭繁華之地選購妙齡女子組隊來京。

北方旗女是天足大腳，而南方漢女都是小腳，一入宮就會露餡。但這難不倒咸豐，不能進紫禁城，不是還可以進圓明園嗎？

圓明園原先是康熙賜給雍正的花園，經擴建後成為皇帝辦公兼避暑的重要會所之一。它的好處就是可以避人耳目，少去了很多祖制規矩的約束。

居住在圓明園的漢女仍不能以宮女的面目出現，她們的正式身分是「打更民婦」，即夜裏打更的。每天晚上，都有三個漢女在咸豐的寢宮前輪值打更。只要梆子一響，皇帝猶如聽到接頭暗號，馬上「召幸」。

咸豐的口味十分獨特，他喜歡「裙下雙鉤」，也就是小腳，而且不計漢女的身分出處。在他喜歡的漢女裏面，有以前給人做小妾的，有唱戲扮青衣的，有丫鬟，有寡婦，甚至還有還俗的尼姑。

與此同時，咸豐開始酗酒，幾乎是每飲必醉。喝醉了以後，待人很少疾言厲色的皇帝便失去常態，對內侍非打即罵。一旦酒醒，他又懊悔萬分，會用厚重的賞賜來補償自己的過失。只是過一段時間他又會再喝酒，再大醉，再大怒。為此，咸豐不得不關照內侍們，只要看到他喝醉就躲開些，免得受到傷害。

問題是，喝醉了的皇上也還是皇上，讓你上來端個茶送個水，你敢不去？內侍們不堪其苦，只得另外想辦法。

據說在所有漢女裏面，有四位最為受寵，被稱為「四春」。其中一個叫「杏花春」的漢女，似乎對咸豐有著特殊的鎮定劑作用。只要她在旁邊，醉酒後的咸豐就會乖得像《紅樓夢》裏的賈寶玉，再無任何衝動之舉。於是，杏花春就成了內侍們的救星。碰到皇帝酗酒，大家都要請這個姑奶奶出來圓場陪侍。

和來自民間的漢女們相處久了，皇帝也學會了很多市井語言，學會了開下里巴人式的玩笑，跟大臣們說話時也往往脫口而出。

咸豐是個戲迷，愛看昆曲，也愛捧角。有一個小旦不僅人長得漂亮，歌喉動人；而且還頗有文藝女青年的範兒，能寫寫小詩什麼的，楷體書法也不錯。因此她受到咸豐的力捧，不時被傳召。皇帝看戲，大臣們也看戲。有一個姓陸的御史同樣是這小旦的粉絲，而且是一日不見如隔三秋那種。你老把人叫去，我看什麼，捧什麼？

陸御史很有種，當下私活當公事幹，給咸豐寫去諫言書，引經據典，洋洋千言，無非是勸咸豐不要貪戀女色，要做個勤奮節欲的好皇帝云云。

再強的人也有破綻，陸御史認為自己的這番「諷諫」定能直接擊中目標——皇帝要麼會惱羞成怒，大發雷霆；要麼會不聲不響，收攤了事，總之定會鬧騰出個結果來。未料，咸豐看完一點兒也沒生氣，反而哈哈大笑：「陸老爺吃醋了！」隨後在奏摺後面批道：「如果一隻狗想啃一根骨頭，卻被人半途奪去，肯定會恨恨不已。理解，理解。」

真是流氓會武術，誰也擋不住。皇帝不在乎，你能奈我何？

咸豐無所謂了，他不在乎面子，不在乎聲望，甚至不在乎別人在背後指指點點，說他已經墮落到和下級爭搶女人。

可是當咸豐追逐風月、酗酒看戲，甚至是開著各種不著邊際的玩笑時，他的心裏其實是很苦的。咸豐的御制詩裏有一句「一杯冷酒千年淚」，他天天喝的不是美酒，是冷酒。端著酒杯的人有的也不是歡樂，而是滴不盡的眼淚。

咸豐不是一個平庸之人，他很有才華，公務之餘還擅長畫畫。他尤其擅畫馬，所畫之馬神采飛揚，雄壯中又含肅穆之氣。據看過的人說，連唐宋名家都不能比擬。經常陪在咸豐身邊的那個軍機章京彭蘊章，就常常嘆服於皇帝驚人的藝術才華。

可是藝術才華再高，對於一個皇帝來說，也只是「末技」。連師傅杜受田十多年教授的學問都難以挽救時局，將馬畫得再氣宇軒昂又能頂什麼用呢？不但如此，倘若最後咸豐真落個國破家亡的命運，擅畫還可能被作為他這「昏君」的罪狀之一，那可是不乏先例的。

一邊是「天下糜爛，幾於不可收拾」，一邊是做什麼似乎都無濟於事。在無法排遣憂悶，又無法擺脫責任的情況下，咸豐便唯有麻醉自己來尋求解脫，哪怕那是一條通向地獄的不歸之途。

他的沉溺酒色，其實是在自殺，不過是用另一種方式。

當人們把有關咸豐的種種傳聞作為茶餘飯後的笑料和談資的時候，很少有人在意嬉笑聲中那個男人的徹骨悲涼，以及黑暗角落中他那顫抖而又無助的身影。

無論痛苦還是幸福，都只能寄託於那一刻的滿足；無論清醒還是麻木，到頭來你終究得向現實認輸！

第七章　第二號人物

咸豐的「墮落」主要是指他在八小時之外，八小時之內他還是該幹嗎幹嗎，朝是一天不能輟，公務也是一件都不能不辦。就在他情緒壞到極點的時候，天京事變的消息傳到了北京。

外界其實很早就獲知了天京已發生內訌——不是從太平天國官方發言人口中，而是通過所見所聞中的蛛絲馬跡。

從一八五六年九月初開始，從金陵城順江而下不斷漂來屍體。他們身著黃衣黃褂，很多還被繩索捆綁。而且眼見得屍體越來越多，已經達到了觸目驚心的程度。

在天京固若金湯的情況下，這些人顯然不是被官軍所殺，只可能是自己人所為。

起初咸豐還不太敢相信這是事實，但心裏又希望這是真實發生的事，所以忍不住焚香禱告。後來隨著各地奏報增多，天京事變得到證實，皇帝才難得地又開心起來。

天京事變相當於意外奉送給咸豐的大禮包。此後，隨著太平軍前線部隊的後撤，從西到東的三大戰場都相應獲得了轉機。

湖北戰場，本來石達開已赴援武昌，洪秀全一個密詔又把他喚回了天京。而且他所率的那支援軍大部分是來自兩廣的洪兵，戰鬥力和凝聚力都不強。主帥一走，他們便群龍無首，很快被胡林翼擊破。

江西戰場則是整體出現了缺席——韋昌輝回天京時，足足帶走三千精銳。否則的話，即便曾國華打了那麼一次勝仗，曾國藩的日子也會很難過。

同時，由於秦日綱奉命撤回天京，曾經被打得狼狽不堪的官軍得到了寶貴的喘息之機，江南江北大營也得以恢復重建。

咸豐的精神重新振作起來。他敦促三大戰場上的軍隊抓住這一有利時機，次第削平所在地區的太平軍。

看來解決這場內亂已為時不遠，咸豐快要熬出頭了。在「勝利庶幾有望」的這一刻，他要由衷地感謝一個人，這個人叫葉名琛。當時外國觀察家稱其為除咸豐之外，「帝國的第二號人物」。

最佳拍檔

在幾年前的廣州反入城鬥爭中，徐廣縉獲得了巨大聲譽，但是人們不應該忘記他的搭檔。若沒有葉名琛的全力襄助和支持配合，徐廣縉與英人抗衡交涉的過程將會困難得多。

無論在哪一個省，督撫都最難相處，有的甚至會鬧到死去活來。廣東的徐葉配可以稱得上是那個時代的先進典範，一個總督一個巡撫，堪稱最佳拍檔。

因為個人特殊的經歷，葉名琛曾被西方世界近距離觀察。在他們眼中，這位大吏不抽鴉片，生活儉樸，身上是一件已經穿了十年的舊袍褂，在私生活方面是一位「極可敬的中國人」。

在性格方面，葉名琛給西方人留下的印象也很深，那就是「意志堅強，性情頑梗」。他認準了目標，便會咬定青山不放鬆。

徐葉之所以合作融洽，正是因為他們都具有以上特點，屬於志趣相投的同路。因此他們能做到坦誠相見，毫無罅隙。

廣州反入城期間，兩人不僅在外交策略上達成了高度一致，而且時常一道設計各種應對方案。連下屬官員都說「督撫協調如此，實屬前所未見」。

當初咸豐發現廣西爆發大亂時，考慮平亂的第一人選本來是徐廣縉。但當時離廣西最近的粵西北也亂了起來，徐廣縉只能留下來，和葉名琛一道控制廣東局勢。

兩人輪流值班，今天我出去，你留守；明天你看家，我打仗，仍保持著以前那種密切無間的配合。儘管經常兩地分離，但徐葉每隔兩到三天就要通一次信，以交流得失、磋商大計。

作為文臣，用兵作戰對他們來說都是一個全新的課題。徐廣縉比葉名琛年長，又是總督，所以分工時盡可能親自指揮那些規模較大一些的平亂戰爭，把較容易的留給葉名琛；同時也盡可能將自己的實踐經驗拿出來與同伴分享。

有一次葉名琛外出作戰時給徐廣縉寫信時，談到兩名部下不得力，不知道怎麼辦才好。徐廣縉回信說，打仗說到底就是如何將將，你要學會給他們臨陣打氣，這樣效果才會好。

徐廣縉還特地擬了一段話，手把手地教葉名琛如何「打氣」。

對徐廣縉毫無保留的指點和幫助，葉名琛很是感動。徐廣縉的家人生了病，他本人又正在外督戰，留守廣州的葉名琛便兩次親往探視，還把醫生開出的藥方及其家人病情好轉的情況寫信告訴徐廣縉，以讓他寬心。

在所有粵西北的起義軍中，數凌十八率領的一支最為厲害，徐廣縉征討一年都無結果。這時偏偏廣西形勢愈加吃緊，咸豐欲以徐廣縉替換賽尚阿。旨意下來，徐廣縉必須走，只是誰來接替就成了一個問題。

連徐廣縉也奈何不了，可知難度有多高。況且中途接手，一旦失敗，定然會招致名利雙失的嚴重後果。

儘管有這麼多顧慮和困難，葉名琛仍然毅然決然地接過了這副擔子，使得徐廣縉可以在「莫名感激」中抽身而去。

沒有金剛鑽，不攬瓷器活。葉名琛此舉，不光出於義氣，還因為他在軍事上早非新手，對打仗也有了一定的把握。

葉名琛初次用兵，是為了平定粵北山區剛剛露出雛形的動亂。起初徐葉還以為是普通山賊，在前去剿捕的隊伍損兵折將後，他們才意識到這是與廣西叛匪有千絲萬縷聯繫的起義軍。

與後來規模越來越大的義軍相比，那時的粵北義軍還不算什麼。徐葉商量了一下，決定由徐廣縉留在廣州主政，葉名琛親自到粵北進行指揮。

葉名琛到位後，首先封鎖道路，切斷粵北義軍與廣西方面的聯繫，然後派主力部隊進山尋求作戰。

粵北義軍熟悉地形，山區複雜的地形更為他們開展游擊戰提供了得天獨厚的條件。十多天過去了，官軍別說作戰，連對方的影子都沒找到。

打仗不同於讀書，一切從教條出發是行不通的，葉名琛決定變換戰術。某日，粵北義軍得到情報：縣城防備空虛，正是發動襲擊的好時候。於是，他們從山區傾巢而出。但等他們攻城時，才發現守軍早有準備，葉名琛的主力就守在附近。

那不過是葉名琛放出來的假情報，為的就是把粵北義軍誘出來。山區游擊戰變成了平原陣地戰。粵北義軍與剛出道時的太平軍一樣，在陣地戰方面還不是很擅長，吃敗仗是難免的。而敗仗對於士氣的打擊最大。一來二去，義軍內部便出現了不和。從廣西來的那批人認為留在廣東沒有出路，遂自行脫離軍隊，折回廣西。

此舉正中葉名琛下懷。去廣西的所有要道都已被他事先堵住，他用前堵後追的方式便將這股部隊擊潰。

解決了外地的，再轉過頭來解決本地的。此時，剩餘的粵北義軍又縮進了山區。葉名琛把原來負責堵路的部隊全部撤回來，親自率兵搜山。

在深山作戰，原有的難題一個也少不了。首先是地形不利。葉名琛請當地人做嚮導，畫出詳細地圖，利用這些地圖來進行部署，自此官兵便很少迷路或中伏。

其次是糧草運不進來，導致給養困難。好在葉名琛有徐廣縉在背後坐鎮，錢還是夠用的，可以就地購買糧草，不至於使大夥兒餓肚子。

兩個月後，這場角力終以葉名琛的全勝告終：七戰七捷，殲滅六千粵北義軍，敵首領無一漏網，葉名琛被咸豐加封為太子少保。

最重要的是，通過這次粵北之役，葉名琛取得了寶貴的作戰經驗。當然，這裏面少不了徐廣縉的隨時點撥，包括如何用將。在戰役接近末尾時，葉名琛高興地告訴老大哥，說他對打勝仗已經有了更多信心。

你可以入門了，但這只是第一課。在廣西內亂，特別是太平軍的影響下，廣東與廣西交界的地區不斷爆發起義，徐葉應接不暇。不過這也給葉名琛提供了繼續深造的機會，因為需要他打的仗一場接一場，他可以學到的東西自然也就越來越多。

諜報與反諜報

對於葉名琛來說，平定凌十八起義無疑是重要的一課。

當接替徐廣縉到達前線時，他終於明白了為什麼凌十八如此凶猛難克。凌十八本人就是拜上帝會成員，與洪秀全、馮雲山為結拜兄弟。洪秀全發動金田起義，傳令凌十八前去會合。但凌十八進入廣西境內後，即被官軍堵截。見勢不好，凌十八急忙派人向洪秀全求救，於是洪秀全從金田派了一支援兵來接應。可是彼時的太平軍還不像後來那麼威武，所以同樣被官軍擋住，沒能過得來。

由於會合無望，凌十八便一個回馬槍，殺回老家粵西的羅鏡山區，並在那裏紮下了大本營。

凌十八的部隊不同於一般義軍，其中有相當多的部屬是拜上帝會教徒，作戰亦如太平軍一般頑強。加上羅鏡山高勢險，凌十八善於布陣防守，他的大本營幾乎可以說是堅不可摧。

攻，攻不進；誘，凌十八又不上當。徐廣縉鏖戰一年，死傷了三千多人，也沒能看到凌十八的大本營究竟是什麼樣。

如果不超越老大哥，就將繼續止步不前。徐廣縉原先的指揮部距離羅鏡山區較遠；葉名琛將指揮部前移，直接進入羅鏡山區，以便就近觀察和指揮。

看清楚了，羅鏡的防守半徑約九公里。在這九公里的區域內，遍布堡壘和壕溝，裏面都配有火炮且防備森嚴。唯獨沒有堡壘和壕溝的，是通往大本營的幾條羊腸小徑。但這些小道上又布滿陷阱，陷阱裏竹籤鐵釘一應具備，掉下去不死也得落個殘疾。

凌十八的防守戰術是以逸待勞，不跟你正面相抗，等你進入炮火射程或擠進小道時再開火。

葉名琛還發現，凌十八十分重視情報。他在山上山下都派出「細作」（即密探），大打諜報戰。官軍的一舉一動都逃不出凌十八的視線，這也是在如此長的時間裏徐廣縉都無法困死他的重要原因。

雖然同樣是山區，但羅鏡與粵北不一樣，再想依靠大規模仰攻或搜山取勝是不現實的。換句話說，這裏需要的不是苦戰，而是巧戰。

上上下下都以為葉名琛移到前方就近指揮是「新官上任三把火」，要發動更強有力的圍攻，可他卻一反常態地掛起了免戰牌。

表面上，葉名琛只是在利用這段時間休整軍隊；暗地裏，他則部署人馬，大肆捕捉義軍細作。在不到二十天的時間裏，他共捉住了兩百名細作。

凌十八要跟他打諜報戰，他回擊對方的則是反諜報戰。通過提訊細作，葉名琛不僅掌握了凌十八的布防方法以及紮寨位置，還獲知義軍已經嚴重缺糧。他們能堅持到現在，主要依賴於山區的祕密補給站。根據這一情報，葉名琛在義軍防守半徑之外再次組織大搜捕，一舉切斷了凌十八的祕密補給線。

義軍在失去補給後，只得割稗子為食。稗子的樣子很像稻穀，但它實際上是一種雜草，一般只作做飼料。但是過去在很多南方地區，人們都會做稗子餅：把稗子曬乾，炒熟，研成粉，煎炸後亦可食用。

稗子的好處是生命力和適應性強，在羅鏡山區，漫山遍野都是。葉名琛察覺到義軍在割稗子後，立即雇民工進行收割。

最後一點兒賴以維生的糧草也在斷絕，義軍營中開始出現不安情緒。凌十八不得不準備突圍。葉名琛不會像向榮那樣傻呼呼地搞什麼「網開一面」，見時機成熟，決定搶在對方逃逸之前發起進攻。

對此，凌十八並未感到特別意外。葉名琛來羅境不是為了打醬油，休整好了自然要打仗。起初凌十八還如臨大敵，但一個多星期後他卻發現葉名琛不過是前任的翻版，雷聲大雨點小，也就不太當一回事兒了。

他沒有想到，葉名琛之前全是佯攻，為的就是在總攻發起前給他製造迷惑。

葉名琛已經為總攻安排好了人力。

鑒於在羅鏡苦戰一年的前線部隊已經疲憊不堪，葉名琛便把用於封鎖粵桂邊境的六百精兵調了過來。這是一個頗有些冒險的舉動，因為假如凌十八突出羅鏡，就很可能再次潛入廣西，並與聲勢日隆的太平軍會合。

葉名琛的考慮是，羅鏡距離省境較近，一旦有事，回救還來得及。同時他又調來佛山雇勇一千五百多人，將其全部作為總攻中的生力軍。

在很大程度上，將比兵更重要。隨軍征戰的鎮總兵福興，是一個與塔齊布相仿的滿人勇將。葉名琛就用徐廣縉教的辦法，對福興加以重用：除任命其為前敵總指揮外，還與他一起研究總攻中的每一個方案和步驟。

一八五二年七月二十八日，總攻如期舉行。

在總攻發起前，福興集中了所有火炮，將羅鏡的堡壘盡可能予以摧毀；另外又以赦免死罪為條件，讓原先被捉住的那些細作當嚮導，以防止從各個方向進擊的部隊迷失方向。

得到葉名琛器重的福興格外賣力，衝鋒時身先士卒。在戰場上，他曾折斷肋骨，口吐鮮血。然而他二話不說，爬起來就繼續衝。

第二天，福興攻破義軍大營，凌十八戰死（一說為跳井自殺）。

羅境之役意義非凡。凌十八紮營羅境時，就已擁有一萬人馬，而太平軍最初也不過三萬人。更主要的是，他們都源自於拜上帝會，戰鬥力幾乎一樣的強，且能相互呼應。

咸豐對此十分憂慮，認為凌十八一日不除，對太平軍就是強有力的支援，阻擊太平軍將變得愈加棘手。因此當羅境大捷的奏報抵京時，咸豐心裏的一塊石頭也就落了地，當即升任葉名琛署理兩廣總督。

葉名琛在粵西得勝後，並沒有馬上班師回廣州，而是馬不停蹄地去了粵北，因為那裏又有了新的情況。

滲透和反滲透

此前太平軍已經攻入湖南，但江忠源在蓑衣渡一戰對太平軍的士氣打擊很大。儘管楊秀清力挽狂瀾，堅持繼續北上，洪秀全也派了蕭朝貴為先鋒去進攻長沙；可實際上大部分領導人及太平軍主力並沒有馬上跟進，他們仍在北上還是南下這個問題上糾結。

洪秀全是廣東人，而大部分太平軍將士則是廣西人。人在遇到困難，不知如何進退時，思鄉情結總是免不了的。洪秀全曾私下向親信表示，不如打回兩廣，在廣東建立東都，在廣西建立西都。

折回廣西並不現實。太平軍起自廣西，那裏的官軍已有防範；並且廣西北部盡為高山峻嶺，即使攻回去也得付出很大代價。再說，回廣西幹什麼呢？那麼個窮省，連補給都很困難，要不然大傢伙兒當初就不用費盡心力地衝出來了。

洪秀全說建立西都，多少有安慰將士的目的。在他心目中，回廣東才是核心。

就兵略政略而言，在廣東建都確實不失為理想之選。相對於廣西，廣東算是富省。更重要的是可以從洋人那裏買到洋槍洋炮，若是用於武裝部隊，那豈不是如虎添翼？

相信太平軍的諸王將領，只要有點兒頭腦的，都能看出這一步棋的妙處。為此，太平軍才在粵北邊境停留了一百多天。

但是，要進入廣東也不是件易事。葉名琛已在邊境上部署了重兵，而且這裏與桂北一樣地勢險要，不是說攻就能攻進來的。凌十八一部在羅境被全殲，也說明廣東官軍並不好惹。

好在粵北已有一些義軍在活動，只是力量都不大。但是他們各自為戰，形成不了大氣候。

諜報戰和滲透戰是太平軍最常使用的戰術。洪秀全決定派細作潛入粵北，在穿針引線的同時策劃和發動新的起義，以便能夠實現裏應外合。

通過羅境之役，葉名琛已經摸清了太平軍的這種戰術打法。因此他一聽到對方陳兵湘南，馬上下令收緊關卡，不允許放一個細作混入粵北。

此後，太平軍的細作不管是單獨行動還是成群結隊，不管是扮商賈還是裝旅客，都是黃鶴一去不復返。洪秀全的滲透戰失敗了。

葉名琛到粵北，所做的第一件事不是向粵北義軍進攻，而是繼續封鎖省境，把通往湖南、江西、廣西的道路統統堵住。接著，他在粵北連打五仗，五仗皆捷，將無法外逃的當地義軍全部掃清。

其實，葉名琛完全可以把粵北義軍趕出廣東了事。那樣他的擔子會輕很多，既不用辛辛苦苦打那麼多仗，也不用害怕受到責罰。他的做法在最大程度上避免了鄰省受到騷擾，是一種負責任的行為，也說明他有很強的全局觀。

江西和廣西最受其益。江西巡撫張芾的防守壓力大大減輕，為此專門寫信給葉名琛表示感謝和欽佩。

一直想尋機進入廣東的洪秀全就不那麼高興了。一方面是佔領廣東變得困難重重，另一方面蕭朝貴在長沙城下戰死，引發了太平軍內部的復仇狂熱。在這種情況下，他才按照楊秀清的提議，下定決心放棄南下，北上定都南京。

儘管如此，但太平天國領導層從未忽視過廣東的戰略地位。在他們看來，如果在建都南京的同時，還能以廣東作為另一個重要基地，其意義和作用無疑要超過當初建立東西都的設想。因此，定郴之後，天京方面便不斷派細作潛入廣東，聯絡當地的祕密會黨同時並起。

葉名琛可以在羅境和粵北捉住太平軍細作，但將範圍擴展到全省，那難度就太大了。而在他正式升任兩廣總督的一八五三年，廣東又遭遇了歷史上罕見的洪水侵襲，莊稼幾乎顆粒無收。本來性情便很火爆的廣東民眾自此猶如一點就著的火藥桶，太平軍細作和祕密會黨只需從中起按打火機的作用。

在廣東，歷史最悠久的祕密會黨，無疑是以反清復明為宗旨的天地會。一八五四年六月十七日，由天地會的一個頭目首先發起，體量驚人的洪兵大起義開始了。

洪兵之意，當然不是指洪秀全的兵。天地會內部取朱元璋年號「洪武」中的「洪」字為社團名，自稱洪門或洪幫。洪兵也就是洪門之兵，因其頭裹紅巾，旗幟也是紅色，故又稱紅巾軍或紅兵。

天地會本身有鮮明宗旨，有政治目標。但洪兵大起義爆發時，其所有宗旨和目標都變成了一個字：搶。

「搶」瞬間成了一種風潮，不搶白不搶。參加洪兵的人數越來越多，連廣西那些窮鄉僻壤的人也跑來參加，因此社團很快就滾雪球一樣地集結了三十多萬人。這還僅是就主力而言，如果把那些打打擦邊球，跟在後面順手撿個包袱之類的也算上，則可達百萬之眾，其規模之巨遠超當年的廣西大亂。

一八五四年七月二十六日，二十萬洪兵推李文茂為首，分三路攻打廣州。

這個李文茂很有意思，他出自於粵劇世家，自己也是演粵劇的。起兵造反後，他把粵劇班中的武生全部編成主力。攻城時，這些粵劇演員還經常演出翻連環跟斗的絕活。

可惜葉名琛無心看戲，因為他已陷於絕境之中。

為了與淩十八作戰，廣東官軍的原有主力喪失了三分之一；另外三分之一由福興率領，被派到外省與太平軍作戰；剩下的三分之一則駐防粵北，防止太平軍進入廣東。也就是說，除了死傷的，全都一個蘿蔔一個坑，沒有一支能抽得回來。

咸豐從鄰省緊急調撥的部隊不僅數量少，而且遠水解不了近渴，根本就只能做個樣子，連嚇人都做不到。

至於廣東其他府縣，葉名琛能收到的不是援兵，而是一份份告急文書——這些地方還指望他派兵去救呢，又如何能來保護省城？

葉名琛能用於守衛廣州的兵力一共是一萬五千人。一比二十的懸殊比例，使這座城市完全喪失了安全感。一個親身經歷過這一場面的英國人描述道：「廣州的百姓已被恐怖所控制！」

負責指揮守城的葉名琛當然也很緊張，只是他不能像一般百姓那樣表露出來。相反，他還要顯得比平常更鎮定更沉著。現在，整座城市的安危都維繫在他一人身上，他必須靠微不足道的那一點點兵力硬撐下去。

暗戰

在廣州被圍之前，葉名琛都是圍人家，而這次是被人家圍。主客置換，形勢大為不同。但道理仍是一樣，無非一個要掐對方脖子，另一個不讓掐而已。

洪兵發起總攻之前，暗戰首先開始。第一個出場的依舊是諜報戰。

刺探情報，太平軍和洪兵使用細作，葉名琛則拖住當地士紳。廣東士紳跟其他地方的士紳還不一樣。在別的地方，士紳一般都是太平紳士，對維護治安有益無害；廣東則不然，這裏的士紳不但是各自宗族的族長，還是宗族械鬥的策劃者和組織者。

在對外特別是反入城鬥爭中，廣東士紳可以同仇敵愾，站在官府一邊。但是一涉及內爭，士紳們便很容易對參與造反的族人進行縱容包庇。反正他們見慣了械鬥仇殺，對官府也並不特別懼怕。

你不怕，官府便要弄到你怕。一旦發現哪家宗族藏匿洪兵或洪兵首領，葉名琛起先並不派兵去抓，而是要求各族自己交人。

什麼，不交？那好，我就革去你的功名，查封你的宗祠！

功名和宗祠，對於需要靠威望來領導自己宗族的士紳來說，幾乎就是命根子。廣東士紳由此被治得服服帖帖，成了葉名琛安插在各處的「義務細作」，隨時向他報告各種風吹草動。

正是依靠這張看不見的諜報網，葉名琛發現並釣到了一條超級大魚。

天地會元老陳松一直隱身幕後，但李文茂等人的很多聯合軍事行動，均出自此人手筆。葉名琛通過廣東士紳將其誘捕，使洪兵在關鍵時候失去了一個極其重要的高參。

在諜報戰上先拔頭籌後，葉名琛又用組織聯街團練的辦法，防止洪兵細作向廣州城內滲透。

廣州對全城人口進行登記，然後按照所登記的人口，給每家每戶都發一塊小牌，上面標明該戶的人數以及各人的年齡相貌。

接下來便由團練在各自分管區域沿街巡邏，盤查生人。不是固定居民或沒有小牌的，必須持有一種木製的「公簽」才能在城內通行。否則的話，各個街道會相互警示，你過了這關，過不了那關，所以稱為「聯街團練」。

葉名琛給廣州城穿上了一層金鐘罩，洪兵細作即便潛入進來，也往往被聯街團練逮個正著。圍城期間，曾有暗中參加天地會的官府衙役密謀接應洪兵，也被團練逮到。

在諜報戰和滲透戰都不奏效的情況下，要在短期內致廣州於死地，洪兵還擁有一個封喉絕招。這個絕招葉名琛並不陌生，那就是他在羅境之役中曾經使用過的「切斷補給」。

風水輪流轉，以前是你給別人下藥，現在別人同樣可以拿它來整你。洪兵在城外設置重重關卡，凡稻米、蔬菜，甚至是燒飯用的柴火，一律不准入城。其實就算是不設關卡，由於剛剛受過大災，農村存糧很少，根本不可能再供應城裏人。

廣州城裏居民不啻百萬，加上一萬多守城軍隊，吃飯是個大問題。如果葉名琛不從城外弄來米，即便洪兵圍著不動，不消多長時間，官軍餓也得餓死一大半。

得不到內援，葉名琛想到了進口。

這個世界的氣候規律就是冷熱不均，你這邊旱了，他那邊可能澇了；你這邊歉收，他那邊可能豐收。葉名琛通過廣州商人一打聽，東南亞稻米的收成很好，於是決定購買進口米。

廣州商人受葉名琛委託，從東南亞收購大米。糧船進入珠江口後，即用英國或其他外國武裝船隊進行拖運。

洪兵也有水師船隊，且比廣東水師還要強。廣東水師原先在全國處於數一數二的位置，但此時已經大半外調。比如正在湖南的城陵磯水戰中，陳輝龍所率船隊即為廣東水師主力。

廣州所剩戰船不超過五十艘；同時鑒於守城主要是陸戰，葉名琛又從水師戰船上把大炮拆下來，安在城牆上用以防守。沒有大炮的戰船猶如缺了牙齒的老虎，當然更不是洪兵水師的對手。

不過，強不強，有多強，還得看跟誰比。跟洋艦一比，基本由民船改造而成的洪兵水師軍艦縱使數量再多，也難以稱強，所謂執行盤查職能不過是一句空話。一船船大米就這樣源源不斷地運入廣州。

洋人肯冒著危險穿越火線運米，當然不是出於人道主義關懷，你得出高價雇傭。據說有的洋人就此發了大財，成了百萬富翁。

米能運，為什麼不順帶捎點兒別的？

以往廣州自身能夠生產的火藥很有限，比如在反入城鬥爭中，徐廣縉就是通過外省調劑的。如今外省的運不進來，同時在遍地烽火的情況下，人家也沒多餘火藥給你。於是葉名琛就轉託廣州商人，從香港購置了製造火藥的最新設備。有了這隻下蛋的母雞，就算再打多長時間，守軍也不用為缺乏彈藥而發愁了。

洪兵要斷廣州的糧，但是事與願違，廣州城內的糧草不見其少，但見其多。相反，洪兵自己還不得不派人混進城，以便購買糧食和火藥。在聯街團練日夜巡查的情況下，購買且運米出城的難度實在不小。這樣一來，不是洪兵掐葉名琛的脖子，倒像是葉名琛在掐洪兵的脖子了。

要拿下廣州，洪兵只剩下了一項人數優勢，這是他們最後的殺手鐧。

一八五四年七月三十日，隨著李文茂一聲令下，洪兵向廣州發起了總攻。

二十萬人一齊行動，場面駭人之至。廣州城內立刻開始出現波動。由於洪兵圍城並非嚴絲合縫，所以人們爭相向城外逃難。開始只是有錢人家逃離，後來一般平民也大量出逃。

其實當時鄉下也許比城裏更凶險，搶掠燒殺無處不在。但正所謂「寧做太平犬，不做亂世人」，亂世之中，老百姓的選擇實在很有限。

這時，葉名琛再次顯示出了他在將將方面的能力。驍將福興走後，他又任命按察使沈棣輝為守城總指揮。

如果說葉名琛是將將之材，那麼沈棣輝就是將兵之材。他是個文官出身的將領，最大的長處是賞罰分明，知人善任。後來名噪一時的馮子材便是由其招撫和培養的。

葉名琛交給沈棣輝的兵只有一萬五千人，但人少不是問題，關鍵是怎麼用。沈棣輝從中選出四千精銳，然後把他們放在城內要害位置；其餘地方則盡可能多地插旗幟，用疑兵的方式來唬人。

洪兵四面攻城，見城牆上好像處處都有守軍，一時難以找到突破點。官軍卻居高臨下，火炮射過去，一打一個準。

經過幾次交手，洪兵吃了虧，再不敢輕易接近廣州城，大家都趨向於坐等援軍。

最厲害的練勇

眾望所歸的援軍，指的是佛山人陳開。

在天地會元老陳松被誘捕後，洪兵內部鬆散不堪的弊病一覽無餘，與太平軍形成鮮明對比——李文茂無法號令眾人，真正服從指揮的，不過還是他那支戲班子部隊。

李文茂當不成核心的原因，是他在天地會中的名位和輩分並不高。所謂居首，只是因為他的部隊比較強一些罷了。

水手出身的陳開稱得上是天地會中的重量級首領，他在佛山一起事就招納到十萬之眾，其影響力可想而知。如果他能盡快來廣州會合，便可有效整合各軍。到時三十萬人撲城，就算廣州有銅牆鐵壁也擋不住。

能不能阻擊陳開，成了廣州城可否守住的前提。

葉名琛再撥不出多餘兵力出城作戰，但又深知其中利害。危急存亡的這一刻，他把團練的能量發揮到了極致。

按功用和活動區域不同，團練可分為募勇和練勇兩種。募勇實際上就是雇傭兵，可以外出與正規軍並肩作戰，甚至直接作為正規軍，比如湘軍就是募勇性質。在廣州守城的一萬五千人中，除九千綠營和八旗兵外，其餘六千都是募勇。

與募勇不同，練勇不離鄉，也不拿工資，基本就是當地族人或村民。他們定期集合，進行軍事訓練，故稱「練勇」。

尋常練勇一般只能打打小股洪兵，或者在洪兵撤退時起原地阻擊或追擊的作用。葉名琛要對付陳開，需要的不是這種普通練勇，而是電力最強大的那種。

在廣州與佛山之間，尚武之風盛行，民風極其強悍。這裏有一支當時最出名也最厲害的練勇，即「九十六鄉練勇」。

早在圍城之初，葉名琛就發現了這支民兵隊伍的不尋常之處。他不僅親自召見當地的士紳首領，還專門調撥大炮和彈藥，從而使得九十六鄉練勇在能力上又升了好幾個檔次。

陳開兩度被九十六鄉練勇擊退，這令他既吃驚又惱怒。但直到第三次十萬大軍傾巢而攻，他仍無法越過九十六鄉練勇。

對廣州守城之役來說，這是具有決定性意義的三次作戰。洪兵欲會師廣州城下的計畫被迫流產。

陳開來不了廣州，本來就不齊心的洪兵首領們更加離心離德。為了爭奪利益，各派勢力甚至刀兵相見。還有人則對攻城失去信心，索性離開了聯軍。

在參與圍城的洪兵首領中，李文茂與另一位首領陳顯良擁兵最多，對廣州的威脅也最大。葉名琛和沈棣輝決定，擒賊先擒王，乘對方軍心動搖之際，先擊破這兩股洪兵主力再說。

沈棣輝實施偷襲，燒毀洪兵營寨六百多座，把陳顯良打得落荒而逃。接著，他又率船隊迂迴到李文茂軍營背後追擊，並且再次獲勝。

陳顯良、李文茂的先後挫敗，令洪兵元氣大傷。至一八五四年十二月底，官軍將各路洪兵從廣州近郊逐退，被圍攻達半年之久的廣州初步脫離險境。城內居民在被圍之初曾經驚恐萬分，此時臉上已不見慌張之色。

洪兵並不甘心如此落敗，除繼續等待佛山的陳開外，又以水路補陸路，將兩千多艘大小戰船開入珠江，試圖沿水面殺入廣州。

形勢又複雜起來。這次最緊張的不是廣州軍民，而是居住在珠江通商口岸的洋人，因為黑鴉鴉的戰船就在他們面前。

英國駐廣州領事當即寫信，從本國政府那裏要來了一艘軍艦。英國的軍艦是為了保護在華洋人，不是與洪兵作戰，所以打仗的事還得葉名琛自己操心。

他選擇兵分兩路，一路由沈棣輝統率，在會合九十六鄉練勇後，爭取完全解決陳開；另一路則由他親自部署，在珠江上抵禦洪兵水師。

葉名琛指揮作戰，必畫地圖，這是他取勝的法寶。他所繪製的水戰地圖十分細緻，連可能影響船隻進退的風向都要一一標明，以便對戰場上的各種情況做到心中有數。

在廣州水戰中，葉名琛貫徹了以靜制動的原則，即先避一著，由著你攻。洪兵水師雖來勢洶洶，但改造的民船很是脆弱，進入廣州炮臺的火力範圍後，基本上都是肉包子打狗——一去不回。等消磨了對方銳氣，便是發起凌厲一擊的時候。葉名琛除將原先從戰船上拆下的大炮再裝回去外，還額外配備了進口洋炮，使得整頓後的廣東水師在火力上又超過了對手。

一八五五年一月，廣東水師在珠江上大敗洪兵。與此同時，沈棣輝也旗開得勝，順利收復了佛山。

兩個月後，葉名琛發起全面反擊，水陸洪兵均被徹底擊潰。至此，廣州才算完完全全地得到了拯救。

假如洪兵佔領廣州會怎麼樣呢？這裏可能成為第二個天京。太平天國將得到一個有力的同盟者，並且還可以從廣東得到軍火和兵員補充。因此對咸豐來說，守住廣州並擊敗洪兵的葉名琛，其功績不亞於保衛京城的僧格林沁。

此時在咸豐的心目中，要給得力將帥排名次的話，葉名琛縱算不能與僧格林沁爭奪第一，至少也可列第二；而曾國藩則還得往後面排——這位老兄剛在湖口落敗，曾得意過的湘軍也正在晦氣之時。

葉名琛被授以協辦大學士。在此之前，能得到這一殊榮的兩廣總督只有耆英。

守住廣州後，葉名琛才得以騰出手來打理別的地方，到一八五五年夏基本穩定了廣東全境。

儘管大股洪兵已被擊潰，但兩廣各地仍遍布許多中小股的洪兵，且持續達數年之久。也就是說，大家還得繼續打下去。

在這非常時期，處決洪兵人犯也成了一種震懾手段。一般而言，在太平年間，殺一個人是比較慎重的，必須經知縣層層上報，經刑部核准才能執行。比如說後來的楊乃武與小白菜一案，就反反覆覆折騰了很多年。

可是戰爭時就不一樣了，人命還不如狗命。反正不是你殺我，就是我殺你。一切程序也都成了虛設，普通地方官即有生殺大權。在廣東的一個縣裏，曾報告說處決了八千多洪兵人犯。當時廣東有八十多個縣，殺掉的人無疑是個天文數字。

葉名琛自己也在廣州成立「讞局」，專門用於審判和處決抓捕到的洪兵。這個從血雨腥風中闖出來的大吏，早已不是一個手無縛雞之力的單純文官，更不是當初「以詩文鳴一時」的白面書生。殺戮對他而言，不過是家常便飯。

刑場上頓時人頭滾滾，「無首之屍，縱橫遍地」，情形恐怖萬分。由於被殺死的人太多，鮮血把土地都浸成了紅色，成了「紅土」。據說有人在廣州刑場原址挖土燒爐子，用「紅土」燒製的爐子都特別堅硬，很是耐用。因刑場靠近碼頭，這種爐子便被稱為「碼頭爐」。

很多年後，人們已經忘記了「碼頭爐」的來歷，不知道這個「老字型大小品牌」其實蘊藏著那個年代的血淚記憶。但當時的廣東民間牢牢記住了這一切，葉名琛也因此被冠以「劊子手」的稱號，與曾國藩的「曾屠戶」算是齊名了。

生財有道

咸豐年間，無論哪個省，只要經歷兵禍戰事，沒有一個不缺錢，廣東也不例外。

與其他省不同的是，廣東還要擔負很大一筆協餉。在洪兵大起義爆發前，南方各省所需軍餉有相當一部分是陸續從廣東撥解過去的。就連江南大營的向榮，每天醒來一睜眼，首先想到的也是向廣東要銀子。

一方面自己在流血，另一方面還要向外輸血，日子過得不是一般的艱難。早在葉名琛打完他的第一大仗——粵北之役後，廣東省的金庫就已經快被掏空了，到了「籌之無可籌，墊之無可墊，挪之無可挪」的地步。葉名琛向軍機首輔祁雋藻連連叫苦：「東省亦有立窮之勢也！」我快被你弄得一貧如洗了！

如果說廣東財政這時候由富轉窮的話，到一八五四年洪兵大起義爆發前後，則不可避免地變成了赤貧。

起義之前，廣東遭受了特大水災。葉名琛看到這與水利不興有關，便大力修補堤壩，以保證來年收成——這是要花錢的。

起義之後，則更要花錢，而且得花大錢。那時僅一年的軍費就高達一百三十萬兩，廣東兩年積存下來的田賦收入不過二十萬，減去開支，還倒欠一百多萬！

再沒錢來填坑，就要破產了。

在葉名琛與徐廣縉共同執掌廣東時，補洞的辦法是捐款，兩人帶頭分別從各自的積蓄中捐出一萬兩。後來葉名琛擔任兩廣總督，成了一把手，便正式開始了官員捐款制度化。

每隔十天，辦事人員都要向葉名琛送交一份清單，上面標明官員的捐款數。清單分兩欄，一欄是五品以上的高級官員，一欄是五品以下的中低級官員。高級官員要多捐，中低級官員則可以適當少捐一些。

縱使把眾人搞得叫苦連天，官員捐款數額一年也不過幾萬兩。對於越來越大的窟窿而言，這實在是杯水車薪。

注意：你要填的是大坑，不是小洞，所以要豁出去才行。不顧一切地打擊走私便是一種方法。

在那兵荒馬亂的年月，走私和偷稅漏稅活動都變得異常猖獗。中國商人這麼幹，外國商人也這麼幹，有時大家乾脆聯合一氣。

知道官府對洋人投鼠忌器，販私鹽的便在船上雇用外國船員，以冒充洋船，享受所謂治外法權。而明明是出口商品，他也可以堂而皇之地偽裝成進口貨，以轉口為由，從而逃掉出口稅。

出漏洞的地方，古今都差不多，連部位都驚人的一致，只在於你敢不敢動真格的。

葉名琛的態度是絕不留情，舉起棍子，乒乒乓乓就是一頓敲砸。哪怕是對待真的洋人走私商，他也毫不客氣，船隻該扣就扣，貨物該沒收就沒收。

從關稅中摳出的銀子，單在廣州一地，即達一百多萬兩，等於上一年的三倍。

可是幾百萬仍然不夠，於是葉名琛找到了最有效的生財之道，那就是增收商業稅。

對於商業稅，以前沒人有這種意識，「釐金」不過是被逼急情況下的劍走偏鋒而已。葉名琛為進士出身，也並非天生的理財大師。他找到這條路子，其實還是託了洪兵的「福」。

廣州被圍期間，城內軍民每人頭上都懸一把劍，自覺性比任何時候都高。不消葉名琛過多動員，商號店鋪便每家都捐了一筆錢。

擊敗洪兵之後，葉名琛需要的錢有多無少，便惦記著向商家收稅。而且他還發現，在商人雲集的廣東，這麼做有絕對的可行性和合理性。

葉名琛在珠江三角洲的各個貿易中心都設立了捐輸局，實行「派捐」。派捐名義上是捐款，其實就是抽稅，徵稅對象為經營生活必需品的商人，比如賣布匹的、賣棉花的、賣食油的。稅率不低，是總收入的百分之二十，遠超釐金。

葉名琛的理由也很充足，徵收之前他還專門進行過調查，對商人的收入情況很了解。這就像在商業步行街開店，如果是最熱鬧市口的店面，就算租金再高，要租的人還是一樣會搶破頭。

在南京條約的「五口通商」中，不包括廣東汕頭。但因為汕頭與廣州的通道曾被洪兵截斷，在缺乏管束與制約的情況下，汕頭曾一躍成為走私貿易的天堂，貿易額高達幾百萬。洋人走私商們也是絡繹不絕，到處都有他們的身影。

葉名琛沒有放過汕頭。他的務實之處在於，雖然知道汕頭不是通商口岸，但你們如果硬要從這裏上岸做生意，我也睜一隻眼閉一隻眼。只是你們得接受「派捐」，從那幾百萬貿易額裏分出一些銀子給我。

派捐極大地緩解了廣東的財政危機。據統計，當時從廣東一個小鎮的布店，就可以收到總計六萬兩白銀。

錢多了之後，葉名琛也不敢揮霍，而是千方百計地節省開支，以確保這些錢能用到「最合適的地方」去。

什麼叫「最合適的地方」？江蘇、安徽、湖南、湖北、福建……除京城之外，都是兵連禍接，仗一直打不完的地方。

葉名琛代替咸豐成了前線部隊的後勤部長，他的作用在當時無可替代。如果沒有廣東提供的洋炮和船隻式樣，湘軍水師不可能與太平軍水營拉開距離；如果沒有廣東發來的「紅單船」，江南大營都不知道如何封鎖天京；更進一步說，如果沒有廣東的協餉，南方戰場就可以直接宣告停擺；甚至連咸豐的內務府，也得靠葉名琛的錢才能渡過難關。

南方的這些省份，就當時的經濟實力而言，廣東並非老大，江蘇和浙江都比廣東富庶。江蘇的南京雖被太平軍佔據，但向榮擁有的蘇州、常州這些地方都是經濟繁榮之區。不料向榮卻還要廣東接濟，惹得咸豐大光其火，認為向榮只會打仗，在理財方面簡直是個糊塗蟲，就算錢扔在地上他都不知道如何去撿。

向榮是個老軍人，字也不識幾個，不會賺錢情有可原。隔壁的浙江還沒怎麼受到太平軍的侵襲，又是由布政使主抓財政，結果仍因解決不了財政問題導致布政使懸樑自盡。從頭到尾，這個南方富省都沒能周濟過別的省。

像江西這樣的，那就更不用說了。葉名琛超常的理財能力得到公認，各省都期盼著這位財神爺能伸手拉自己一把。哪怕是得到兩廣總督的一封親筆信，都「令人不食自飽」。

葉名琛至此到達了個人事業的巔峰，他成了大清國的又一個拯救者。如果這時候再讓咸豐排個名單，葉名琛極可能超過僧格林沁。理由很簡單：僧格林沁打贏的只是一場戰爭，葉名琛支持的卻是整個戰場。

一八五六年，咸豐拜葉名琛為體仁閣大學士。體仁閣大學士為正一品大員，能得到這一品銜的人非常之少，要好幾年才出一個。在咸豐執政期間，包括葉名琛在內，一共才四個人。

第八章　猛龍過江

雖然葉名琛躍居體仁閣大學士，但咸豐並沒有調其到京，而仍以兩廣總督之職留其任於廣東。他需要這位繼林則徐之後聲名最為顯赫的大吏繼續掌控嶺南，否則天京事變後的南方戰場就可能失去後勤保障。除此之外，按照慣例，兩廣總督須兼任通商大臣。葉名琛還負責管理包括廣州在內的五口通商事務，相當於那個時代的外交部長。

使命和責任如此之重，可以想見，換成其他任何一個人，咸豐都不可能放心。

葉名琛親身參與了當年的廣州反入城鬥爭，在外交事務上也早已不是新手。他知道跟洋人打交道，哪些是原則，哪些是策略，哪些可以退讓，哪些絕不能妥協和示弱。

就廣州一地而言，講得簡單直白一些，就是斷不能放英國人入城，其他則都可商榷。

可是世上的事就是如此，你越不讓幹，對方就越想幹。《南京條約》簽訂之後，中英雙方吵吵嚷嚷都是為了這個。在廣東，以前為此打官司的是徐廣縉和文翰。幾年後雙方易人，爭執不下的還是這個老話題。

青春期撞上了更年期

自香港淪為英國殖民地後，英國女王便開始向香港派出駐華公使兼香港總督。第一任總督是指揮鴉片戰爭的璞鼎查，之後依次是德庇時、文翰，包令爵士是第四任。

在這四任公使中，包令是一個非常特殊的人物。他天賦過人，能力極強，據說能聽懂幾乎每一種歐洲語言。也正因為有那麼一點兒歪才，包令一向頗為自大狂妄。他不過是一個下院議員，但在誰面前都是一副趾高氣昂的樣。有一次他還不顧外交禮節，跑到法國總理梯也爾跟前，抓住他的衣領扯了一把。

包令的意思是，要讓別人覺得他跟法國老大也是哥兒們。不然的話，怎麼會親熱到這份上？可是看在上級和同僚眼裏，卻只能用一個「醜」字來形容。

犯了錯誤如果只檢討自己，那不是狂人本色。包令把自己的不受待見，完全歸咎於同僚的嫉賢妒能：說一千道一萬，還不是怕我超過你們？哼，就得出去拿面錦旗讓你們瞧瞧什麼叫能力！

正好包令支持的輝格黨（即後來的英國自由黨）上臺執政，他便近水樓臺，得到了一個英國駐廣州領事的職位。

當時到中國擔任領事並不是美差，差不多是屬於最無利可圖的職位，別人想躲還躲不掉呢。包令這麼做，純粹是不蒸饅頭爭口氣，要在遠東幹出一番名堂。

看到突然來了這麼一個領事，英國外相巴麥尊不驚反喜。他一直覺得現任公使兼港督文翰不太稱職——這人不算老實，但天生膽小，如何能做大事？最好能換個犀利一點兒的！

正在惦記物色著，沒想到最佳人選已經自己走了過來。
巴麥尊私下把包令找去侃大山，這在英國官場上甚少先例。畢竟包令以前只是個普通議員，現在也不過是個遠東的小領事。
包令受寵若驚，巴麥尊則是滔滔不絕。在這位野心勃勃的外相看來，中國和西班牙、葡萄牙以及美國，都可以歸為一個類型。
這話乍一聽，你沒準兒還會以為是好話：中國什麼時候可以跟這些歐美國家站一排去了？但其實不是。
巴麥尊的意思是，以上國家的政府皆屬「半開化的政府」，你得時常教訓一下才行。
「半開化」是巴麥尊的說法，說白了，就是指不按英國人的規則或意圖出牌的國家。至於說到能不能被教訓，那就複雜了。
美國不消說，剛剛通過獨立戰爭脫離英國的統治。巴麥尊的所謂「教訓」不過是幫自己寬心而已，因為他壓根拿對方沒什麼辦法。西班牙和葡萄牙雖素來為英國人看不起，但也並不好惹。
在這裏面，就數中國最弱，也最好欺負，所以它才是巴麥尊真正的矛頭所指。
講到這裏的時候，老傢伙很是來勁。他說像中國這樣的國家，就需要每隔八到十年訓上一頓，如此才能服服帖帖。
可是八到十年的間隔太長，中國人又「心智低下」，這段時間怎麼辦？
包令試探著說：「要不我們警告一下——」
巴麥尊打斷他的話：「不，警告沒什麼用，非得用棍棒不可！不但要讓中國人看到棍棒，還得体他們體會到棍棒打在肩上的那種感覺。」

包令喜不自勝，猶如從外相手裏拿到了一把「尚方大棒」。中國是個軟柿子不錯，可正是軟柿子才好吃好捏呢！你可以為所欲為！看來，我如今想不建功海外都不可能了。

但是來到遠東的包令很快發現，理想與現實之間的差距真是太大了。在廣州反入城鬥爭中，機關算盡的文翰鎩羽而歸，「兩年之約」成了鏡花水月。英國人最終連廣州城門都沒能邁進去，弄得在旁觀陣的包令也洩了氣。

換位思考一下，如果現在就接過文翰的交椅，下場恐怕不會有什麼不同。

這個時候，包令就只能期待著巴麥尊的「大棒」，未料這位外相卻已被迫下野。包令什麼都指望不上，在廣州又無事可做，只好動用他的天賦，學中國話玩。

有一段時間，文翰離港，包令得以代理文翰的職位。這時候他又開始蠢蠢欲動，提出要嚴厲敦促中國，以允許英國人進入廣州。但此時輝格黨已經被換了下去，加上英國政府的視線仍集中在中東，包令的建議非但沒被批准，反而被告知：你不要多事，再多事就把你召回國內！

大老遠跑來，沒立功升職不說，還挨了訓。包令有苦沒地方說，真有悔不當初的感覺。

不過英國政壇正如倫敦的氣候，局外人只能霧裏看花。很快政府更替，包令的靠山做了外交大臣。他也跟著時來運轉，正式接替了文翰之職。

等了這麼久，終於露出了事業線。包令熱血沸騰，一上任就要求會見葉名琛，以便修訂到期的《南京條約》。葉名琛沒有拒絕，但要求把見面地點定在城外。

從外交禮儀和程序上來看，葉名琛的回應沒有不得體之處。他明確承諾，只要不在廣州城內，不管是在華商貨棧，還是在虎門炮臺，甚至於到英國軍艦上去談都沒有問題，英方可任擇一處。

但是包令不願意。

其實《南京條約》本身沒有可以修訂的條款，那不過是個藉口而已。說到底，他是醉翁之意不在酒，只在乎入城。

與文翰相比，包令絕對是個牛哄哄的角色，最擅長之處就是歧視對手。一不高興，他連個迴旋的餘地都不給，就宣布這一切全是葉名琛的錯，因為對方「拒絕談判」。

既然你葉名琛不談，我就直接去找中國皇帝談！包令兩次北上，試圖直接謁見咸豐，或讓咸豐另派欽差大臣同他談判。

咸豐莫名其妙：大清國的所有談判事宜都由葉名琛負責，他又沒說不願意跟你談。你們倆離那麼近，你跑京城來幹什麼？

包令兩次北上，均無功而返，這讓他更加惱火不已。他把所有過錯都歸結到葉名琛身上，認為這位東方官吏「頑冥不化，傲慢無知」，反正是什麼水髒就把什麼水往人家身上潑。

站在葉名琛的對立面，包令自然認為自己是優秀文明的代表。以他那樣的身分和資質，出來和葉名琛這樣的「蠢人」打交道，那真是青春期撞上了更年期，一點兒共同語言都沒有。或者套用一句古典小說的語言，叫作「渾不汙了我的清名」。

包令以為他了不得，但那是託了英國國力的福。若是換個時空，把包令放到大清國來混，以葉名琛的能力聲望和取得的業績，他恐怕只有低著頭默默走過的份了。

英國公使正生著悶氣呢，卻意外地接到了葉名琛寫給他的一封信，而且還是一封求援信。

混水摸魚

此時到了廣州圍城的後期，葉名琛在信中請包令派艦協助官軍，以共同擊退珠江上的洪兵水師。

看了這封信，包令立刻神氣起來。

終於撐不住，來求我了吧？以為你是哪兒跑出來的妖精，誰都降不住！看看，還不是照樣賤得一場糊塗？

洪兵大起義爆發，特別是廣州被圍之後，有一段時間，包令曾經竊喜，甚至把洪兵視為「爭取自由人權利的反抗者」。他的這種心態類似於「敵人的敵人就是我們的朋友」。想到「傲慢」的中國政府要倒楣，那個可惡的葉名琛將被洪兵揍到鼻青臉腫，他就忍不住要樂。

可是很快他就樂不起來了。

葉名琛用外國武裝船隻向城內運送糧草和軍火的事，被洪兵發現了。當然，對於這件事，包令也是有苦難言。英國是民主國家，一切要按法律辦事。商船高興幫誰運貨就幫誰運貨，並不是他一個港督就可以禁止的。

洪兵不知道這些，難以理解港督大人的苦衷。他們只知道都是洋人，沒什麼區別。既然你們英國人幫著官府對付我們，那麼按照「敵人的朋友就是我們的敵人」這一定律，當然不會給你好臉色看！

洪兵向包令下達通牒，要求所有「夷人」必須立即離開廣州。包令措手不及，一個勁地說：「我認為這是一件真正無禮的事。」

洪兵可不是葉名琛，沒那麼溫良恭儉讓：你不走是吧？那我就搶！

廣州附近早被搶掠一空，洪兵已經無處可搶，供給很成問題。這下他們正好找到了新目標。尤其洪兵水師大批進入珠江後，他們雖然對武裝船隻無可奈何，但對普通商船卻是一個都不放過。半月之內，幾乎每天都有英國或美國船遭到搶劫。

包令為此大感頭疼。此前他已應廣州領事所請，向廣州省河上派出了一艘軍艦。葉名琛所說的英艦就是指這一艘。

本來順水推舟的事，包令卻擺起了架子：你說要我救我就救，我成什麼了?!

他毫不客氣地回覆葉名琛，說這是你們中國的內戰，英國政府對此的政策是絕對中立，不干涉。

在包令想來，這時候葉名琛一定是「驚恐萬狀，窘迫異常」，不然怎麼會「乞援」呢？那就不如晾晾你。等你實在受不了，自然會用八抬大轎來請我！到時入城問題也迎刃而解，面子裏子都有了，豈不快哉？

他實在是太一廂情願了。其實那時候廣州的危急狀況已經過去了大半，由於有炮臺相阻，洪兵水師對廣州構不成太大威脅。

葉名琛也並不願藉助英軍的力量，他寫這封信，其實是為了給廣州商人們一個交代。

洪兵水師雖進不了廣州，但一直佔據珠江，水上貿易大受影響。商人們見省河上出現了英艦，便聯名請葉名琛向英國人求援。

廣州圍城期間，軍費全靠商人們的捐款撐持著，葉名琛不便拂他們的面子。而且更重要的是，以前英國海軍也曾請求他協助剿滅海盜，當時葉名琛照辦了。他有足夠的理由認為這是兩國之間的禮尚往來——我幫過你，現在不過是給你一個機會還人情罷了。再說，趕跑了洪兵，你們英國商人也得利不是？

很合情合理。可是包令這洋鬼子的邏輯，你理解不了的。在接到包令的回覆後，葉名琛很是氣憤——倒不完全因為包令的拒絕。實際上，葉名琛對此並沒抱太大希望。那艘英艦固然威武，可也不是缺了它就不行。

葉名琛生氣，是氣在英國人的外交用辭和那種不可一世的殖民者嘴臉。什麼叫內戰？我這是在清剿盜匪！你既然承認我是合法政府，怎麼能說出這樣的話？要是你們英國國內也有人造反，你會如此說麼？

至此，葉名琛不再搭理包令。包令本想看對方的笑話，未料葉名琛真的靠自己的力量打敗了洪兵水師。這下他又後悔起來，著急慌忙地給葉名琛發來照會，說是可以協商共同出兵的事，把先前口口聲聲的「絕對中立」拋到了爪哇國。

洪兵都跑了，還商談個什麼勁？但葉名琛仍按照以禮相待的原則，回函表示了謝意，為的就是不讓對方完全下不來台。

他們本國人就沒這麼客氣了。在洪兵軍勢最盛的時候，英國商人們眼巴巴地等包令派兵保護，可是包令只派了一艘軍艦來做做樣子。這讓他們蒙受了很多無謂的損失，想不冒火都不可能。是的，商人與政府官員之間，沒有愛情，只有交情。現在你連交情都不講，那還能給你留面子嗎？

廣州的英商對包令群起而攻之，說他判斷能力很差，又不會談判，總之是個無能之輩。包令到中國，並不圖利，一味求名。名聲壞了，對他來說比什麼都可怕。這傢伙因此變得惶惶不可終日，不知道從哪裏能撈根救命稻草出來。

說稻草，稻草就來了。

一八五六年十月八日，廣東水師根據舉報，在珠江水面上查獲了一艘名為「亞羅號」的「英國船」。

那其實是一艘徹頭徹尾的中國船，船主是中國人，船員也都是中國人，只不過在香港登記註冊，披了一條洋外衣作為保護而已。

要查「亞羅號」，是因為它從事搶劫走私等非法活動。向廣東水師進行舉報的，正是以前遭「亞羅號」搶劫的中國商人。載廣東水師抓捕的十二名水手中，有兩人皆為「圈內」知名的海盜。

得知「亞羅號」被查，署理廣州領事巴夏禮一面向包令報告，一面要求葉名琛道歉放人。

巴夏禮參與過《南京條約》的談判，但當時他的地位非常低，只能給璞鼎查的祕書馬儒翰做隨從。當馬儒翰等人與「極品家丁」張喜唇槍舌劍的時候，他連露臉的資格都沒有。

巴夏禮年紀輕，學東西快，中國話說得特別溜。在包令擔任廣州領事期間，所用的翻譯即為巴夏禮。而這小子也和包令一樣，天生是惹是生非的料。他總是想著如何敲中國人的竹槓，以便好加官晉爵。

「亞羅號」事件發生時，廣州領事正好休假，便由巴夏禮署理，正好給他提供了興風作浪的機會。

「亞羅號」是海盜船，巴夏禮很清楚。他甚至知道另外一個不可向中國人透露的祕密，那就是「亞羅號」在被查獲時，執照已經過期十幾天了。也就是說，它已不屬於英國船，自然也不受香港政府保護。

可如果照實說，那就沒他什麼事了。巴夏禮不光隱瞞執照過期一事，還緊緊抓住「亞羅號」船主的一句話，稱廣東水師扯落了英國國旗。

中國人是不是真的扯落了英國國旗，巴夏禮對此並不關心，他要的是把柄。哪怕無中生有，生造一個出來，他也樂於接受。

包令的興奮勁絲毫不亞於巴夏禮，如今他的全部理想和使命概括起來就是一句話，那就是在有限的人生中挑起無限的事端。

在寫給兒子的私信中，包令直截了當地說出了真實想法：「我希望能在混水中摸到一些魚。」

不一樣的味道

與徐廣縉一樣，葉名琛是一個內心強大、性格倔強的人，同時也有著清醒而務實的頭腦。

在一般情況下，即便對待純粹的洋人走私商，他也毫不客氣。但是這次他嗅出了不一樣的味道，察覺到包令和巴夏禮是在有意找茬。

在國力孱弱，且內憂不止的情況下，即便你證據確鑿，也不能因小失大。基於這一考慮，葉名琛願意做出讓步。

一八五六年十月十日，也就是事件發生兩天後，他就應巴夏禮的要求，釋放了其中罪行較輕的九名水手。

可是巴夏禮拒收。

這還不算。一八五六年十月十六日，包令又給葉名琛發來照會，上面赤裸裸地提出了入城要求，並且說如若不然，他就要派兵動武了。

如果說放人尚算有些道理，入城與「亞羅號事件」則是風馬牛不相及，幾乎等同於訛詐。對於這樣的原則問題，葉名琛當然不能答應。

此時那個在英國有「政壇不倒翁」之稱的巴麥尊已經出面組閣，這次「大棒先生」成了首相。包令特別想在他老人家面前露一手，起碼要有比前任更好的表現——最好是不戰而屈人之兵，讓葉名琛乖乖地答應入城。

可偏偏葉名琛那邊沒有反應，想要渾水摸魚的包令先把臉給急得紫漲起來。他一個勁地痛罵葉名琛是老頑固、「不可雕琢的愚頑之輩」。怎麼我如此橫壓豎壓，他都不為所動呢？

任何新聞都有保鮮期，時間一長，「亞羅號」事件就可能再也派不上用場。倒是廣州洋商們的牢騷可能傳入國內，那豈不是丟臉丟大了？

包令決定鋌而走險。

一八五六年十月二十一日，巴夏禮按照他的吩咐，給葉名琛發去最後通牒，限其二十四小時內滿足英方的要求。

葉名琛權衡利弊，做了最大讓步，同意將十二名水手全部釋放。但有兩件事他沒法做到。一是經過調查，廣東水師根本沒碰船上的英國國旗，包令和巴夏禮憑船上人一句話就瞎指控。況且整個事件純屬中國內政，無須向英國道歉。二是英軍入城與整個事件毫無關聯。

包令已聽不進任何解釋，滿腦子都是巴麥尊的那套強盜理論：對待這些「半開化的政府」和「半開化的官員」，再多的警告和通牒都沒用，只能用大棒。

既有「大棒先生」在朝中掌舵，我可不能在他老人家面前露出一點兒畏怯的神情。

二十四小時到，包令啟動了戰爭按鈕。由於它在歷史上被看作是鴉片戰爭的延續，所以被稱為第二次鴉片戰爭。林則徐生前曾預言過的海疆危機，終於在他去世後的第六年爆發了。

一八五六年十月二十三日，在西摩爾（清代譯作西馬糜各厘）少將的率領下，由三艘軍艦組成的英國海軍艦隊向廣州殺來。

廣州東郊炮臺發現敵情後，立刻進行自衛反擊，但被英國海軍強大的火力所壓制。當天下午，西摩爾便佔據東郊炮臺，打開了通往廣州的道路。

自洪兵圍城後，廣州再陷困境。此時廣東巡撫正在北京，整個廣州城內能負責敢負責的只有葉名琛一人。而這位兩江總督正坐在科舉考試的現場，觀看那些武秀才騎馬射箭。

下屬聽到彙報後，臉都嚇白了，不知如何是好。葉名琛卻非常鎮定，微笑著說：「不會有事的，大家看著吧，英軍傍晚就會撤走。」

中國有特殊的國情，好比舞臺上的諸葛亮雖是傳說中的人物，但很少遭到質疑。而且，幾乎每個人都希望在危難之時，身邊能有那麼一個神機妙算的軍師，或者從他手裏得到一隻如同天授的錦囊。

這麼多年的風風雨雨和戰火洗禮，讓葉名琛在朝野積累了巨大的聲望。特別是在外界認為不可能的情況下，解圍廣州並擊潰洪兵後，葉名琛在廣州軍民的心中幾乎就是諸葛亮。

這樣的人，他那麼肯定地說英軍傍晚就會退走。那麼即使你心中還有一絲疑惑，心情也會平穩不少，相信他一定有克敵制勝的把握。

可是，其實葉名琛並無勝算。

現在能供葉名琛調遣的軍隊，加上募勇，仍是一萬五千人。當然全省軍隊不止這麼一點兒，而且精銳部隊也不在這一萬五千人裏面。但此時他們都分散在兩廣的各個府縣清剿洪兵殘部，葉名琛根本沒有辦法在二十四小時內將這些部隊調回。

更讓他痛心的是，繼福興之後，他又失去了一位大將——沈棣輝被擢升為貴州布政使，但還沒赴任就病死在廣州了。

葉名琛要的將，是真正的能戰之將，不是庸人或廢才，比如廣州將軍穆克德訥就是個垃圾貨色。當然了，如果穆克德訥行，葉名琛早就用他了。

對帥來說，將非常重要。那諸葛亮再厲害，也不能扔下鵝毛扇，自己到戰場上去躍馬舞刀，得靠趙雲張飛等人去衝鋒陷陣。

在缺兵少將的情況下，葉名琛只好事事親為。早在接到巴夏禮的通牒時，他已經做了最壞打範，加固了廣州周邊的炮臺。

炮臺頂不住英軍的進攻，葉名琛對此早有所料。但是，接下來他所說的一句話卻讓眾人陷入困惑之中。

葉名琛說，在省河範圍內，廣東水師的所有巡邏船隻，甚至包括紅單船，都要收起旗幟後撤；沿途即便看到英艦，也不得開炮射擊。

當天傍晚，英艦果然沒有進城。但是到了第二天，也就是一八五六年十月二十四日，他們又向廣州南郊炮臺發起了進攻。

這次該好好地打一下了吧？不料，葉名琛給南郊炮臺下達的指令竟是：像水師學習，一彈不發，撤離炮臺。與此同時，他仍繼續在廣州校場氣定神閒地觀看騎射。

從下屬到幕僚，沒有一個人看得懂葉名琛的「妙計」究竟妙在哪裏，自然而然也就如同丈二和尚摸不著頭腦——莫非總督大人要跟洋鬼子玩一招空城計？可空城計不是這麼個玩法啊！英軍總不會像司馬懿那樣，真的停留在廣州城門口不敢進來吧！

城外的炮聲已經清晰入耳。有人實在忍不住了，便假裝抬頭望天，說怎麼回事兒，天剛剛還好好的，忽然起了大風，眼看著馬也騎不了，箭也射不準，不如趕快回去吧。

葉名琛一眼看穿了周圍人的心思。他點了點頭：「好，我們立刻回督署，一起商量如何退敵。」

話是這麼說，但前線軍隊從葉名琛那裏得到的指示，仍與他給南郊炮臺的指令如出一轍。

一八五六年十月二十五日，英軍占領海珠炮臺。海珠炮臺就在廣州城邊上，這意味著英軍已經兵臨城下。

三天，整整三天，只看到英國人在討敵罵陣，不見葉名琛使出一招。他那葫蘆裏究竟賣的是什麼藥？

假癡不癲

葉名琛的葫蘆裏，裝的不是空城計，而是三十六計中少為人知的另外一計。

這一計叫作：假癡不癲。

一個人臉上糊塗，心裏清楚，這叫假癡。反之，假如腦子裏面真的是一團糨糊，那就是真癲。古書中對此的注解是：假癡者勝，真癲者敗。

葉名琛心裏很清楚，而他的清楚來自於諜戰中的收穫。

早在廣州反入城鬥爭中，徐廣縉便大量搜集情報並因此獲得先機。葉名琛在此基礎上進行了發展。

他重點建立了兩個情報網絡：一是廣州士紳，這些士紳會時不時地派僕人雇船去港澳；另外一個是駐香港的外貿商人，他們天天跟洋人打交道，信息面非常之廣。後者是葉名琛獲得情報的主要來源。

在「亞羅號」事件發生後，預見到中英衝突可能無法避免，葉名琛又依據過去的作戰經驗，將情報戰上升為更大規模和範圍的諜報戰。

通過平定淩十八及洪兵，葉名琛自己也網羅和培養了一批專業的軍事諜報人員。他從中精心挑選，組成了一個諜報組，每天偵察珠江上英艦的動態。有時諜報人員還化裝成老百姓，潛入香港和澳門，以便搜集相關軍事情報。

葉名琛每五天跟這個諜報組聯繫一次；如有最新情況，諜報組還可隨時彙報。

兩大情報網絡，一個軍事諜報組，他們獲得的情報很多時候都是重複的。但葉名琛堅持越多越好，不願意砍掉其中任何一個環節。

在鴉片戰爭中，林則徐也曾搜集情報。當時的缺陷就在於情報來源過於單一，導致很多情報都雲籠霧罩，搞不清楚它到底是真是假。

現在好了，同樣一個英方動態，你可以通過數十個管道進行相互驗證，以確定真偽。

通過諜戰，葉名琛能夠準確獲知英方動向。雖然足不出廣州，但英國海軍的一舉一動，都逃不出他的視線範圍。他說英軍傍晚就會退走，並不完全是為安定人心或故作鎮靜，而是來自於對大量情報的掌握和分析。

至於連著三天都不抵抗，則是真正的裝糊塗。

東郊炮臺一失守，葉名琛就知道守軍不可恃。那麼他所能恃的，就只有廣州的老百姓了。

從當初的反入城開始，他和徐廣縉千方百計地阻止英國人進城，為的就是爭取民眾，所謂「無佛百姓以順夷理，順民心以行之」。當年徐廣縉用「十萬長城」來威懾文翰，他今天也只能借用這座民眾的長城來擊退包令。

廣州人既有打架的膽，又有打架的力，要說缺就缺一股氣。而如何調動和保護這股子氣，就是一門很複雜的學問。

從東郊炮臺到南郊炮臺，再到海珠炮臺，逐一抵抗的話，只會蒙受人員損失，沒有一座炮臺能夠守住。廣東水師也是如此，硬碰硬的話，他們都擋不住英軍。這一點，從東郊炮臺的失守，葉名琛已經瞧得明明白白。

不僅如此，連續失敗還會給民眾帶來巨大的心理壓力，乃至不敢動手——其實不用說老百姓，就是正規軍隊，讓你一直輸，你也會垂頭喪氣。

葉名琛不抵抗，會給民眾造成一種印象，那就是炮臺的失守不是打不過所致，純粹是沒想打；要是真的出手打了，效果也許完全不同。

在炮火連天的氛圍中，同仇敵愾的戰鬥激情也在不斷升溫。一八五六年十月二十五日，就在英軍攻佔海珠炮臺的那一天，廣州的聯街團練便組織起來，在街道上進行巡邏。這些練勇其實都是廣州店鋪裏的夥計，在洪兵圍城時，曾受過軍事訓練。圍城警報解除後，他們便各回各家，照當他們的夥計。一旦情勢需要，他們又能馬上編隊作戰。

這些練勇的老闆，也就是廣州士紳，則發誓要率領團練奮勇作戰，從而讓入侵英軍「只影不留，根株盡滅」。

一八五六年十月二十六日，開戰的第四天，葉名琛宣布關閉海關，中止通商，以迫使英方回到談判桌上來。

這一貿易戰的打法，無疑讓包令很是難受，他決定加大壓力。

從一八五六年十月二十七日起，英軍連續炮擊廣州城，並且每隔五到七分鐘就要炮轟葉名琛的總督署一次。火炮的威懾力非普通人所能承受，一轉眼的工夫，葉名琛身邊的僕傭和衛兵都跑光了。唯獨他仍在堂上正襟危坐，且臉上毫無懼色。

當天葉名琛發布檄文，鼓勵廣州百姓與團練，協助正規軍殺敵——凡送來一顆英軍腦袋，便賞銀三十兩。

在這篇檄文中，還出現了一段神祕的文字：現在天氣晴朗，有大風而無雲。我去查了一下老黃曆，這預示著有兵殺來，正好跟英軍入侵符合。不過請大家放心，黃曆上說了，我利彼不利。我們一定勝，入侵的英軍必定敗。

清代的頂級名吏，諸如林則徐、曾國藩，學識上都是既專又廣，對於東方古老的相術、風水學等「旁門左道」皆有一定涉獵和研究。

不過作為長期接受正統理念的儒學之臣，他們又具有一個共同特點，即「子不語怪力亂神」，公開場合很少談論，更不會因此影響公務。

只有一種情況是例外，那就是在軍情緊急，需要以此來鼓動或安定人心的時候。

葉名琛也是如此。大概是受篤信道教的老父影響，他會一些風水學和占卜的方法，但很少顯露在外。這次他當著眾人的面，搞起了查黃曆這樣的迷信活動，也無非是為了堅定廣州軍民的信心。

見沒能嚇倒葉名琛，英軍加量加價，在一八五六年十月二十八日這一天，開始集中炮火轟擊廣州城南的城牆。到了晚上，一部分城牆被轟毀，為英軍進城打開了缺口。

一八五六年十月二十九日，包令拒絕了葉名琛通過中英商人轉交的停戰建議，他要活捉這個讓他切齒痛恨的「老頑固」。

下午，一百餘名英軍攻入城內，緊隨其後的是西摩爾和巴夏禮。官軍和聯街團練節節抵抗，從牆角和屋頂上不停向英軍射擊。英軍以死傷三十人的代價，佔領了總督署，但並沒找到葉名琛。

廣州分新城老城，英軍當天攻入的是新城，葉名琛去了老城，他們撲了個空。西摩爾所率英軍只是香港駐軍。香港駐軍一共才一千多人，又要沿途駐守所佔領的炮臺，到了廣州人就更少。繼續深入或長久駐紮廣州不是他們能想像的，因此在搶掠搜羅一番後，他們就退到了城外。

兵力少，在打法上就只有一種選擇，那就是像特別突擊隊那樣，速戰速決，速進速出。可是再要想進來，就不是那麼容易的事了。中國守軍吸取經驗教訓，知道洋炮火力強勁，一旦被轟了城牆，第一時間就進行修補，使英軍再難以找到空隙。

西摩爾轟了新城轟老城，轟了總督署又轟巡撫衙門和廣州將軍衙門，轟來轟去，總是不得要領。

噁心人不償命

現在從包令到西摩爾，都很想知道葉名琛的準確位置，這樣才能保證「斬首行動」一擊而中。要做到這一點，必須利用情報。但葉名琛早在與凌十八作戰的過程中，就積累了豐富的反諜報經驗，籬笆紮得非常之緊。英軍派出的密探，來一個捉一個，來一雙捉一雙。

除此之外，葉名琛還動用他的諜報網，在民間進行偵察，把那些在戰爭期間受雇於英軍的中國人也查出來，然後一個不少地抓進牢裏。加上密探，他前後共抓捕了近七十人。

這一下子說狠不狠，卻使得西摩爾不僅無法從廣州城獲得情報，連在當地找個幫他收購糧食或在軍艦上做雜役的中國人都很難。

英軍束手無策之際，正是葉名琛奮起反擊之時。

既然包令拒絕了停戰建議，說明這些洋鬼子「非吃一大虧，不肯悔悟」。葉名琛開始逐一推出和實施他的反擊計畫，用群眾武裝。

廣州人早就憋著一股勁了。這麼多天來，別說平時就敢打架敢鬧事的，就算戴眼鏡的哈利波特，也被英軍逼成了狠人，恨不得馬上拿把飛天掃帚去跟對方拼命。

葉名琛一聲招呼，大家立刻蜂擁而出。

某天晚上，一艘滿載炸藥的沙船突然在江邊爆炸。而距爆炸現場不遠，就是英軍居所，裏面住著三百英軍。

雖然這次行動沒有成功，但已把英軍給嚇得夠嗆，自此再也不敢在岸上睡覺，都鑽進了英艦——哪怕擠一擠，總比半夜三更擔驚受怕強。

可是葉名琛並沒打算放過他們。

又一個晚上，四隻熊熊燃燒的火筏幽靈一般，順水漂到了英艦旁邊。這些火伐儘管不能將英艦齊頭兒燒掉，可起的效果卻是一樣，那就是不讓英軍睡好覺。

西摩爾對葉名琛的這種打法恨恨不已：有種你派戰船來單挑呀，就知道用這種噁心人不償命的方式來搗亂！

連對罵都找不到人，西摩爾只好一邊叨叨咕咕，一邊用普通海船在艦隊周圍築起一道防衛圈。

這一招不僅沒有讓中國人反抗侵略的火苗熄滅，反而燒得更旺。

你怕噁心是吧？我偏要噁心你，加量不加價地噁心你，往死裏噁心你！火筏衝不進去，那就扔火藥瓶或者埋水雷。

一八五六年十一月十二日，一艘防衛船被火藥瓶連續擊中，引起爆炸而燒毀。第二天，兩顆水雷又在英艦旁炸響，只是時間早了一點兒，未能對英艦造成實質性損傷。

防衛圈一旦出現漏洞，葉名琛便讓一直避而不戰以保存實力的正規戰船出來亮亮相。

一八五六年十一月十五日，半夜，又是大霧。廣東水師神不知鬼不覺地出現在防衛圈內，嘭嘭嘭地朝兩艘英軍炮艇開火。那兩艘炮艙倉促之下搞不清狀況，只能直愣著身子白挨揍。這一揍就是二十多分鐘，等英軍發現並確定目標，中國的戰船已經消失在了黑暗之中。

為了省點兒心，西摩爾索性跟赤壁大戰裏的曹操學，用粗鐵鏈將周邊的防衛船全部加固起來。

當葉名琛發起反擊，英軍兵力不足的弱點逐漸暴露無遺。前進的話，抓不住葉名琛，一切等於白搭，而且就算是進入廣州也待不住；後退又不甘心；而如果不進不退，等待的就是被噁心。

從西摩爾到巴夏禮，再到包令，如今比的不是別的，就是抗噁心係數，看誰頂不住先崩潰。

巴夏禮一直跟在西摩爾身邊當翻譯。這小子是個文官，雖然整天把打仗喊得山響，其實並沒經歷過真正的戰鬥。晚上那些心驚肉跳的經歷才算讓他對打仗究竟是怎麼一回事兒，明白了少許。

原來真不是玩的，簡直是此恨綿綿，暗無天日啊！

一著急，巴夏禮想出了個餿主意，說咱們不是兵力不足嗎？為什麼不去組織一支「偽軍」？

包令聳了聳肩：「算了吧，我們現在連中國雜役都雇不著，到哪裏去組織什麼『偽軍』？」

巴夏禮眨巴眨巴小眼睛：「找香港的中國人啊。」

巴夏禮自恃是個中國通，他連兩廣地區的土來之爭都知道。他的方案是，從香港招募兩百個客家人，組成「偽軍」，加入英軍作戰。

照巴夏禮的如意算盤，香港已屬英國殖民地，當然香港的中國人也算英國臣民。而且客家人與廣州本地土著又不對付，如果讓他們上陣，沒有不心甘情願的。

包令聽後啼笑皆非。作為港督，他比巴夏禮更了解居港的中國人。鴉片戰爭之前還好，鴉片戰爭之後，因香港被割，港人對英國人可以用「切齒痛恨」這四個字來形容。

在香港，如果一個英國佬走進中國古董店，平時巴不得招攬生意的店老闆一定不想做你這單生意，而且還忘不了冷嘲熱諷。他會說，你想要的那套古董在廣州可以買到啊，你為什麼不到廣州去買？

包令深知，土來之爭那也是人家內部矛盾，恨英國人的心情都是一樣的。別我把這兩百客家人武裝起來，他們反倒調過槍頭來打我，那豈不是弄巧成拙了？

成立「偽軍」不現實，包令想了一下，說要不這樣吧，香港有大量的中國苦力找不到活幹，現在既然在廣州本地招不到雜役，不如到香港招勞工。這樣起碼可以減輕一點兒英軍負擔，把從事輜重的那些兵空出來用於作戰。

可是他又錯了。明知中英正處於戰爭狀態，在港苦力拒絕前往廣州，哪怕你開再多的薪水，也沒人動一動眉毛。

士別三日

日子一天天過去，就這麼上不著天，下不著地，不尷不尬地僵持著。包令幾乎每時每刻都要承受不小的心理壓力，而戰事還在朝著不利於英方的方向繼續發展。

一八五六年十一月二十二日，葉名琛正式下達反攻令。在把英國人噁心得暈頭轉向以後，他要出真招了。

聽到這一消息，包令的五臟六腑都燒了起來。一八五六年十一月二十九日，他在寫給兒子的信中忍不住發出了近乎絕望的悲歎：「我真不知道要用多大的力量才能壓倒這位欽差大臣，也許就是把廣州城摧毀了也不行。」

都什麼時候了，這廝還想著要壓倒人家，渾然忘了以他現有的力量，別說摧毀廣州，保住自個兒都不容易。

一八五六年十二月一日，葉名琛發起珠江之戰。

當天，廣東水師奉命向英軍佔據的炮臺發起攻擊。西摩爾聞訊急忙率艦隊前來增援，雙方展開了大規模的海上對攻。

按照葉名琛前期的部署，廣東水師始終猶抱琵琶半遮面，不與英國海軍交鋒。西摩爾並不了解其真正實力，只知道他們先前連洪兵水師都打不過。

可是實際上，與鴉片戰爭時相比，這支國內首屈一指的水上部隊，起碼在戰術上已有了長足進步。打不過洪兵，只是因為在數量上遠遠不及對方；而當對手換成英國海軍，它又重新具備了數量上的優勢。

在珠江之戰中，廣東水師採用的是一種類似於湘軍水師的打法，即大小船相結合。作戰時，大船因缺乏速度，只能依靠一首一尾的火炮，掉過來掉過去地進行輪流射擊。但它最主要的功用其實不是炮擊，而是起到指揮調度以及為小船遮擋風浪的作用。

在大船的指揮下，作為小船的舢板實施群狼戰術，往往以十抵一，甚至是以百抵一。它們環繞在英艦四周，進行火燒槍擊。

西摩爾看到，他的軍艦被數以百計的中國舢板所包圍和糾纏，幾乎脫不開身，以往摧枯拉朽的場面再也看不到了。

士別三日當刮目相看。中國水上作戰的勇猛主動和相對靈活的戰術，讓國際社會大為吃驚。當時有一家外國報紙採訪參戰的英國海軍，聽到他們親口承認，說中國人打仗，從來沒有如此大膽，其戰術戰法也勝過了以往。

珠江之戰迫使英國海軍退出戰場，並給其造成了較大傷亡。葉名琛安插在香港的情報網就偵察到了英方專門派出輪船，以運載死傷人員回香港的情況。

這是鴉片戰爭以來，中國軍隊首次在外戰中取勝。其原因若認真追溯起來，與內亂頻仍，戰爭不斷倒有一定關係——仗打多了，水準自然就上去了。

經此一戰，葉名琛取得了珠江水面的控制權，並收復了大部分炮臺。西摩爾在廣州的據點只剩下兩處地方，即一館一臺：館是英國商館區，臺是廣州東南的大黃滘炮臺。

雖然葉名琛已下令中止通商，但商館對英國人來說有著象徵意義。為了守住這裏，西摩爾無所不用其極。連商館周圍的中國民房也被他全給燒掉了，以闢出開闊地。這樣中國軍隊如果進攻的話，可以充分發揮英軍的火力優勢。

可是葉名琛並沒傻到用人肉去拼子彈，他用的是火攻。

一八五六年十二月十四日晚，廣州軍民在開闊地上放起大火，把商館區給燒著了。

第二天，西摩爾起床一看，差點兒以為自己進入了異次元空間：偌大的商館區只剩下孤零零的一幢房子。

一幢也得守啊，起碼表面功夫要做足！由於害怕中國人再放火，西摩爾就在這座「孤島」四周挖起了壕溝。

說是要堅定不移地一直守下去，但這種守法，令西摩爾自己也吃不消。一個月後，他就宣布放棄了「孤島」。

陸上水上都敗了，海軍少將還丟不開面子，放不下身段，硬要說這是在調整部署。他的一個部下聽後不樂意了。

這個部下，是負責守衛大黃滘炮臺的貝特上尉。西摩爾退到了虎門之外，卻讓貝特帶著三百人繼續守著大黃滘，並讓他見機行事。

貝特認為西摩爾的「調整部署」不過是敗退的另外一種好聽說法而已。敗就敗了，可你把我留在這裏算什麼？見機行事？哪有機可以見?!

貝特的牢騷不是瞎發的，因為廣東水師已將大黃滘團團圍困起來。西摩爾又遲遲不現身，只派出一艘運送給養的輪船，中途也被截獲了。

大黃滘的被圍英軍難以得到補給，缺吃少喝的，天天是上牙磕下牙，日子苦不堪言。貝特從沒受過這種苦，沮喪之餘，幾成怨婦，竟然嚷嚷說他寧願回國受到軍法審判、進監獄坐牢，也不願意再待在這個鬼地方。

葉名琛決定集中兵力，收復這最後一座「孤島」。鑒於水師戰船不足，他又臨時招募了六十餘艘紅單船，將廣東水師的大船數擴充到百餘艘，隨後便向大黃滘炮臺發起了總攻。

為援救貝特，西摩爾不得不率英國海軍再來廝殺。雙方連戰三天，廣東水師被擊毀大船近三十艘。但是英軍受到的損失也不小，僅人員傷亡率就在百分之十左右，據說這即使在歐洲戰場上也是一個不小數字。

西摩爾的嘴張得老大。可是且慢張嘴，因為接下來還有更激烈的戰鬥，這就是佛山海戰。

在佛山海戰中，雙方海軍硬碰硬地對攻。廣東水師的戰船——特別是大船，接二連三地被擊中，前後損失達七八十艘。可是英國人受到的打擊也不小，除艦艇或沉或傷外，官兵也死傷了近六十人。在損毀的艦艇中，有分艦隊司令的座艦，沉沒；有引導艦隊的旗艦，擱淺。一名英軍士兵乘坐的敞篷汽艇被炮彈打穿，眼看就要沉沒了。正在他隨著眾人慌慌張張地準備搭上另一艘軍艦時，卻恰好看到那艘軍艦上的軍官被炮彈炸成兩截，血淋淋的肉塊呼地一下就從頭頂飛了過去。

這個士兵服役不久，本以為遠東的戰事輕輕鬆鬆，沒想到這麼恐怖殘酷。他被嚇得魂飛魄散，原先神氣活現的勁頭蕩然無存。

如果說珠江之戰的印象還不深刻，此後的兩戰則讓西方國家對中國軍隊的作戰能力有了完全不同的評價。

參加過鴉片戰爭的英國老兵看得最清楚，當時他們曾親眼目睹廣東水師的不堪一擊。但是在這幾戰中，廣東水師的作戰水準已有了明顯提高，初步具備了在近海與世界第一流海軍相抗衡的能力。除人員素質和戰術外，中國軍隊武器上的改進也引起了觀察家很大的興趣。與鴉片戰爭時相比，進口的洋炮不提，即便土炮也造得更加有模有樣，原先的鳥槍則大多換成了歐洲通用的燧發槍。

應該說，西方人在這裏看到的，只是中國軍備最好的一部分，或者說一小部分。在其他地方，仍基本保持著鳥槍加土炮加刀矛的配置。即便湘軍水師的洋炮，也還是從廣州進口過去的，廣東水師不過是借了近水樓臺先得月的光。

不過這已經夠讓人驚豔了。西摩爾自己也感慨於對手在戰場上的靈活和勇氣，他在給英國政府發去的報告上說，佛山海戰揭開了中國戰史上的新紀元。

通過這幾次水上的角鬥，英軍傷得不輕，艦艇不用說了，關鍵是兵員還得不到補充。包令四處要援兵，向印度政府要，向英國本地要，但就是望穿秋水遲遲不來。

你別看英軍每次死傷都超不過百，但它的基數不多，總共才一千來號人，哪經得起如此消耗？究竟是撤呢還是不撤呢？西摩爾尚在猶豫，這時他卻聽說自家院子裏已經著了火。

超限戰

自第二次鴉片戰爭開始以來，葉名琛下了很多妙棋。而他的最後這一著棋絕對可稱為上乘之作，那就是採用非常規的超限戰，從香港對英國人發起暗襲。

要做非常之事，必尋非常之人。葉名琛找到的這個非常之人，是廣東新安縣士紳陳桂藉。陳桂藉是道光年間的進士，曾經在戶部做過主事。清代主事跟現在的幹事差不多，屬於尋常小京官；但是等回到老家新安，那就是堂堂大人物了，有著一呼百應的效果。

新安過去劃在廣東，現屬深圳寶安區，離香港最近，也是香港的主要物資供給地之一。在陳桂藉的號召下，新安全縣動員，對香港實施禁運，並在新安和通往香港的交通線上設置哨卡，嚴格盤查過往物資。

這還只是葉名琛沒做安排以前的事，在接過總督的重託後，陳桂藉站到前沿，成為超限戰的現場總指揮。

陳桂藉在新安也舉辦團練，叫作「新安勇」，當時在珠江一帶甚有名氣。陳桂藉從中挑選了一批精幹之士組成小分隊，經過喬裝改扮，潛入香港。

小分隊到香港後伏擊了一支英軍巡邏隊，打得對方屁滾尿流，並在殺死一名英軍後，提著腦袋安全撤離。

這一事件轟動港島，此後小分隊又多次進入香港，對英軍發起襲擊。在他們的示範和帶動下，在港華人也爭相效仿。一時間，英國人遭到綁架、暗殺的事例層出不窮，甚至還有劫掠英國輪船的。經歷過那一時代的英國人如此形容：「就連街上的中國頑童都會想辦法戲耍我們，而他們的父母則盤算著這個英國人的腦袋到底能值多少賞銀。」

對於英國人而言，香港成了一個既不安全又不舒適的所在，到香港出趟差可絕對不是什麼美事，沒準兒一落地就會有很多人盯著你的腦袋撥算盤。

作為港督的包令對此頭疼不已，但由於駐港英軍大部分都在廣州作戰，僅依靠員警和少部分軍隊，在治安上難免會顧此失彼。

就在包令考慮要不要把英軍主力調回來的時候，法國人幫了他大忙，法國海軍司令主動承諾可以施以援手，並且表示哪裏最不安全，法軍就在哪裏站崗。

有法軍撐腰，包令得以騰出力量，在香港及其邊境加強巡查，過江龍們一時進不來了。

沒關係，哥兒們一腔熱血再幹票大的。陳桂藉再次變換手法，動員在港華人直接實施暗殺行動。

他曾通過內線，給兩名有機會接近香港政府高層的香港人寄去密函，向這兩人購買英國官員的人頭，並許以重金。

無奈這些大官身邊警衛森嚴，無論是月黑風高的晚上，還是陽光明媚的早晨，暗殺者都難以下手。

機會越來越少，但只要你不放棄，就一定能有所作為。

香港當時有家頗有名氣的麵包店，叫怡升行，製作的麵包專供英國人食用。有一天早上，在吃了怡升行的麵包之後，英國人突然變了臉色，全都上吐下瀉，顯然是食物中毒。

中毒的多達四百個英國人，經過緊急搶救，總算都救活過來。包令將毒麵包拿去化驗，發現其砒霜含量竟已接近百分之一，也幸虧下毒者沒有經驗，放砒霜跟放糖差不多，才救了這四百個英國人一命——麵包一下肚就導致嘔吐，所以才能及時搶救成功。

讓包令格外惱火的是，中毒的英國人裏面還有他老婆，而且不知道是不是他老婆特能吃的緣故，別人都吐了，他老婆還巴幾巴幾吃得挺香，結果中毒最深。雖然撿了條命，但著實吃足了苦頭，再加上受到驚嚇，從此體質越來越弱，只能整天臥病在床。

包令遠在英國的姑母從信上得知情況後，更是急得老淚橫流，特地回信告訴包令，說如果你們兩口子能活著回英國，我就得感謝上帝的恩典了。

包令又驚又怒，下令將店裏的五十多個工人全部拘捕，但是查來查去，什麼都沒有查出來，而且在英國人中毒當天，這些工人全部照常上班。照理，下了毒，「凶手」肯定要在第一時間跑路才對。

離開現場的也有，就是怡升行的老闆。那天早上一家人全去澳門掃墓去了。

員警將老闆帶回審問，老闆比竇娥還冤：「我帶了一塊麵包，給兒子當早點的，兒子現在也中毒了……」

言外之意，你們指控人的時候，拜託走走心好不好，我要想下毒，會把自己兒子也賠進去嗎？要按包令的脾氣，非得把這個怡升行的人，從老闆到夥計全都槍斃了才好。可大家都是體面人，不能把事情作賤了——你拿不出證據，別說槍斃，讓人蹲監獄都不可以。

最後香港政府查封怡升行，並將店老闆驅逐出境，但是真正的「凶手」是誰，到了最後還是沒弄清楚。這就是陳桂藉的傑作，他雖不是直接「凶手」，卻是最大的幕後策劃者。

毒麵包案發生後，在港的英國佬人人自危，連港督的老婆都難逃劫數，還有誰家的老婆能保證安全？為此，他們紛紛把家人疏散到澳門，以避免在這場混戰中成為犧牲品。

怡升行被封掉了，可是麵包還得吃。這次英國人轉到了一個新的麵包行，陳桂藉插不進手的那種。

既然做不了手腳，那還留著這種店鋪幹什麼？新麵包行的結局是被人縱火燒掉了，倉庫裏的一千包麵粉全部化為灰燼。

以後要想再吃麵包，麻煩各位洋大人自己在家裏做吧。

這是一場看不見的戰鬥，包令被迫使出渾身解數來應付：每天派二十條船在港外巡邏，所有洋人企業的門口都放衛兵，一到下午六點，夜幕還未降臨，他就把全部員警和士兵都趕到街上去執勤。

港島不過是彈丸之地，為了度過這次風險，香港政府幾乎把錢庫都掏空了。包令的言語間也已經有了狂躁症的表現，他一直不停地說，我要找船，要搬兵，要成倍地增加員警。

包令還算有種，即便到這種程度，他都沒拉下臉來讓西摩爾撤兵回救，但問題是海軍少將自己也撐不住了，西摩爾最終捨棄大黃滘炮臺，在擺脫葉名琛的追擊後，帶著貝特等人灰溜溜地回到了香港。

第九章　接力棒

葉名琛暫時保住了廣州，但他也為此付出了沉重的代價。

關閉海關，中止貿易，是兩國交兵時的通行規律，總不至於雙方一邊咬牙切齒地大打出手，一邊還美滋滋、樂呵呵地做著買賣吧？可是貿易戰又是一把雙刃劍，傷了別人的同時，也必然會割到你自個兒的手指頭。自第二次鴉片戰爭開始以來，廣州就失去了關稅收入，商人們做不了生意，賺不了錢，「派捐」自然也無從談起。特別是西摩爾火燒中國民房那一次，可以說從根本上傷了廣州商界的元氣——相當多的中國商棧和貨物，都在大火中被付之一炬。

財神爺轉眼變成了窮漢，這一點連遠在京城的咸豐都感覺到了，因此非常著急，一再催問葉名琛何時可以結束戰爭。

葉名琛無言以對，這場戰爭並非他所挑起，而且一旦打起來，豈是他說停就能停的，以廣東如此境況，實在是無力再對鄰省及南方戰場提供任何支援了。

全國後勤部長這一角色不可或缺，當廣東的葉名琛自顧不暇，代之而起的是湖北的胡林翼。

十二 罪狀

自一八五六年十二月中旬以來，在內無糧草，外無援兵的情況下，武昌城內的太平軍逐漸陷入絕境，再也難以支撐。

作為鎮守武昌的主將，韋俊的堅守決心顯得相當重要，但「天京事變」的發生，尤其是親哥哥韋昌輝的伏誅，令他方寸大亂，非常擔心受到牽連或仇家報復，也早就不想繼續死守下去了。

長圍久困終於看到了最後的曙光。

由於常年在外征戰，胡氏夫婦很少能夠相聚在一起，乘著前方戰事好轉，夫人特地趕了遠路來看他，船已經停在江中，這時有個幕僚給胡林翼遞個張紙條，上面說，打仗是男人的事，軍營中充斥陽剛之氣，而女人是「陰」的，恐怕胡夫人來了，會影響軍隊士氣。

話說得很隱晦，其實是部下幕僚們都太緊張了，生怕在這節骨眼上出什麼差錯，以至於疑神疑鬼。胡林翼笑了笑，就讓人帶著這張紙條去見胡夫人。

胡夫人深明大義，看過之後馬上揚帆還鄉，千里迢迢，兩人竟然連見都沒見一下對方。

對於胡林翼來說，這卻是值得的。在武昌城下苦戰了一年多，眼看勝利就在眼前，確實不能再出任何岔子了。

一八五六年十二月十九日，在胡林翼的指揮下，湘軍從水陸兩路對武昌發起總攻。太平軍兵敗如山倒，韋俊率殘部突圍而去，一夜之間，堅守一年多的城防轟然坍塌。

胡林翼在戰後由署理轉正，實授湖北巡撫，並得到了一品頂戴。巡撫是從二品，讓你戴正一品的官帽，算是一種莫大的精神獎勵。

同一天，湖廣總督官文亦因攻克漢陽而被賞賜花翎。

官文就是西凌阿的後繼者，那個託胡林翼福的人。官文出身滿八旗，原先是宮廷的頭等侍衛，後外放湖北任荊州將軍。他的軍政才能一般，只是當時除湘軍將帥之外，咸豐在湖北範圍內實在已找不到什麼更合適的人選，才把他提拔為湖廣總督，之後又接替兵敗的西凌阿成為欽差大臣。

有西凌阿的失敗在前，咸豐對湖北形勢之嚴峻有了更深認識，不敢再將希望完全寄託於某一個人。他沿江劃界，把湖北戰場分成南北兩塊，具體來說，長江南岸由胡林翼負責攻武昌，長江北岸由官文督師攻漢陽。

對胡林翼來說，這種分工頗有些不公平。官文所領荊襄之地沒有受到過多少戰爭影響，糧餉充足，胡林翼分管的是武漢以南地區，那裏不是被太平軍控制，就是已被反覆「打先鋒」，弄得一粒糧食都找不到。與此相應，胡林翼的任務卻又是最重的：太平軍主力集中於南岸的武昌，哪個地方更難打，是個人都能看得出來。

一個是吃的好草，走的近路，另一個則是吃不到或吃不飽，還得跑遠路，胡林翼的幕僚和將吏們對此大多牢騷滿腹，「北岸因人成事」的說法也因此不絕於耳。

胡林翼的想法則多少有些複雜。大敵當前，他還是希望大家和衷共濟，能夠你幫我，我幫你，而不是互生嫌隙。

胡林翼本來只要負責南岸，但一看到北岸空虛，或是漢陽無人圍攻，或是奓山糧道缺乏守護，就馬上率主力北上，為此不惜失去金口大營，甚至一度落敗。

可是反過來，官文的做法卻很不上路。

比如在武昌圍點打援的戰役中，無論是阻擊古隆賢還是大戰石達開，艱難時刻，都是胡林翼自己在那裏苦苦支撐，官文從來沒想起派一兵一卒來幫忙，倒是戰役打贏了，太平軍潰退，他老兄才急急匆匆地派了一支兩三百人的馬隊來到南岸，也無非是想在勝果裏面分上一杯羹。

類似的事情很讓人不齒，但胡林翼顧全大局，在戰報中有意讓功，奏稱「馬隊之功允推第一」。若是不明就裏的，還以為能擊退太平軍，就全仗著姍姍來遲的這兩三百騎兵呢。

軍功不是別的，那全都是用鮮血和生命換來的。胡林翼如此高姿態，無非是想影響和打動官文，使其感動之餘，能夠在自己最需要的時候伸出援手，而不是收尾了再來搶功勞。

問題是人和人不一樣。這官文本來就沒什麼本事，他要撿點兒功勞也不容易，眼瞅著太平軍越來越不濟，防守重點又落在武昌，正急著趕快把防守相對空虛的漢陽拿下來，好向咸豐邀功顯能耐呢，哪兒還顧得了你那一頭兒。

以前還派個馬隊，至此連個小兵都不來了。

不僅如此，官文平時偷懶，瑣碎一些的軍政事務大多交由家丁代辦。這些人拿著雞毛當令箭，辦起事來往往更加不顧大局，對南岸不予支援不說，還總是一個勁兒地扯皮或與之爭搶軍餉兵源。

胡林翼的胸襟再寬廣，但也是有性格脾氣的，久而久之，對這位愚陋小氣的頂頭上司越來越有看法，寧願敬而遠之。

隨著時間的延續，胡林翼在朝野間的聲望之高，已遠遠超越了官文，這可不是在文書裏面吹幾句牛就能代替的。

官文逐漸意識到，按照這種勢頭發展下去，胡林翼遲早會成為兩湖地區數一數二的人物，到那時對方完全可以甩開他單幹。要知道同居一城，厲害的下屬把上司擠兌得連立足之處都沒有，這種事例層出不窮。更不用說巡撫其實並不受總督的制約，就好像以前的吳文鎔和崇綸，吳文鎔是總督，崇綸是巡撫，可崇綸就有辦法把吳文鎔逼得走投無路。

官文雖然才能平庸，卻還有點兒自知之明，他不像陶恩培，明明是晃晃蕩蕩的半瓶水，卻硬要充好漢。他知道自己離不開胡林翼，所以忙不迭地想上來討好。

照例，官文是胡林翼的頂頭上司，胡林翼該先到北岸來拜見他，可是胡林翼遲遲不現身，官文就猜到由於自己此前的不仗義，對方心裏可能已經有了疙瘩。

官文的另一個好處，是能放得下架子，不怕被別人說成是幼稚淺薄沒身分——既然胡林翼不來看我，那我就去看他！

官文沒有想到，他三次親自拜訪胡林翼，三次都不得其門而入，對方根本就不想見他。

不僅如此，胡林翼還要參劾他。

作戰期間，官文和他府上的那些家丁沒少幹貪功諉過的爛事兒，現在都被一一揭發出來。大家對此議論紛紛，都說官文做事太不地道，與他的那些家丁是啥鍋配啥蓋，沒一個好東西。

胡林翼一想：今後兩湖地區要由這麼一個庸人主政，政事還能好得了嗎？給身邊的幕僚和部下一鼓動，性子一來，胡林翼就寫了一封奏疏，上面共參官文十二項罪狀。

寫完了，他沒有急著上奏，而是讓人拿著上門去找官文，意思很明白——你改悔吧，若是不改，我一定參你到底。

人要臉樹要皮，先是三顧不納，接著又來這麼一個在他看來明顯帶有挑釁羞辱性質的舉動，官文再也憋不住了，他氣恨恨地把門一關。

說我一塌糊塗，難道你就是天生仙女？這個世界誰怕誰，上奏告狀我也會啊，現在就給你整十二條罪狀出來。

另一種搭配

事情發展到這個地步，雙方都已經下不來台，非得有人相勸不可。

湖南寶慶知府魁聯當時正在武漢隨軍效力。魁聯出自湘軍系統，他徵募的寶勇，也就是寶慶勇丁在湘軍亦屬能戰之師。另外，此君還是個能說會道的場面人，經常在南北兩岸穿梭來去，跟官文那邊混得很熟，與官文的私下交情也不錯。

見勢頭不對，他趕緊湊上來做和事佬。

魁聯先找到官文，曉之以利害：「現在天下大事若是離開湘人，只能一事無成。」

官文當然聽得懂裏面的弦外之音，所謂湘人，是專指胡林翼。他官文能把湖廣總督這把交椅坐穩當，的確全仗著胡林翼，換句話說，都是撿的現成便宜。一旦離開胡林翼，他真的只會一事無成。

形勢逼人強，以牙還牙的想法還是先擱那兒吧。

接著魁聯的話更是說到了官文的心坎上：「公為大帥，湘人之功皆公之功，何不交歡？」你是湖廣總督，一把手，胡林翼的功勞，還不就是你的功勞，當然反過來也一樣，胡林翼倒楣，你也脫不了干係。那麼為什麼不跟胡林翼搞好交情呢？

這個道理，官文早就想明白了，都不用別人提醒。他所鬱悶的是：姓胡的不給他這個面子啊！

官文歎了口氣：「可不是這樣說呢，我也想交這個朋友。但也許胡公誤聽了什麼謠言吧，不僅不領情，還故意要給我難堪。」

魁聯聽到這裏，一拍胸脯：「沒關係，這個交道我去打。我就不信了，胡公那麼聰明的一個人，豈能被人蒙蔽。」

魁聯回到南岸，對著胡林翼，他說的又是另外一番道理。

第一句話是：「您可能對官文的為人了解得還不夠全面。」

胡林翼撇了撇嘴，有什麼不了解的，一個沒腦子的昏官而已，打仗，打仗不行，只敗不勝；辦事，白天在睡，晚上夢醒，我對他已經夠了解了。

魁聯笑著搖了搖頭，您只知其一，不知其二。我們撇開公事不談。私底下的官公，其實非常忠厚。

胡林翼愣了愣。這一點他倒是沒有想到，此前兩人分隔南北兩岸，從未謀面，分歧和矛盾也都是因公而起。

魁聯的全部論點，都集中在了忠厚這兩個字上。

一般而言，這人忠厚，辦起事來可能就不夠精明老練，但是魁聯說，我們看人要往好的方面看。

「官公對人沒有彎腸子，而且極重友誼，如果胡公能跟他做好朋友，他絕不會中途給您使絆了，而且正因為他在辦事方面不如胡公，所以什麼事都會聽您的，這樣胡公辦起事來，就不會有什麼後顧之憂了。」

胡林翼聽後未做任何表示，但臉上已經沒有了那種不屑的神情。

魁聯見有了門子，又跟上一句：「如果胡公咬死了一定要彈劾官文，朝廷可能會換個更能幹的來，可是您想想，那能幹的還會像官文這麼好說話嗎？」

胡林翼若有所思。

這邊胡林翼還在思量權衡，那邊官文卻已經可憐巴巴地等不及了，但在連吃了三次閉門羹後，你要讓他再死乞白賴地上門示好，別說是堂堂的湖廣總督，就算是普通人，這個臉也拉不下來呀！

官文便自己找了個人到南岸做說客，希望胡林翼能夠主動一些。

這位說客說，我知道胡公您是一個具有長遠眼光的人，絕不會犯低級錯誤。眼下我們雖然收復了武漢，可是並沒有能夠完全「削平巨寇」，太平天國還在那裏呢。

接著來人的一句話令胡林翼大受震動：「天下未有督撫不和而能辦大事者！」

胡林翼不能不動容，因為這確實有前車之鑒。

僅在湖北官場，因督撫不和而導致打敗仗的例子就上演了一幕又一幕。在胡林翼之前，便有吳文鎔與崇綸之爭，就是陶恩培，也是與前任湖廣總督產生矛盾，才導致最後獨守孤城，兵敗身死。

說客的意思就是官文的意思，官文已經把話說到軟得不能再軟，他甚至說只要兩人結交，胡林翼就等於是兼任了總督。

「督撫二職兼於一人，湖北軍政大權由您一手獨攬，天底下也沒有這樣的好事，那太平軍還能擋得住我們嗎？大人何愁大事不成？」
說客剛走，魁聯又來了，還是勸胡林翼主動與官文結交。
胡林翼已經不需要再勸，他想通了。
由於南北兩岸素有積怨，這時湘軍中仍有各種各樣的不同聲音，也有人主張將官文一劾到底，絕不妥協。
胡林翼歎了口氣：「官文縱有種種不是，但軍隊要想打勝仗，關鍵還在於一個和字，再說這是什麼時候，豈能意氣用事！」
沒多久，胡林翼收復武昌，官文收復漢陽，南北兩岸暢通無阻。胡林翼決定渡江去拜見官文，走之前下令給僚屬：「我們督撫即將會面，以前的事一筆勾銷，誰也不准再提起。如果還有人議論北岸將吏的是非短長，我就治他一個造謠惑眾之罪。」
前面的鋪墊做得有多充分，後面的過程進展得就有多圓滿。官胡雖是初次見面，但相談甚歡，所謂「開誠布公，互相欽佩」。
此後，官文果不食言，湖北吏治、財政、軍事全由胡林翼一人主持，官文只是跟著簽名畫諾而已。但是，湖北的官胡配畢竟不同於廣東的徐葉配。徐廣縉和葉名琛，在學問、能力、志向上都比較接近，稱得上是志同道合，這官文卻是要學問沒學問，要能力沒能力，講志向也沒什麼遠大志向，不過追求功名利祿的一個俗人，與胡林翼完全搭不上腔調。
你要說「開誠布公」或許有那麼一點兒影子，「互相欽佩」？從何談起。
說得難聽一點兒，官胡配更多的是一種利益聯盟。官文平常看似老實庸碌，其實城府極深，他則能不濟，又不肯在軍政實務上多花力氣，但卻知道如何藉助別人的力量來保住自己的榮華富貴。

陶恩培死後，就是他第一個向咸豐建議由胡林翼署理湖北巡撫，那時的官文自己還只是荊州將軍。咸豐看著，認為官文謙虛謹慎，不爭官帽，其實他是怕擔責任，巴不得把重擔交給別人來挑，由胡林翼在前線做他的擋箭牌。

在官胡相處過程中，一般事務全部交由胡林翼處理，面子上官文也一力推讓，然而有一點是最大忌諱，你絕不能跟他搶，那就是功勞。

胡林翼深知官文的心思，所以每次上奏，只要是講到成績，他都會很自覺地把官文推到前面，自居其後。

曾國藩站在旁觀者的角度，一語道破了官胡配的實質：「彼此不過敷衍而已，非誠交也。」

世故這東西

既然不是誠心結交，官胡配的脆弱性就不言自明，一個是虛與委蛇，「容身保位」，一個是忍辱負重，顧全大局，大家都戴著假面在表演，一天兩天猶可，一月兩月也能勉強忍忍，一年兩年就有些憋不住了。

率先憋不住的是胡林翼。

沒錯，官文在一般事務上都能聽他安排，從不插手干涉，但是這個人私下很不檢點，一方面是馭下不嚴，對部屬乃至家丁過於放縱，另一方面他自己也浪吃浪用，花錢如流水——如果銀子是從官文自家腰包裏掏出來的，無論開銷多少，胡林翼都不會有意見，關鍵是官文花的都是公家的錢！

官文極深的城府，其實胡林翼都能看得出來，而且知道對方心裏撥的都是什麼算盤。他曾經對身邊人說過，一個人沉穩老練是好事，但不應該有太多世故，因為世故太深是容易耽誤國事的。

明清之際，有兩部小說在民間最為流行，一部是《水滸傳》，一部是《紅樓夢》，胡林翼不僅看過，而且認為這兩部書都是「世故之書」。

《水滸傳》中的宋江、晁蓋並非窮得活不下去才「逼上梁山」的，事實上，宋江是押司，晁蓋是地主，說得難聽點兒，都是當時黑白兩道全吃得開的底層「強人」。一部《水滸傳》，就是「強人」之書，看了這部書，大家都有了做強盜的理由和底氣。

《紅樓夢》裏面涉及到上層官府的，則是清一色的官官相護，權錢交易，最經典的就是賈雨村的「葫蘆僧判葫蘆案」。

胡林翼說的是書，指向的卻是身邊事：《水滸傳》影射的是太平天國，《紅樓夢》裏的賈雨村，幾乎就是官文的化身，下屬一樣的胡作非為，他自己也一樣的貪腐舞弊，所謂世故和城府，只是為了更好地掩飾這些罪惡而已。

胡林翼此時正在整頓湖北吏治，想到官文可能會誤自己的大事，暗地裏又有了要不顧一切予以彈劾的想法。

胡林翼深知關係重大，因此特地找來一個叫閻敬銘的官員徵求意見。

閻敬銘出語驚人：「確實可能會誤事，不過不是官文，而是大人你！」

胡林翼聽後大吃一驚，趕緊問為什麼。

閻敬銘拋出了兩個反問句。

第一句是：你要彈劾官文，難道官文就肯吃眼前虧，不反過來也彈劾你？

第二句是：督撫互相揭短，互相攻擊，別說您不一定會贏，就算贏了，咸豐撤掉官文，能保證繼任者就勝過官文？

這是早在與官文見面之前，魁聯就說過的。

胡林翼聽了沒有吱聲。這種一茬不如一茬的理論，只能說有一半道理，官文已經夠貪腐的了，實在想不出還有誰比他更差勁。

胡林翼倒情願換一個能幹些的來，或許他不一定像官文那樣事事順著你的心，但我胡林翼做官，也不是為私，而是為公。只要能給下面做個好榜樣，大家商量著辦，又有什麼不可以？

閻敬銘見胡林翼保持沉默，索性直入主題：「官文是旗人，你如有大事，可以借他的話來達到你的目的啊。」

這句話說得還不算入骨，它真正的含義其實是說官文通著天呢，你胡林翼辦不到的事，他官文卻可以辦到。

閻敬銘跟廣東的陳桂藉一樣，原先都是戶部主事，了解很多京城內幕。他知道咸豐雖然委任胡林翼為湖北巡撫，但並不完全放心。

如果說早先道光咸豐對胡林翼充分信任，那是有可能的，因為當時的胡林翼跟江忠源相仿，或者管的地方不大，或者只是單純戰將，但當胡林翼上任到與曾國藩差不多的地位，成了文武兼備、手握重兵的一方大員時，那就得多考量考量了。

尤其咸豐向來極為看重湖北的戰略地位，視其為「天下要衝」，他絕不可能讓胡林翼在湖北說一不二，官文很大程度上就是起一個監控或牽制的作用。

換句話說，如果一件事是出自胡林翼之口，咸豐或許要推敲半天，患得患失，若是由官文主動提出，則會一無疑慮，那樣辦起事來無疑要順暢得多。

再退一步講，縱然官文幫不上什麼忙，只要他願意，還能扯你後腿不是。要知道官文身為督撫，有密奏之權，他盡可以在咸豐面前編排你，給他那麼一噁心一倒騰，你要想做成任何一件事，都得大費周章。

閻敬銘的提醒，有如醍醐灌頂，讓胡林翼有了一種大徹大悟的感覺。

胡林翼本來是和曾國藩一樣的人，計謀和變通也僅用於軍事，做官方面向來剛正不阿，眼睛裏揉不進一粒沙子，但是從此之後，在他身上卻發生了驚人的蛻變。

世故、城府乃至於權術，固然會耽誤國事，可也正因為不能耽誤國事，有時候也必須學會並使用它們，關鍵還在於你的居心如何，以之營私，即為官場小人，以之謀公，同樣不失為君子。

胡林翼不僅徹底打消了彈劾官文的念頭，而且主動投其所好，額外設立一個帳戶，指名由官文的督署專款專用，相當於現在的「特別費」。

官文愛財，不過礙著胡林翼，以往弄點錢也得藏著掖著，沒有想到胡林翼如此知情識趣，不由大喜過望。

對於官文那些不成器的手下和家人，不算太過分的，胡林翼就睜一隻眼閉一隻眼，實在看不過去的，便到官文那裏告狀。官文縱容下屬，說到底無非是自己不能出面，讓手下人幫著撈點外快，現在既然胡林翼把錢都送到家門口來了，而且還是合法收入和支出，有什麼理由不樹立一下自己的形象呢？

胡兄不用生氣，我讓這幫小子立刻馬上從你眼前消失！

右眼跳，貴人來

距離已經拉近，但還需要繼續加深感情，而感情這東西，又是可以慢慢培養的，就像童養媳那樣。

某日，官文告知省城的文武百官，他太太要過生日。

官文過生日，自然有馬屁精惦記著，老婆又不一樣，你不招呼，人家是不會主動上門的。現在他既然自己放話出來了，這面子得給。於是到了日子，眾人就陸陸續續趕去祝壽。

有個官員來到官文家門口，名片已遞上去了，無意中卻聽門房的人透露，原來過生日的並非官文的正房太太，而是他的一個小妾。

這個世上，每個人身上都會不同程度地存在弱點。官文固然城府極深，出入官場幾乎水火不侵，但他懼內，所謂「內」指的就是這個妾。

官文對小妾寵愛備至，且十分忌憚。為了給小妾一個「驚喜」，他不僅為之大辦生日宴，還突發奇想，要讓百官來賀。

古代妻妾地位相當懸殊，一如《紅樓夢》中的王夫人和趙姨娘。要照說，就沒人肯來了，所以官文編個謊，但沒想到被下人給捅了出去。

那官員不聽猶可，一聽整個臉都發紫了。見過欺負人的，沒見過這麼欺負人的。你夫人的生日賀一下也就算了，竟然把一個妾也弄了出來。

一伸手，我名片呢，還我！

拿過名片，嘴裏還罵罵咧咧：「本官好歹也是朝廷大吏，怎麼能屈膝於賤妾裙帶之下？」說完，拍拍屁股揚長而去——你那小妾又不是李冰冰或范冰冰，見不見無所謂。

其他人聽說原來是這麼一回事兒，也跟著嚷起來，並且一個接一個地要回名片。因為胡林翼還未到，他們才沒立即拔腳走路，不過看情形也只是時間問題，巡撫一到，鐵定共同撤退。

過了一會兒，胡林翼來了，這位老兄似乎根本就沒聽到眾人的議論，昂著脖子就走了進去，並向官文的小妾行禮祝壽。

不走比走還令人難堪。官文又羞又愧，尷尬萬分，幾乎想刨個坑埋了自個兒。他小妾見狀，更是顏面大失，恨不得一腦袋把老頭子撞翻在地。

大家震驚了。

有人以為胡林翼可能還不明真相，就上前去提醒他的隨從，隨從若無其事：「我們巡撫大人早就知道這碼子事了。」

眾人起先愕然，繼之釋然：堂堂巡撫都不覺得丟臉，我們裝什麼大頭蔥，一道跟著進去吧。

胡林翼為官文夫婦保全了體面，他們自然感激不盡，而通過這件事，胡林翼也找到了一條加深雙方關係的捷徑。

此時，胡林翼的家眷已搬到了武昌。在他的特地關照下，胡夫人經常邀請官文的這個小妾來家裏作客，胡母亦對之另眼相看。

正好官文的小妾又是個會來事兒的，平時就很擅長言辭。她知道胡林翼是湖北官場上首屈一指的實力派，連丈夫都不得不加以倚重，因此一來便竭力討好胡母。老太太被她哄得很是開心，於是索性認作義女。

「夫人外交」旗開得勝，胡林翼成了「胡大哥」，他和官文夫婦也成了一家人，情同骨肉的關係了。

以前官文雖把一般事務交由胡林翼主持，但大事他還是不敢掉以輕心，總要上前卡一卡。之後，不消胡林翼去多費口舌，自有他的「義妹」大吹枕邊風：「我胡大哥的才識要勝你千倍萬倍，你就交給他處理吧，不會有任何閃失，你自己還落個清閒，有什麼不好？」

官文再怎麼裝腔作勢，也敵不了婦人的隻言片語。這大概就是東西方通行的生物鏈：男人征服世界，女人征服男人，很殘酷，但又很現實。

官文的表現，讓咸豐既納悶又不解。湖北那邊上一份奏摺，無論是署胡林翼的名，還是官文的名，亦或聯合上奏，他根本就分不清究竟是胡林翼的意思，還是官文的主意。

在南方各省之中，咸豐最重湖北，怕的就是這種督撫「團結如一人」的情況，當初不讓曾國藩任湖北巡撫，也就是擔心以曾國藩的威望，在湖北會形成尾大不掉之勢。

要不，像對待曾國藩那樣，把胡林翼調出湖北？

可是過去的這種做法已經被證明是失敗的，沒有曾國藩的倉促離開，就不會有武昌的失守和湖北戰局的一敗塗地。花了一年多工夫，好不容易轉危為安，咸豐再無腦，也不至於兩次掉進同一座坑裏面去。

調不行，不調又有隱患，咸豐不知如何是好。這時旁邊有人告訴他：「別瞎捉摸了，胡林翼不僅要用，還得重用！」

右眼跳，貴人來。胡林翼比曾國藩更走運的地方就在於，關鍵時候，朝中有人幫他說話。

禍福相倚是人們經常掛在嘴邊的口頭禪。其實在我們生活過程中，也會經常遇到這樣一種情況：有些人在某些時候幾乎就是你的「災星」，但在另外一些時候卻又能成為「貴人」。

胡林翼這輩子在官場遇到的第一個重大挫折，是做考官的時候受人牽連。那個連累他的主考官名叫文慶。

文慶和鴉片戰爭時的裕謙一樣，都是滿人子弟中難得的讀書郎，雖出身官宦世家，條件優越，但在和漢人同擠一座獨木橋時卻並不落於下風。

與裕謙的一貫本分相比，文慶的特點是什麼時候都不能安分，不客氣地說，此君簡直就是個闖禍大王。因為那年江南科場案出事，道光將他發配新疆，後又重新起用，但時間一長，他那惹禍的毛病又上來了，於是再次罷官。

這兩次處罰都還算是大一點兒的，小一點兒的處分更是多如牛毛，究竟有多少，恐怕連他自己都記不清楚。

道光對文慶打歸打，罵歸罵，然而打罵過後照樣起用，在道光臨終前指定的顧命大臣中，文慶赫然在列。

咸豐即位，文慶並沒能改掉老毛病，依舊是糗事兒一籮筐，這使得他始終在革職、起用、再革職、再起用的循環裏面不斷打轉，直至頂替下課的恭親王奕訢，成為新的軍機首輔。

道光咸豐父子對文慶如此不離不棄，當然不是沒有緣由的。

要說以前的首輔祁雋藻遭到咸豐的嫌棄一點兒都不冤，老頭子太榆木腦袋，有時白癡到讓你恨不得掐死他。文慶與之截然不同，「闖禍大王」敢想敢說敢做，反正禍也惹得夠多了，不在乎再多出一件兩件。

對咸豐說必須重用胡林翼的，正是文慶。

人才蓄水池

清代在用人方面，早期一直是文多用漢臣，武多倚滿臣，一方面確有軍權旁落的擔心，另一方面倒也符合當時滿漢大臣各自的特點，但到了道光咸豐時期，這一「定律」突然就不靈了：前有奕山、奕經，後有賽尚阿、訥爾經額，誰都沒能在打仗方面顯示出過人天賦，以至於把他們全加起來，還不如一個僧格林沁好使。

在滿臣打不了仗的同時，一批本來文質彬彬的漢臣，倒越來越多地顯露出了「文能提筆安天下，武能上馬定乾坤」的潛質和氣象。

文慶對咸豐說，為什麼我們一定要畫地為牢，在滿臣這個小圈子裏面犯嘀咕呢？既然漢臣行，那就要重用漢臣。

在軍機大臣裏面，祁雋藻、彭蘊章之流所以排斥自己的同胞，很大程度上，卻正是因為他們本身就是漢臣，奕訢、文慶沒有這一顧慮，加之屁股下面坐的又不是龍椅，也不用像咸豐那樣瞻前顧後，怕這怕那，因此敢言人之所不敢言。

文慶還能由淺入深，講出一番道理。他說，像我這樣的滿人，打小就出生在錦衣玉食的上層社會，耳濡目染的全是高高在上的東西，而曾國藩等人來自鄉間，對民間的疾苦最為了解，這大概就是他們在亂世之中，看上去要比我們更技高一籌的原因吧。

文慶的結論是，現在「欲辦天下事，當重用漢人」，尤其要「破除滿漢藩籬」。

曾國藩和胡林翼無疑是漢臣中的佼佼者，其中，文慶對胡林翼最為熟悉，說起來這還得虧當年一起在江南做考官的經歷。

文慶知道胡林翼有能力有本事，在入值軍機之前就利用各種機會鼎力推薦，胡林翼在湖北能夠連升四級，除恭親王奕訢一度主持軍機外，也有文慶密奏之功。

等到文慶成為軍機首輔，儼然就是胡林翼在朝中的「護花使者」，天天在咸豐耳邊說著胡林翼的種種好處。

一個人在拿不定主意時，身邊人的隻言片語都會變得舉足輕重。想當初，彭蘊章不過是小小的軍機章京，在對待曾國藩問題上還能起到那麼大的作用，更不用說文慶這樣的軍機首輔了，不過以前是負面，現在是正面。

有了文慶的力保，咸豐不再對胡林翼橫挑鼻子豎挑眼，凡湖北上來奏摺，均大筆一揮——通過。

對胡林翼來說，前路已經沒有什麼大的阻礙，然而亦非坦途。

湖北的戰略地位，沒有人能予以忽視，但也正因為它太重要了，所以才會被反覆爭奪，其間光省城武昌就三次被太平軍攻破。在胡林翼克復武昌之前，荊楚大地早就是白茫茫大地真乾淨，破敗得不成樣子了，一個好端端的省份幾乎被打爛。

要恢復湖北的元氣，等同於白手起家，胡林翼要做的第一件事，是用人。

清代有任官迴避制度，比如你是湖北省的，一般就不能在湖北做官，於是除了湖北本地人沒法任用外，其他只要聽到誰誰誰有兩下子，就算你住在天涯海角，胡林翼也會想方設法把人給挖過來。這裏面，既有芝麻綠豆的小官，也有蹉跎於功名的讀書人，甚至於那些說過怪話，發過牢騷，犯過錯誤的人。

省城有個官員，早上正要坐轎出門，忽然發現轎子上被人掛了一副對聯，其中有一句稱「尊姓原來貂不足」。這名官員姓續，有一句成語叫「狗尾續貂」，顯然是有人背地裏跟續某不對盤，故意用「貂不足」來對他進行諷刺。

續某大怒，一狀就告到胡林翼那裏。胡林翼一聽，也覺得此風不可長，當即親自立案偵破：誰敢跟朝廷命官如此炸刺，非得把這個混得不濟的傢伙給揪出來不可。

過了幾天，續某去拜見胡林翼，還沒開口，胡林翼便先上前拱手道歉。

你跟我道哪門子歉哪？續某被弄得丈二和尚摸不著頭腦。

胡林翼這才道出原委。原來案子已經破了，對聯為某某所撰寫，可是胡林翼破案的目的，並不是要予以處分，而是覺得能寫出這幅對聯的人很有才氣，他是直奔「挖角」而去的。

胡林翼說，讓有才的人沉淪底層，只能靠寫對聯來「博眼球」，這全是我的不是，所以我要替他向你道歉。續某哭笑不得，一問，撰聯人已經被胡林翼招去做幕僚，大家以後算是同事了。那還有什麼可說的，本來要打要殺的心也只好暫且收斂起來。

世有伯樂，然後有千里馬。自胡林翼執政湖北，這裏成了人才的蓄水池，因此又帶來了一個新的問題：這麼多人，你怎麼安排呢？都得給人家位置啊。

湖北的現狀為解決這一困擾提供了可能。原有官員死的死，逃的逃，逃走的那些避居外鄉，再也不想回來。至於新任官員，一旦得知被派去湖北，等於要了他的命，有的任職書都下了有五六年了，相關職位上仍舊是空空蕩蕩。這在別的省特別是尚算太平的省份，當然難以想像，但在湖北卻是司空見慣，胡林翼一眼掃過去，下面一大片一大片全是空桌位。

好了，有桌位我就可以安排你們坐下來了。不過在此之前，還得過一過程序。

任用官員必須吏部批覆，這裏面有的不成問題，比如從外省調劑的官員或這個人本身就具備資格；有的就比較棘手，像靈機一動寫對聯的那位仁兄，就未必拿得出什麼過硬的資格證書，如何過吏部這一關，頗讓胡林翼頭疼。

思量一通後，胡林翼給朝廷寫去奏疏，說我這裏亂得像一鍋粥，下面的州縣官員要麼死了，要麼病了，反正一句話，我就是缺人手，所以只能「不拘文法資格」，管他有沒有功名，先用了再說。

有文慶在上面說好話，又有官文在下面打馬虎眼，奏疏很快得以通過，胡林翼的人才蓄水池想不漲到滿都難了。

眼看湖北形勢在一天天好轉，原來被棄之如敝履的烏紗帽轉眼又吃香起來。想走後門謀差使的不乏其人，然而大家都知道胡林翼是個清官，要走他的後門，銀子是不管用的，那親情如何呢？出乎眾人意料之外，胡林翼的回答是：「可以。」

不敢欺，不忍欺

胡林翼是凡人，也跟你我一樣有三親六眷七姑八婆，冷面回絕是很傷人感情的，所以胡林翼的做法是來者不拒，而且親自接待。

在接待來客時，胡林翼說得很誠懇：「我是需要人辦事的，請你老實告訴我，你能幹什麼，我一定把相關的職位授予你，但是假如你不好好幹，或者不稱職，今天我們還是親戚朋友，你好我好大家好，明天就是巡撫與下屬的關係，我會參劾你沒商量。」

胡林翼對待下屬的要求非常嚴格，那是時時刻刻要拿著一張考核表照量的，如果你想一張報紙一杯清茶地在辦公室裏混日子，那絕對是打錯了主意，撥錯了算盤。

胡林翼的有言在先，把一眾想來混事兒的親戚都給嚇得夠嗆，就算有人相邀，也忙不迭地擺手：「你先走一步吧，我還沒到那境界呢。」

不光親戚，凡是有勇氣向胡林翼自薦的人，都得有幾把刷子才行，不是學有所成，就是海外歸來，那水準次一點兒的，連門都不敢進。

官員平時看似高高在上，其實最易被手下蒙蔽，而且越往上面去越是如此，但是沒有人敢騙胡林翼，這不僅在於他有著一雙明察秋毫的眼睛以及一身的凜然正氣，還因為他不會裝腔作勢，什麼話都放在明處，讓你想蒙他一把都無法下手。時人謂之：「不敢欺，亦不忍欺」。

有個姓孫的知府在前任那裏是個標準的馬屁精，自己也貪心很大，外快銀子撈了不少，稱得上是湖北官場的一害，並曾因此被革職。胡林翼卻偏偏把他撈上了岸，看中的也正是他身上與撰聯人相仿的優點——有才氣，擅理財。

給胡林翼做了下級，孫知府就像換了個人，從此大家都知道他是水準極高的理財專家，全然忘記此君過去還是「一害」。

相反的例子，則是胡林翼親自提拔的一個姓唐的知府。唐知府興利除弊，打黑除惡，甚至還掏出自己的工資貼補地方，曾經是有名的能吏和清官。孰料胡林翼死後，官文主政湖北，他竟然又由清官變成了貪官，儼然就是孫知府過去的形象。

人還是那個人，只是上司換了，官場的生態系統掉了個個兒。唐知府此舉也不過是適應環境需要而已，換句話說，只要胡林翼在，他就是個好人，胡林翼不在，好人不得勢，你要繼續在官場混下去，當然只能改行做壞人了。

省政是由州政、縣政組成的，好人版的孫知府、唐知府多了，這個省要想不出成績都很難，湖北有了胡林翼，此地從此「弊絕風清」，且「治行為各省之冠」。這個經歷了慘重戰亂，原本已被甩到末尾的省份，在短時間內就一躍而起，成為全國治理排行榜上的頭名狀元。

有人氣，財氣就有了基礎。

自出仕貴州以來，胡林翼打了無數的仗，但最讓他刻骨銘心的還是麥山潰敗。麥山潰敗就敗在缺乏糧餉上，當時能供應湘軍的是川餉，但因為遭遇風雨，耽擱了行程，結果遲了很多天，等到達時，饑寒交迫的軍隊已經潰敗了。

評論戰爭，看熱鬧的僅僅關注如何打仗，懂門道的卻知道糧餉有多麼重要，很多時候，它們甚至直接決定了雙方的勝負成敗。

在這個劇烈動盪的時代，所有聰明人的腦細胞都得到了充分開發，胡林翼也打起了商業稅，亦即釐金的主意，而湖北的相對太平和治理得法，又使得商人們有生意可做且有錢可賺，政府收到的釐金自然就多，遠非戰火頻仍的江西等省所能比擬。

釐金只是治表，更重要的還要治本。由胡林翼一手發起的漕政改革，清理掉大量陋規，不僅減輕了百姓的負擔，而且籌集到了更多的糧餉。

胡林翼的最終目標，是要把湖北建設成為南方戰場的後方基地，所以有了錢糧之後，他不僅用於自足，還源源不斷地提供給湖北省外的其他部隊。對於曾國藩等孤懸在外的客軍而言，無疑是解了燃眉之急。

時機總是湊得那麼巧，廣東的葉名琛剛剛自顧不暇，這邊胡林翼就拿過了接力棒，只不過葉名琛還只是充當外省的後勤部長，胡林翼則既是後勤部長，又是軍事部長。

胡林翼一肩挑兩任，也是情非得已，因為曾國藩缺席了。

參倒陳啟邁之後，曾國藩在江西的處境並沒有改善多少。新任江西巡撫依舊視湘軍為客軍，用得著時用，用不著時就扔在一邊。

更讓人難堪的是，這些地方官吏還會看人下菜。湘軍將領以戰功累計，很多人都已達到省級，比如楊岳斌早就是從三品官員了，然而這個從三品的烏紗帽，在州縣官吏看來都不值一錢，照樣可對之大呼小叫。

曾國藩為解決糧餉，找人募捐。開始還有人踴躍，後來都躲著跑，原因是江西官員說湘軍的官印是偽造的，捐了款的人家不僅得不到表彰，還會被抓去審訊，弄得灰頭土臉。

曾國藩守著一所名不正言不順的釐局以及幾千殘兵度日，攻又攻不了，守也只是勉勉強強，多少次差點兒就被石達開或韋昌輝給搞趴下，那心真是冷到要結冰。

人都有脆弱的一面，哪怕是把理學功夫修練到一定境界的曾國藩也是如此，儘管「好漢打掉牙和血吞」是他的口頭禪，但在一篇詩詞中，仍然忍不住憤然寫道：「大冶最憎金踴躍，那容世界有奇才。」

我跟你們不一樣，我是塊金子，所以你們才容我不下！

這個時候他正好接到了父親去世的消息。曾國藩的父親雖只是一個天資不高的秀才，但在大官兒子面前，絕對是一個稱職的老爸。每當曾國藩陷入迷茫和極度困難時，他或是去信激勵，或是設法解困，試想一下，若不是曾父以弔唁羅澤南之名，促請胡林翼分兵援救江西，曾國藩也許就只有閉眼等死的份兒了。

得到消息之後，曾國藩二話不說就離開江西，回鄉奔喪去了。走之前，他給咸豐上了一摺，權當請假，問題是這假請了等於沒請——在咸豐批准之前，他就開溜了。

在長久的鬱悶之中，曾國藩需要一個心理宣洩口，父親的死恰恰為他提供了這一機會。

曾國藩這一走，征戰江西安徽的活兒自然就落到了胡林翼身上。

新一代

此時湖北內部也並不是完全風平浪靜，一方面是太平軍仍虎視眈眈，時時想重入鄂境，另一方面是很多地方的小會黨或義軍又蠢蠢欲動，胡林翼把超過一半的精力投於外省，是要冒點兒風險的，但是他說，鄰省不安，湖北也安全不了，我確保鄰省，正是為了確保湖北。

在胡林翼的軍事計畫中，收復九江是重中之重。湘軍在江西落入困境，其轉捩點即為九江之役，在這座城下，不僅戰死了一代名將塔齊布、童添雲，還使湘軍士氣大挫，以至於曾國藩一度被石達開打亂了方寸和陣腳。

胡林翼和曾國藩這些人，對招納太平軍將領素來都持謹慎態度，怕的就是他們「撫而復叛」，最後反而養虎成患，難以收拾，比如明代的熊文燦招撫張獻忠就是一個特別失敗的例子。

咸豐讓曾國藩設法招撫石達開的工作，曾國藩都大搖其頭，但通過九江攻守戰，他卻對駐守九江的林啟榮有了惜才之感，曾多次給林啟榮寫去親筆信進行「招撫」，信中尊稱林啟榮為林先生：「林先生，你打仗太厲害了，為什麼不跟著我們一道幹呢？」

林啟榮的回覆是：「壯士看重的是忠義二字，你就不要勉強我了。」

曾國藩無可奈何，一再感慨說，林啟榮的堅忍，在我們湘軍裏面很難有人比得上，可惜就可惜在他是太平軍的人。

曾國藩的這種感慨還有很多畫外音。比如叱吒風雲的塔羅不在了，湘軍第一代將星已凋零得不成樣子，湘軍大帥做著夢，都希望眼前能夠出現新一代的超一流戰將。

水師中楊岳斌、彭玉麟都具備了條件，就看陸師的了，這名戰將不說一定超過林啟榮，但至少得與他處於同一水準。

胡林翼派來攻打九江的李續賓便是這樣的理想角色。

李續賓是羅澤南臨死前曾提到過的那個人，他也是羅澤南的得意弟子。在隨羅澤南征戰的一眾學生中，李續賓以武見長，膂力過人外加騎射精湛，他打仗的特點，史書稱為「沈毅多大略」，也就是有勇有謀。眼看著敵人衝過來，且槍彈如雨，他卻能席地而坐，鎮靜得就像沒事人一樣，但這只是他認為出擊的時機未到，時機一到，即翻身躍起，跨上馬閃電一般地衝入敵陣，刀光劍影間「橫厲無前」，沒人能擋得住他。

在治軍方面，李續賓則類似於塔齊布，對下級寬和大度，沒有架子。他每年節省下來的薪水都不寄回家，而是留在軍中，以備非常之需。

李續賓最可貴的地方，還在於他不僅是湘軍「敗則相救」的典範，甚至還昇華到了一種無私的境界：用兵時，他往往把弱敵留給別人，強敵留給自己。分兵時，又把強兵留給別人，而自率弱兵，等到弱兵變強兵，再重新帶一批新的弱兵。

戰場上性命攸關，很少有人肯帶弱兵新兵，都想帶強兵老兵，這不光是覺悟，還涉及到能力，所謂沒有金鋼鑽，不敢攬瓷器活。曾國藩對此看得很清楚，曾評價說，湘軍裏面肯率領弱兵和臨陣救人的，前面只有塔齊布，後面只有李續賓。

李續賓在胡林翼收復武昌的戰役中立下了汗馬功勞，因此極受胡林翼的倚重，把他與漢代名將周勃相提並論。出征九江，胡林翼點兵點將，第一個就提到了李續賓。

一八五七年一月四日，李續賓屯兵九江城下。

此次李續賓率湘軍萬餘，又有胡林翼坐鎮後方，可謂兵強馬壯，糧彈充足，所以一上來他就想來個多快好省，一口氣將九江給端下來，不料連攻六天，並沒能取得比塔羅更好的成績。速戰速決不行，還是只能用長圍久困的老法子。

在長圍久困這一戰術中，壕溝絕對是不可或缺的主角，從僧格林沁開始就是跟它在較勁。李續賓發了狠，他在九江城外連挖六道壕溝，而且每道都是僧格林沁所造壕溝的加寬加深版。

長圍久困除了耐心之外，最重要的一點，是需要完全剪除所攻城池的外援。林啟榮能固守九江這麼長時間，應該說，石達開所構築的九江、湖口和梅家洲的犄角陣形起到了很大作用。

在圍困九江的同時，彭玉麟率內湖水師，楊岳斌率外江水師，一裏一外向湖口發起強攻，在付出慘重代價後，終於攻佔了湖口。

湖口之役使湘軍水師在長江上實現會師，當年的鼎盛階段又回來了，站在湖口的重要據點小孤山上，彭玉麟慷慨賦詩：「十萬貔貅齊奏凱，彭郎奪得小姑回。」

從湘軍水師會師那一刻起，太平軍在梅家洲就待不住了，而湖口、梅家洲的失陷，對於林啟榮而言，如同被砍去了左膀右臂，此後九江完全淪為一座孤城，城內儲備的糧食也漸漸吃光了。

李續賓以為林啟榮這下子該傻眼了，萬沒想到，林啟榮誠非浪得虛名，他那種連曾國藩都為之嘆服的堅忍毅力，遠遠超出了常人的想像。

在外無援兵，內乏貯糧的情況下，林啟榮就拆屋為田，自己在城裏種麥子，這樣即使與城外斷了聯繫，也照樣餓不了肚子。在防守上，則仍然是從容不迫，你不攻時城裏一點兒動靜沒有，一旦攻城，馬上毫不客氣地胖揍你一頓。

李續賓對九江長圍久困達一年之久，竟然是毫不見功。換成其他人，這個時候就得放棄了。因為一度被視作攻城唯一法寶的長圍久困如今都不靈了，人家手裏有糧，心裏就不會慌，你攻到什麼時候他可以奉陪到什麼時候。

可是林啟榮遇上的是李續賓。若論毅力和堅忍，兩人幾乎不相伯仲，李續賓也不知道什麼叫放棄。他說過，天下無難事，你以為難，它就難了，如果你不覺得它難，自然有的是克服困難的辦法。

既然自家的辦法都用盡了，那就到對手那裏去找。李續賓分析了太平軍自金田起義以來的攻城經驗，發現太平軍使用最多也最為有效的一招，便是使用「穴地攻城法」，先在城下挖出地道，然後用地雷進行爆破。

太平軍能用，為什麼我不能用？

在湘軍中，李續賓第一個嘗試「穴地攻城法」，這是戰爭中互相學習，以人之長補己之短的又一個經典範例。

林啟榮當然不會坐視，何況太平軍還是這種攻城法的老祖宗，最知其中厲害關節。你會炸，我就能堵，他預備了大桶火藥，一旦哪裏的城門城牆被炸開缺口，馬上就能判斷出李續賓的地道挖在哪裏，隨之便把火藥扔進去，一時間磚石飛濺，地道和缺口又被重新堵住。

儘管多次失敗，但李續賓卻從中看到了取勝的希望。此後他便鍥而不捨，地道，火藥，翻著個兒地拿九江城牆使勁。

一八五八年五月十九日，九江東南約三百多米的城牆全部被轟塌，湘軍衝進了城，林啟榮及守城將士全部戰死。雙方反覆搏殺之中，這座江城幾被鮮血所淹沒。

攻克九江，使得李續賓一舉成名，從此「威望冠諸軍」，成為湘軍自塔羅之後最負盛名的戰將，這也同時標誌著湘軍中的新一代開始走向成熟。

第十章 過零丁洋

九江曾是太平天國在長江上游最堅固的堡壘，此城一破，江西局勢全面改觀，加上有胡林翼坐鎮湖北，湘軍前後方連成一體，其勢頭甚至超過了曾國藩剛入江西那會兒。

太平天國方面則持續低迷。石達開被召進京，以為洪秀全要讓他輔政，不料在經歷「天京事變」後，洪秀全看誰都跟看賊似的，更不用說石達開這樣的厲害人物了，他把石達開召入天京，不過是想解其兵權而已。

洪秀全裝神弄鬼的那一套，只對太平天國的中下層有用，核心領導層的成員幾乎都知道天王在玩什麼把戲，而一個「天京事變」，又令大家殘存的那點兄弟之情掃地以盡。石達開既不甘心留在天京做傀儡，又怕洪秀全對自己下毒手，於是潛回安徽，並帶著舊部留開太平天國統治區域，另外打江山去了。

楊秀清一死，在太平天國諸王中，論影響力和號召力，石達開是獨一份的，除了李秀成和陳玉成等新近崛起並受重用的年輕實力派外，很多老兵都隨其出走，使太平軍的整體實力大為下降。

國內形勢越來越好，咸豐的心情又輕鬆了許多，但這時一個更強大的敵人正步步逼近：就在攻克九江的第二天，英、法兩國向中國皇帝聯合發出了戰爭的最後通牒。

這一切，還得從廣州的失陷說起。

賠了夫人又折兵

在迫使英軍退回香港之前，葉名琛和包令逐一鬥法，從貿易戰到諜報戰再到超限戰，從江上到陸上再到海上，可謂無所不用其極。

葉名琛對香港發起超限戰，在成功擊中包令要害的同時，也令雙方的恩怨無限蔓延，達到了水火不容的程度。試想一下，讓你天天看著中毒之後的老婆病歪歪地躺在床上（一年後去世），心情能好受得了嗎？那幾乎就是國仇家恨集於一身了。

包令認為吃敗仗是兵少的緣故，但他給英國政府發去的請援申請又始終得不到回應，這令他徒呼奈何，叫屈不已。

包令所不知道的是，倫敦為此已吵成了一鍋粥，他在中國的表現不但沒有博得滿堂彩，還受到了很多人的埋怨。

駐港英軍對廣州發動進攻時，黑海那裏的多國戰爭才剛剛結束。早在徐廣縉反入城鬥爭期間，這場以英、法、俄三國為主角，被稱之為克里木戰爭（又稱「東方戰爭」）的大規模戰役就露出了苗頭，到「亞羅號事件」發生的前三年，一眾國家已經打得不亦樂乎。

克里木戰爭雖然以英法擊敗俄國告終，但作為勝利者一方的英軍也付出了很大傷亡，正是要坐下來喘口氣、歇歇腳的時候，偏偏包令又引發了第二次鴉片戰爭。

一個兵沒派不說，那些早就對包令不滿的議員們還群起而攻之，諷刺他是「包令博士」、「變態領事」，反正就是一個閒得發慌，到處惹是生非的人，就連原先支持包令的人見勢不妙，也趕緊反戈一擊，譴責包令發動的是一場「非正義戰爭」，給中國人的生命和財產造成了「可怕的破壞」。

包令名譽掃地，可謂是賠了夫人又折兵，明知道自己不過是國內政治鬥爭中的犧牲品，但他把所有怨恨都集中到了葉名琛一人身上。在他看來，正是這個他始終讀不懂的東方人，讓他失去了前程和家庭，他一定要報復！

當包令落入困境的時候，有一個人卻在角落裏蓄勢待發，此人就是位居首相的巴麥尊，與包令相比，他才是一個真正奸猾到家的政壇老手，不然也不會有「政壇不倒翁」之稱了。

包令倒楣，他絕不會上去拉上哪怕一把，因為他知道彼時的政治氣候不利於出兵，他要拉的話只會引火焚身，這種事情他是絕不會做的，但是包令的報告顯然讓他倍感興趣，並牢牢地抓住了其中的兩個細節。

這兩個細節，一是對葉名琛的評價，包令自然是把這個中國對手說得比世上任何一個壞人都更壞更糟糕，另一個則是「亞羅號事件」中的「褻瀆英國國旗」。

葉名琛究竟是好是壞，「褻瀆國旗」到底是真是假，這些對巴麥尊來說都無關緊要，它們與那個包令一樣，不過是老傢伙手中可資利用的武器而已。

他一直在窺測風向，看什麼時候出手才會對自己最有利。

一八五七年二月，有議員提出議案，繼續對包令等在華官員濫用武力提出指責，該議案隨即在議院得以通過。似乎一切都已塵埃落定，但巴麥尊卻嗅到了另一股空氣，那就是在休整一段時間後，英國人又有了打仗的本錢，殖民主義情緒也重新在國內呈上升趨勢。

一八五七年三月，巴麥尊抓住機會，請求解散議院，重新大選。

在這次大選中，他把中國問題作為打擊對手、提升自我人氣的一個有效手段，包令提供的兩個細節更被加量加價，在選民中進行大力拋售。

通過鋪天蓋地的演講和宣傳，葉名琛成了「集固執、背信棄義和殘忍於一身」的「傲慢的野蠻人」，總之就是一個十惡不赦的超級惡棍，而「褻瀆英國國旗」則變成「亞羅號事件」的代名詞，以至於英國老百姓完全忘記了「亞羅號」其實是一艘海盜走私船，縱使在他們國家，也是要予以查禁的對象。

巴麥尊的這種指鹿為馬、顛倒黑白的做法固然很不地道，但在政治運作中卻十分有效，選民對此很是賣帳。大選結果揭曉，巴麥尊的政敵遭到全軍覆沒，巴麥尊通過扭轉英國輿論走向，取得了他個人政治生涯中的空前勝利，此次事件也被稱為英國議會史上「獨一無二的事例」。

巴麥尊的大獲全勝，並不能挽回包令的聲譽，此君在英國已經臭不可聞，可這又有什麼關係，他不過是巴麥尊的一個走卒而已，得勢的首相根本就沒有把他打撈上岸的意思，走卒多的是，這個不行，就再換一個好了。

一八五七年四月，巴麥尊任命額爾金伯爵為特命全權公使，全面負責對華用兵。

額爾金的父親曾參與毀壞雅典的巴特農神廟，並劫走廟裏的大理石雕塑，連英國詩人拜倫都稱其是「蘇格蘭強盜」。

這個老強盜搶的多，揮霍得也快，小額爾金出世時，能分到的財產十分可憐，他只好靠自己拼命往上爬，而他爬得也的確夠快，才三十五歲就擔任了加拿大總督，且表現很是搶眼。

在額爾金父子的身上，都有著打砸搶的強盜基因，大概也正是因為這一點，巴麥尊才選他接替包令。

額爾金對被派去中國並不高興，覺得自己是幫包令去收拾爛攤子的，一如當年的璞鼎查之於義律。

可是更不高興的是包令，巴麥尊成功上位，他不僅沒從中撈到一點兒好處，還無形中遭到貶黜，駐華公使被額爾金取代後，只給他留了一個在當時看來相對次要的港督職務。

回英國無前途，留香港又鬱悶，這些自然又得記在葉名琛帳上。仇恨讓包令已經提前進入了更年期，你現在就是讓他演好人都浪費，額爾金還沒來，他就急不可待地要施以報復行動了。

在下手之前，包令非常想弄明白的一點，是葉名琛的虛實到底如何，這件事非常重要，因為它還牽涉到另外一個問題——假使對方真有很強的實力，即便英軍大部隊到達，要攻克廣州也可能會變得困難重重。

最好能獲取到相關情報，但在英軍撤離廣州後，葉名琛的反諜報措施不僅沒有放鬆，反而更加嚴密。他仿照當初對付洪兵圍城的辦法，下令給廣州居民每人發放身分證，無證者一律不得進出城門，這使得包令無孔而入，得不到任何信息。

可是智者千慮，必有一失，葉名琛的反諜報戰做得再好，不可能永遠沒有一點兒漏洞。

一八五七年四月，也就是包令丟掉駐華公使的那段時間，英艦襲擊了海上的中國戰船，並從戰船上搶走了一些至關重要的軍事文件。

正是通過這些文件，包令驀然發現，原來此時的葉名琛已經山窮水盡，在財政和兵力上都已無法維持正常作戰的需要。

首先當然是財政方面的空前危機。曠日持久的貿易戰，以及商棧及貨物的被燒毀，令廣州的富商們都變成了癟三，無論「派捐」還是收稅，皆無從著手，葉名琛不但沒有錢負擔外省，連維持本省都很困難。

財力的不濟，嚴重影響到了人氣。曾經對守城起過重要作用的聯街團練，因無人捐款維持，實際已經停止。其他諸如練勇、募勇，亦形同虛設，「十萬長城」竟已是「流水落花春去也」。

再看防守上的硬體設施。西摩爾在佔領廣州炮臺時，對炮臺進行了破壞，葉名琛收復後本應加以修復，並添置新的重炮，但從文件上看，這些都沒有做，顯然也只能歸結到兩個字：沒錢。

現在的葉名琛，情況比第二次鴉片戰爭打響之前還要差上很多倍，不僅嚴重缺血，還缺乏補血能力。當時全國的聚焦點都集中在沿長江的各大戰場，其他省既無能力也無可能對廣東實施援助，只能聽任它自生自滅。

包令看過文件後心花怒放。如此脆弱，只要英軍增援部隊一到達，廣州連一天都守不住。不過在吃夠葉名琛抄襲香港後路的虧後，包令已不敢輕易動用駐港的那點兵力去打廣州，但在援兵到達之前，不做點兒什麼，他又不甘心。

葉名琛會打超限戰，我也會啊。包令沒法煽動中國人去暗殺中國人，他就花錢印了兩千多本宣傳小冊子，極力抹黑對手，並把第二次鴉片戰爭的責任全部推給了葉名琛。

由於葉名琛也針鋒相對，組織了反宣傳戰，包令的宣傳戰當時收效並不大，但在廣州陷落後，這些莫須有的罪名卻對葉名琛的個人聲譽造成了很大打擊。

一八五七年七月，額爾金抵達香港，屁股後面還跟著一千五百名英軍以及各式艦艇。

額爾金是個自大狂，看不起遇到的幾乎每一個人，他不但不信任包令，連海軍少將西摩爾在他眼裏也是一個「十足的、流口水的呆子」。

倒是對葉名琛這個未來的對手，額爾金不敢忽視。在從倫敦出發前，他就翻看了中英前期的交戰記錄，對廣州的防守能力暗暗吃驚，承認「自爭端開始以來，由於低估了敵人的抵抗能力，我們犯了許多嚴重錯誤」。

因為這些「嚴重錯誤」，包令從天堂掉進了地獄，西摩爾也成了「呆子」，他額爾金可不想一上來就惹這個晦氣。

既然廣州比較麻煩，不如直接率兵去北京。

見額爾金要繞著走，包令急了，趕緊拿出搶到的那些軍事文件，極力勸說額爾金先拿下廣州，再去北京。

額爾金看到文件後，也立刻意識到廣州城防已今非昔比，看來這個便宜不佔白不佔，那就先打廣州吧。

英軍正摩拳擦掌之際，忽然傳來消息，印度爆發了士兵起義。如此一來，不僅本應前來增援的印度土著士兵無法及時到達，額爾金還得親自率兵過去鎮壓。

這一偶發事件，卻讓葉名琛出現了敵情判斷上的失誤。

當英軍進攻廣州時，其一舉一動幾乎都在葉名琛的掌握之中，但對於國外的情況，在刺探方面就比較困難，因為你無法用肉眼直接進行觀察。

在雙方不停的諜戰與超限戰過程中，包令也變得越來越老練，對機密情報的防備尤其嚴密，而香港報紙是給港人看的，一般只刊登駐港英軍的消息，關於英國及印度政府的，大多語焉不詳。

葉名琛組建的諜報網並沒有先進的傳媒或通訊工具，那些探子們對西方世界的知識亦了解有限，他們只能通過民間轉述的方式，去採集來自國外的各種信息。

問題是民間轉述這東西往往最容易失真。葉名琛雖有很多種情報管道和來源，但最後歸攏在一起，有時竟然就是以偽證偽，全部都與真實情況相去甚遠。比如克里木戰爭，明明是俄國人輸了，英法贏了，葉名琛得到的情報卻是俄國人贏了，英法為此還付出了高達七百多萬的巨額賠款。更有人說，英國人那麼固執地要進廣州城，就是為了在廣州收稅，以便支付賠款。

額爾金到印度去鎮壓起義，這個重要情報葉名琛得到了，而且準確無誤，因為香港布滿他的探子，連額爾金何時到港，何時赴印度，都能偵察得到。可是額爾金到印度後怎麼樣，沒有人跟去印度，所以對那裏的情況並不清楚。

葉名琛得到的，其實都是各種道聽塗說，而且相當一致，說英軍在印度損兵折將，人力財力消耗一空，根本無力再發動新的戰爭。

退一步講，就算情報是準確的，葉名琛不出現判斷失誤，他又能怎樣呢？

那些被截獲的軍事文件中所透露出來的，只是冰山一角，兩廣總督如今的處境比這還要不堪。

最後一次占卜

自第二次鴉片戰爭開始以來，僅為了與英軍作戰，就花去了五十多萬兩軍費，到一八五七年一月底，廣州財政不足兩萬。更要命的是，還有出無進，眼睜睜地看著錢袋子一點點地癟下去。

一八五七年二月十五日，在廣州政府的檔案中，明確記錄著葉名琛進行了一次占卜。

檔案上記載的葉名琛占卜，並不是很多，大概一年也就那麼一兩次，而且全都是公事，沒有私事，他所要占卜的對象也非常具體，比如何時進兵有利，何時能平定「賊匪」。自然，這些戰爭最後都打贏了，也就是說，它們都起到了立竿見影的效果，在當時頗有鼓舞軍心的作用。

唯有這一次，占卜的內容有些不一樣，是「占天下大勢何時清靖」。

這是葉名琛最後一次占卜。如同當年林則徐赴廣西路上的夜觀天象，在自身虛弱不堪的同時，他們都只能仰首向天，在虛無縹緲的星空中尋找一點兒對於未來的寄託。

檔案上沒有記錄此次占卜的結果，但顯然，葉名琛已經意識到了什麼。

一八五七年七月，在額爾金到任之前，葉名琛曾特地委派兩名官員赴港，以便找包令洽談和局，那時他還不知道包令已被免去駐華公使一職，沒資格代表英國談判了。

這次赴港自然只能碰一鼻子灰。其實就算包令不被免職，以他那種氣急敗壞的架勢，加上又窺測到了中方的虛實，也不會再同你進行什麼和談。

接著，額爾金到任。葉名琛聞訊，又試圖和解，可是仍然吃了閉門羹。

這個時候，英軍打不了戰爭的「情報」對葉名琛而言，無疑是一種莫大的心理安慰。在財力極匱乏的情況下，他雖不是諸葛亮，但也只能演一齣空城計。

空城計的成功，緣於司馬懿不知道城裏無一兵一卒，如果知道了，十個諸葛亮也擋不住魏兵的進攻。

額爾金離港赴印度後，被他稱作呆子的西摩爾隨即率領新近赴港的艦艇闖入珠江。

世上沒有不透風的牆，經過前期大規模的海戰，廣東水師厲害一些的戰船大多已經損失掉了，後期因財政拮据，不僅無法繼續添船造炮，連紅單船都撤掉了，所以根本無法再與英國海軍進行抗衡。

在第二次鴉片戰爭剛開始時，葉名琛曾實施過水上游擊戰，即將廣東水師的戰船先行暫避到淺水區，英艦都是大塊頭，開不過去，之後他再乘其不備，殺英軍一個措手不及，但英國人這回吸取了教訓，此次赴港的艦艇中特別增加了在克里木戰爭中研製出來的新品種：「小丑」炮艇。

這是一種配備兩門重炮的輕型小艇，吃水只有一米深，你能去淺水區，它也能去。廣東水師在附近再也待不住了，珠江於是被英國海軍完全控制，並予以封鎖，使得廣州無法再進口大米。

繼缺錢之後，葉名琛又開始缺糧。

葉名琛要面對的敵人，並不是只有英軍。即便在中英大打出手之際，兩廣的其他地區仍時有洪兵出沒，儘管他們已不可能再對廣州形成威脅，但洪兵出沒的地方，往往都是糧食產區，只要他們佔住哪裏，哪裏就別想收到糧食。

為了保證廣州的糧食供應，葉名琛只有再出下策，從駐守廣州的綠營和八旗中抽調部分兵力，出城用以控制糧食產區。

葉名琛越來越弱，對手卻越來越強。一八五七年九月底，額爾金返回香港，此時他的部隊仍在印度作戰，但英法已經達成協定，雙方將組成對華作戰的聯盟。

法國出兵的理由，是早先潛入廣西傳教的一個法國神父被當地官府給處決了，史稱「馬神父事件」。按照《中法黃埔條約》，法國人傳教只能限於通商口岸，所以「馬神父」的傳教行為並不合法，但以現在眼光來看，傳個教而已，你收收攤子，取締掉也就算了，應該罪不致死。

也就是說，在「馬神父事件」上，中法雙方其實都有責任，法國人是越了界，中國人是過了火，而且「馬神父事件」其實還在「亞羅號事件」之前，在那麼長的一段時間裏，中法雙方都只是停留在口舌之爭上。

法國人這個時候跳出來操刀弄槍，說穿了，不過是想借英國人的光，趁火打劫一把而已。在歐洲，一個法國，一個義大利，皆具有這種見風使舵的特性和「傳統」。

一八五七年十月十五日，法國全權公使葛羅男爵到達香港，與額爾金一起制定了攻佔廣州的軍事計畫。

在聯軍全部得以集結之前，英法對這一計畫高度保密，香港甚至一度盛傳，額爾金有意和平解決與中國的爭端。

一八五七年十一月，英國基本控制住了印度局勢，兵力可轉用於中國。先後集結於香港的英法聯軍，僅英軍一方，海陸軍就超過了一萬人。

一切已準備齊全，額爾金要動手了。

野蠻時代的兵器

一八五七年十二月十二日，葉名琛突然接到額爾金發來的通牒。這是一份沒有任何預兆的最後通牒，上面要求葉名琛讓出廣州城及沿江的所有炮臺。葉名琛當然不能同意，要不然就等於舉手投降了，但留給他的時間已經不多了，確切地說，只有三天。

一八五七年十二月十五日，英法聯軍向廣州炮臺發起進攻。這些可憐的炮臺大多徒有虛名，不過靠殘存小炮苟延殘喘，在英法聯軍的進攻下只能逐一淪陷，有的炮臺知道抵抗無益，索性將炮埋起來，以免落入敵手，然後大家各奔東西，四散逃命。

攻下炮臺後，額爾金並沒有馬上進攻廣州。因為他注意到，雖然短時間內，葉名琛無法將出城控制產糧區的官兵抽調回來，但廣州城仍有相當數量的部隊駐守。增加出來的部隊就是募勇，葉名琛此前已經把財政裏剩下的最後一點兒錢拿出來，全部用於招收募勇，以補充防守兵力的不足。

額爾金擔心硬攻會出現過多傷亡，決定先用英艦對廣州進行炮擊，探探路再說。

英法聯軍動用艦艇上的兩百多門火炮，對廣州進行了連續炮轟，一時彈如雨下，然而不管你怎麼轟，廣州城上都沒有一炮用以還擊，與戰爭初期截然不同。

聯軍開始實施炮擊時，葉名琛正在校場，就像戰爭剛開始時那樣，該做什麼還做什麼。當第一排炮彈打入城內，爆炸聲撼動全場，部屬人人變色，葉名琛則神色坦然，且面帶微笑。

可是他心裏其實很明白，那就是廣州城這次真的危險了——不還擊，不是不想還擊，是城裏沒有大炮和炮彈。

由於得不到補充，守軍只能從軍火庫裏把陳舊的鳥槍、大刀、長矛都倒騰出來，連沙灰、瓦片和石頭都成了作戰武器。

兩個星期後，額爾金認為時機到了，遂下達總攻擊令。

一八五七年十二月二十八日，英法聯軍實施登陸，進攻廣州，這時廣州城才開始驟然爆發。守城的官兵和募勇，加在一起有一萬三千人，參加攻城的英法聯軍則不到六千人，然而數量上的一點點優勢，遠遠低不過武器和火力上的巨大差距。

包令觀摩了全部作戰過程。與一年前相比，這次他洋洋得意，說葉名琛是在以「野蠻時代的兵器」在對抗英法聯軍，其結果如何，是毫無疑問的。

結果只有一個，然而過程亦稱壯烈，許多中國官兵浴血奮戰，英法聯軍傷亡達一百一十一人（也有學術資料認為應是一百三十八人）。

守軍應該可以打得更好，但是關鍵時候，葉名琛身邊缺少像沈棣輝那樣的得力將佐，倒是扯後腿的貨色有好幾個。

廣東巡撫柏貴和廣州將軍穆克德訥本該全力協助葉名琛，但在廣州失陷之前，二人就早早地做了軟骨頭。他們暗中派人與西摩爾聯繫，表示願意上摺彈劾葉名琛，並將奏摺草稿先行給英國人過了目。

葉名琛雖不知道這兩個傢伙如此下作，然而對自己孤身迎敵的處境非常清楚。他後來曾用一首詩來追憶這段經歷：「縱云一范軍中有，怎奈諸君壁上看。」

「范」指的是北宋的范仲淹。這位寫下「先天下之憂而憂，後天下之樂而樂」的名臣，文武兼備，曾是北宋時期的邊塞一柱，西夏軍隊對之最為懼怕，因此才有「軍中有一范，西賊聞之驚破膽」的說法。

葉名琛的悲涼和無奈可以從中一覽無餘：即便有范仲淹那樣的傑出人才穿越過來，看到這麼多人都在旁邊當閒客，他也會束手無策吧？

一八五七年十二月二十九日，抵抗終於失敗，廣州失陷了。

當英法聯軍攻城時，城頭上根本看不到穆克德訥的影子，在聯軍入城後，這位將軍不是組織抵抗，而是張皇鼠竄，從一個房間逃到另一個房間，最後被法國兵從櫃子裏給拖了出來。

包令對葉名琛恨之入骨，非擒之或殺之才能後快，他當時最擔心的就是葉名琛會效仿那兩個軟骨頭出逃或藏匿。

事實上，葉名琛可以溜號的藉口和機會太多了，因為他是一把手，廣州城內沒有人能制約他。比如他可以將廣州防務扔給下屬，然後出巡省內各地，又或者想再跑遠一點兒的話，還可以率兵去廣西作戰，反正那裏有的是洪兵給他「剿」。

葉名琛不是不知道形勢有多麼危迫，此前他已將家眷送出廣州，但他本人始終沒離開過廣州城半步。

在聯軍正式向廣州城發起進攻時，密集的炮彈像雨點一樣落進督署。隨從嚇得到處亂跑，葉名琛端坐議事廳內，鎮靜地處理著文件，並且還不忘安慰旁人：「不要怕，炮彈都是一陣子的，過去就好了。」

城陷後，葉名琛仍有逃離的充足時間，家丁也勸其離開，但他不為所動。一八五八年一月五日，闖入廣州各衙門的英國兵發現了葉名琛。巴夏禮隨後氣勢洶洶地趕來，要將他押到聯軍司令部去。

葉名琛冷冷地看了巴夏禮一眼：「你是什麼人，竟敢用這樣的語氣跟我說話?!」巴夏禮見識過柏貴的窩囊，看到過穆克德訥的猥瑣，他絕想不到葉名琛在這種情況下還能如此傲氣，這才意識到，對方縱然被俘，但仍是一個他畢生都無法企及的上層人物。

顯然，拖或者揪是不行的，只能用「請」。

被「請」進聯軍司令部的葉名琛，身穿朝服，頂戴花翎，進門之後即端坐太師椅。那些同樣被俘的官員見到葉名琛後，全部侍立兩旁，那情形，彷彿他們仍在堂上議事一樣。

高貴的人永遠高貴。在洋人面前，葉名琛始終保持著必要的威儀和風度，看上去，他不是這裏的階下囚，倒更像是出面接見外交官的主人。

當時一家香港報紙評論說，葉名琛在廣東擁有巨大威望，廣州人一直為有這樣一個勇敢、果斷的父母官而驕傲，就算他被俘，老百姓以後也一定會想念他的。

有這樣的人存在，對聯軍來說當然不是什麼好事，因為接下來他們還面臨著如何長期佔領廣州這個難題，若是廣州人老想著葉名琛，那豈不是要了命？

報紙是英國人辦的，自然是幫著英國人說話，所以在報紙的末尾，還給聯軍獻上了一計：「必須把葉名琛的名聲搞臭！」

聯軍早就這麼幹了。

包令前面發動的宣傳戰，目的就是要詆毀葉名琛，此後關於葉名琛的流言就不絕於耳，流傳很廣的「不戰，不和，不守，不死，不降，不走」的所謂「六不」，實際就來源於英國人的策劃。

細細推敲強加在葉名琛身上的這「六不」，真可謂是「欲加之罪，何患無辭」。

要不是葉名琛的既戰又守，駐港英軍怎麼可能自覺自願地退回香港，英法聯軍又要大動干戈？葉名琛是一直想和的，即便在戰爭爆發後，也多次派人找包令和額爾金，試圖通過和平談判解決爭端，只是他們置之不理罷了。

從戰爭中的表現來看，葉名琛並非怕死懦弱之人，也從沒想到要找藉口脫身，他的「不走」和「不死」另有考慮。

至於不降，那倒活脫脫就是包令加上去的，不然的話，難道反擊侵略，誓死守城還成了罪過？額爾金和包令等人挖空心思，除了大打宣傳牌，極盡抹黑之能事外，還通過葉名琛身邊的那些軟蛋來斷他的後路。

一八五八年一月七日，被俘的柏貴和穆克德訥串聯了一些其他官員，聯名給咸豐上奏，除報告廣州失陷外，還在皇帝面前落井下石，告了葉名琛的黑狀，說他剛愎自用，辦事糊塗，反正是把什麼責任都推給了自己的上司。

對這些，葉名琛並不知道，在被押上「無畏號」軍艦後，他還問船員：「額爾金在哪裏？我要會見他。」

英國人這才知道，原來葉名琛一直留在廣州城內「不走」，是為了與額爾金見面，以便通過最後的外交努力來挽救危局。

額爾金以前不會，現在更不會與中方進行談判，葉名琛的希望落空了。

這時一位隨員指了指海水，向葉名琛使了個眼色，意思是建議他抽冷子投海自盡，以全名節。

如果隨員對葉名琛的個性和品德不是充分了解，也不會做出這一舉動——投海自盡要是好玩，你自己為什麼不試一下？

出乎意料的是，葉名琛沒有走這條路，他選擇了繼續活下去。

葉名琛相信英法聯軍在廣州待不長久，這在廣州政府之前發表的一篇檄文中表述得很清楚，而這篇檄文正是出於葉名琛的授意。

短時間內守不住廣州，並不等於無法收復，關鍵還在於時間。葉名琛的策略是發動民眾，實施持久戰，一天趕你不走，就一年，一年不行，兩年三年，兩年三年再不濟，哪怕是五年甚至於十年二十年都在所不惜，「務使根株悉拔而後已」，不把你們這種侵略者全部趕跑絕不甘休。

只要葉名琛活著在廣州待上一天，對廣東民眾而言，就意味著一種精神上的凝聚力，這一點顯然令英國人十分害怕。

額爾金急呼呼地要在廣州成立傀儡政府，以便恢復秩序，防止周圍民眾對英軍士兵發動襲擊，但在與巴夏禮等人討論這一方案時，許多人都提到了葉名琛的潛在威脅，認為此人在廣州深得人心，有非常強的影響力和號召力。給額爾金的感覺，他雖然抓住了葉名琛，並將其囚禁在軍艦之上，但只要葉名琛還在廣州，那就是反抗侵略的一面旗幟，這還了得。

巴夏禮跟葉名琛打過照面，對廣州民情又比其他人更了解，他聲稱葉名琛在廣州一日，就會造成當地人心不穩，給「重新恢復秩序和信心」帶來極大困難。

如果不把葉名琛囚押在廣州，那弄到哪裏去好呢，額爾金聽了眾人的話後心有餘悸，凡是有中國人居住的地方全給他否定了，包括香港及其他海峽殖民地，就怕葉名琛在當地起到一呼百應的作用。最後，額爾金找到了一處地方：加爾各答。那是印度的一座港口城市，沒什麼華人，應該比較保險。

「無畏號」一度停泊在香港，包令聞知消息，立即登艦與葉名琛見了面。

葉名琛對這次見面並不反感，他早就說過，他願意與包令和額爾金進行談判，在除廣州城外的任何一個地方。

包令不是來談判，他是來請葉名琛題字的。葉名琛拒絕了，他知道包令是什麼身分，自己的題字很可能被其用來大作文章。

包令到頭來也沒能從老對手身上賺取到什麼額外便宜，哪怕後者已是階下囚。

在英國社會，因為巴麥尊等人的惡意醜化，葉名琛早就被抹黑得不成樣子了。一些可能根本就沒見過葉名琛的人，憑著想像任意勾勒著這位中國囚犯的形象，有人還在私人日記中稱葉名琛是個「懦弱的無賴」，並煞有介事地說當他扶著葉名琛走上「無畏號」時，葉名琛曾害怕到全身每個關節都在發抖。

事實是，幾乎所有史料都證明，葉名琛是那麼一個心胸豁達的人，他對自身的不幸處境毫不介懷。在「無畏號」駛離香港，前往加爾各答之前，葉名琛在這座小小的軍艦裏待了長達一個多月時間，不僅活動空間狹窄，精神上也備受折磨，但他的一舉一動始終大方得體。偶爾有人登艦，包括「宿敵」包令在內，只要你向葉名琛脫帽致禮，他也一定會欠身向你還禮，顯示的是一個東方人所特有的莊重和高貴。

軍艦上的英國軍官，縱使以前有人聽過關於葉名琛的種種不利傳聞，然而真正與他本人發生接觸後，也無不對之敬重有加。

時光倒轉。五百多年前，珠江口外的零丁洋海面，有一個人也正被關押在敵船內不得自由。大海迷茫一片，淒風苦雨裏，船上的詩句卻句句震撼人心：「惶恐灘頭說惶恐，零丁洋裏歎零丁。」

這個人就是名垂史冊的文天祥。

文天祥是南宋時的右丞相，葉名琛位居體仁閣大學士，一般人亦稱其為「葉相」。如今，一個文相，一個葉相，兩個淪為階下囚的末代丞相正處於同樣的境遇。

真實的歷史往往比舞臺的演繹更為殘酷，站在與前輩差不多的地點，葉名琛感慨系之：「零丁洋泊歎無家！」

對他們而言，個人命運已無所謂，只有身後故國山河的飄零破碎，才會讓他們感到一陣陣惶恐心驚。

文天祥說，「人生自古誰無死，留取丹心照汗青」，死很容易，只是眼睛一閉的事，但是在這之前，葉名琛還有自己的計畫。

海上蘇武

一八五八年二月二十三日，「無畏號」駛離香港，前往加爾各答。

葉名琛當年已經五十一歲，這是他生平第一次出海。漫長的航程，劇烈暈船加上南洋酷熱的天氣，對於一個知天命的老人而言，無疑是一種痛苦的煎熬，那種感覺甚至於比死更難受。

從關押葉名琛的船艙裏，時時傳出一陣陣痛苦的呻吟，用旁觀者的話來形容，那是被埋在活火山下的巨人在掙扎，「這位總督像是要把兩廣都吐出來似的」。

但是一旦走出船艙，除了臉色有異外，葉名琛不會在洋人面前叫一聲苦。不僅如此，當配給他的英國翻譯阿查禮病倒時，他還時時掛念其病情，經常到阿查禮的艙房去探視。

一個人對痛苦的忍耐可以達到什麼樣的程度，英國人算是領教了，他們不得不承認葉名琛「確有大丈夫的氣概」，在這位死敵身上，完全體現出了「中國人的勇氣和堅韌」。

在前往加爾各答的途中，葉名琛有很多反常的舉動。

表面上，他對所過之地很是漠然，有人要送來一把椅子，以便讓他坐在甲板上看看風景，都給他謝絕了。此後，只要船艙裏有洋人在，他絕不會向舷窗外看上一眼。

可是當孤身獨處時，又是另一番場景。這個時候，他會特意坐到船尾的舷窗邊上，對沿途進行認真觀察。

這正是葉名琛計畫的一部分。當他離開香港時，曾被告知此行將去英國——印度是英國的殖民地，英國人指的其實是印度，但葉名琛誤以為是去英國本土。

自被俘之後，葉名琛一直在尋找自己的人生座標。在國內，他想到的是零丁洋上的文天祥，一旦遠離故土，那個手持符節，在異域牧羊，然而始終不改其志的蘇武就映入了腦海。

他相信，去英國後他可以見到英國女王，那麼，他就可以像蘇武那樣，以使臣而不單單是囚徒的身分，當著面質問她，為什麼兩國已經訂好和約（指《南京條約》），還要無端起釁，這樣或許能用言辭打動對方，制止戰爭的繼續蔓延。因為他非常清楚，自己的母國應付不了這場戰爭。

作為這一計畫的唯一執行者，葉名琛認為自己是帶著使命出發的，所以他才會無畏無懼，也才能忍受一切比死亡更可怕的痛苦和屈辱。

他在船上的種種奇怪舉動，其實很好解釋，那就是為了在保持「使臣」尊嚴的同時，盡量多了解一下外面的世界以及風土人情，以便在交涉時能夠掌握主動。

一八五八年三月十二日，「無畏號」抵達加爾各答，第二天，葉名琛離艦登岸。

這一天他依舊官服整齊，在穿戴行止上不肯有一絲馬虎。當他走上甲板時，還不忘向船上的人們鞠躬致謝，然後才坐上前來接他登岸的駁艇。

在加爾各答，葉名琛被關在了威廉炮臺。

他的到來，一時轟動當地，居住此處的英國人紛至沓來，爭著要訪問這位具有傳奇色彩的東方人。

葉名琛來者不拒。除此之外，他每天關注的就是閱讀加爾各答出版的一份英文報。這份英文報與港版報紙不同，對英國國內政壇的情況介紹得較為詳細，有時還會登載英國議會辯論的消息，這引起了葉名琛的極大興趣。

葉名琛不識英文，當然無法直接閱讀，需要通過翻譯阿查禮。

阿查禮是一個年輕的英國小夥子，喜歡到處亂跑，要他耐下性子來給你讀幾個小時的報，也是件不容易做到的事。葉名琛深知這一點，所以盡可能在其他方面照顧這位小老弟。比如英方給葉名琛租用了一輛馬車，葉名琛自己從來不用，都交給阿查禮去以車當步，以至於這輛馬車幾乎成了阿查禮的「專車」。

阿查禮有時一翻就是好幾個小時，他不明白，那些在他看來味同嚼蠟的信息，為什麼葉名琛會聽得那麼聚精會神。他問葉名琛，要不要停下來歇一會兒。

葉名琛搖搖頭：「不，你接著講下去，報紙上的這些東西，比我以前從香港了解到的，要清楚得多。」

慢慢積累下來，葉名琛對英國政治內幕有了進一步了解，知道了在英國國內，直接主導這場戰爭的其實是巴麥尊首相和他的內閣，而並非英國女王，他甚至對英國憲法也有了一些朦朧的認識。

原來，在那個遙遠的國家，憲法是如此神聖，人們可以根據憲法來罷免首相及其內閣。知曉這個關節後，葉名琛就像一個普通的英國選民一樣，恨不得馬上用選票將那個好戰的巴麥尊給選下去。

有一天，阿查禮讀到一則新聞，上面說巴麥尊下臺了，德比勳爵領導的保守黨政府將著手組建新內閣。葉名琛聽後十分高興。

這則新聞還說，德比和巴麥尊不一樣，他主張迅速同中國議和。當阿查禮讀到此處的時候，葉名琛已經樂得嘴都合不攏了。

看來，戰爭中止有望，他這個「海上蘇武」又有了盼頭。

可是葉名琛的希望很快就落空了，德比上臺後，其對華政策與前任政府毫無二致。這就是西方政黨的特性。此前德比所謂的對華議和，不過是他與巴麥尊爭鬥的一種政治策略。看到可以從古老中國身上獲取利益，他哪有收兵之理？

另一方面，赴英交涉也變得遙遙無期，「日望一日，總不能到他國」。葉名琛終於明白，此生再不可能去英國，他將被長期囚禁在加爾各答。

再也無法繼續蘇武那樣的使命了，他所要追尋的，是下一個人生座標。

在加爾各答，葉名琛吃的都是他從國內帶來的糧食。這些糧食再多也有限，眼看快要吃完了，廚師想從當地購買，遭到了葉名琛的拒絕。

他說，我出國之前早就將個人生死置之度外，之所以一直忍辱不死，是以為我的生命對國家還有點兒用，能夠像蘇武那樣出使異邦，解除故國危難，可是現在卻被長期淹留此處，那麼活著還有什麼意義呢？

葉名琛表示他不會再吃一點兒東西：「正好所帶的糧食用完了，我也無顏再食外國之物。」

葉名琛選定了新的人生座標——伯夷叔齊。

伯夷叔齊恥食周粟，最終餓死山上。有些人說他們迂腐，但這些人忘記了，所謂道德的至高境界，原本就不是用世俗的價值可以衡量的。中國歷代對伯夷叔齊都有極高評價，其影響甚至遠及整個東南亞各國，據說就連日本武士剖腹自殺的行為都與此有關。

看守葉名琛的英國人著急起來，他們雖然不懂什麼伯夷叔齊，但知道葉名琛顯然是在絕食，因此專門派阿查禮送來食物。

葉名琛看也不看，他直奔座標而去。

一八五九年四月九日，葉名琛在加爾各答去世。沒有任何病痛，他是餓死的。臨死之前，這位曾聲名顯赫的東方大吏對身邊的中國隨從說：「我死不瞑目。」

廣州的淪陷和葉名琛的被俘令咸豐大驚失色，但還沒等他回過神來，英法聯軍已經開到了天津大沽口外。

這已是大沽口第二次面臨強敵威脅，第一次還是在鴉片戰爭剛開始那會兒。在五千多年的中國歷史裏面，類似的海上威脅基本上不存在，大沽的作用，只不過像原先的虎門炮臺那樣，對付一下海盜而已，更何況，哪一股海盜會吃了熊心豹子膽，非跑到京師門口來打劫呢？

經年累月不打仗的結果，導致大沽在海防上已形同虛設。在鴉片戰爭之前，大沽南北兩岸的炮臺，全部加起來一共才兩座，而且從上到下還全是磚砌的，時間一長，早就風吹雨淋得不像個樣子了。炮的境遇跟炮臺類似，無論放在炮臺上的，還是收在軍火庫裏的，都已銹蝕不堪，支撐火炮的炮架炮車因為是木質結構，更是破爛不堪。

直隸總督琦善當時對道光說沒有做好防守準備，可不是隨口說說的，大沽炮臺打打海盜這樣的小毛賊或許還湊合，若與世界第一流的海軍艦隊相抗，那就差得太遠了。

在琦善將英軍艦隊騙回廣州後，道光趕緊對大沽炮臺進行重建，負責經辦此事的是繼任直隸總督訥爾經額。

訥爾經額將炮臺由兩座增加到四座（一座舊炮臺廢弛不用），同時督造了一批重炮。第一年造了二十門銅炮，最小的五千斤，最大的七千斤，還覺得分量不夠，第二年又造八門萬斤銅炮，在當時中國所能鑄造的火炮中，這些重炮都屬於頂尖產品。

此外還陸續從直隸京師調來其他大小銅鐵炮，總計達到三百多門。

伴隨著重建，大沽炮臺的駐軍也得到空前增加。在鴉片戰爭期間，尤其是吳淞失陷後，道光向天津的海防重地大舉調兵，駐守大沽炮臺的兵力從原來的兩百人劇增到三千人，這還不包括後防應援部隊。戰後當然不可能駐紮這麼多人，但也常年保持在一千六百人的駐軍數量。

鴉片戰爭前，大沽並非海防重鎮，但是經過這次大規模建設，它已上升為北方最強大的海防基地，可以與廣州的虎門炮臺相提並論了。

獲知英法聯軍兵發大沽口，咸豐迅速調去援軍，使天津守軍達到九千，直接參與大沽口炮臺防守的則接近兩千人，同時授命直隸總督譚廷襄「嚴密防範」。

譚廷襄能做到直隸總督，無疑是文臣中的佼佼者，但他的缺點也和前任訥爾經額類似，就是沒有打過仗，缺乏必要的軍事經驗，對什麼時候可以開炮心裏都沒有數，還得請示咸豐。

在沒即位或剛剛登基時，咸豐多多少少也是個憤青，這從他對待穆彰阿、耆英以及林則徐的不同態度上就可見一斑，然而在經歷過那麼多的挫折之後，他變得務實和清醒了許多。

如同葉名琛在廣州，咸豐也知道在內患已如此嚴重的情況下，不能輕易冒跟外國開戰的風險，此外他還必須考慮到的是，自太平軍佔領南京後，運河漕運已被截斷，江浙兩省的漕糧都只能轉為海運，即從上海出發，經大沽運入京津，一旦大沽陷落，就什麼都運不了了。

咸豐如今的首選只能是「柔遠之方，羈縻之計」，或者說直白一些，是怎麼把洋人給哄住，能不打他是絕不想打的，至少不能由己方第一個出手。

譚廷襄沒打過仗，以為既有如此多的兵勇和重炮，大沽還怕守不住嗎？咸豐為此專門發出警告，要他不得逞強「先啟兵端」，只有英法聯軍那邊先開了火，這邊才可以進行還擊，也就是「釁端勿自我開」。

有了這道旨意後，譚廷襄親自趕到大沽進行指揮，其作戰方針就類似於「人不犯我、我不犯人」的自衛反擊戰。

常言說得好，先發制人，後發制於人。咸豐君臣不是不懂這個道理，但從大沽口的獨特地形來看，他們確有這麼做的條件。

大沽的內河是海河（又稱沽河），在其出海口有一道攔江沙，係上游泥沙淤積而成，為所有船隻進入海河的必經之地。不漲潮時，攔江沙水面深度不足一米，漲潮時雖近三米，但漲潮的時間很短，一會兒就過去了。這就決定了聯軍的大型艦艇無法通過，非得用小舢板才能進入。

在海河之上，用重炮打擊小舢板，這肯定是沒有多大問題的，而且時間上也完全來得及。

一八五八年五月二十日，英法聯軍發出最後通牒，限中國軍隊兩個小時內交出天津大沽炮臺。交炮臺不過是個打你的藉口，大沽乃平津門戶，怎麼可能說交就交？

兩個小時後，早已準備就緒的英法聯軍正式向大沽發起進攻，此役共投入二十六艘艦艇，參加登陸戰的有一千一百七十八人。

譚廷襄以為聯軍要換小舢板，沒想到他們乘的是一種淺水炮艇，乃在廣州試過身手的「小丑」炮艇的升級版。這種炮艇不用風帆，用蒸汽動力，所以多淺的內河都能應付，而且所裝重炮也由兩門增加到了三至六門，火力更加強勁。

中國軍隊只盯著大型艦艇，沒留意淺水炮艇已越過攔江沙進入海河。之後，譚廷襄仍依照咸豐的指示，人不犯我，我不犯人……

聯軍炮艇絲毫不管這一套，一排炮彈甩過來，把大沽炮臺給轟塌了小半邊，炮牆無不破裂。譚廷襄急忙下令迎擊，守軍非常英勇，炮臺上的一個炮手倒下後，立即有新的炮手上去接替，僅僅一門火炮，就有多達二十九名炮手戰死在崗位上。

但這個時候光勇敢沒有用，火炮的優劣與否才是關鍵。

假如現在還是第一次鴉片戰爭時期，中國的「巨無霸」火炮對來敵還是很有威脅的，只可惜十多年過去，英法在武器上又有了突飛猛進。

在克里木戰爭中，兩個歐洲國家能夠戰勝俄國，在很大程度上，就是武器制勝：俄軍用木製帆艦，英法聯軍用蒸汽鐵艦，誰更吃得消炮打，一看便知。

當炮臺上的炮彈打到炮艇甲板上時，不過是炸出一兩個孔洞，遠遠達不到將其擊沉的目的。炮艇就不一樣了，它兩面齊放，打得又準又狠，讓你躲都沒地方躲。

到當天中午，南北兩岸的四座炮臺摧毀的摧毀，失守的失守，炮臺指揮官也有多人陣亡。

英法聯軍成功登陸後，守軍仍不是對手，起決定性的因素還是技術優勢。這同樣可參照克里木戰爭中的場面：俄軍用滑膛槍炮，沒有膛線，命中率很低，英法聯軍已經裝備了線膛槍炮，一打一個準。

論工藝品質，中國軍隊的槍炮尚不及俄國槍炮的一個零頭，連英法聯軍的軍醫都知道，中國兵所用的鳥槍殺傷力很小，不僅打不準，還往往無法形成致命傷。這種情況下，仗能打成什麼樣，就可想而知了。

在令人驚魂的槍炮攻擊下，守軍死傷慘重，不可避免地出現了大潰退場面，在後督戰的譚廷襄陣前連斬兩人，都無法遏制頹勢，只得率殘部撤往天津。

大沽口之戰（又稱第一次大沽口之戰），英法聯軍死傷數為一百零九人，其中因為炮臺火藥庫突然爆炸等原因，法軍死傷的比例又較多一些，光軍官就死了四人，然而僅就數字而言，尚不及第二次廣州之戰中葉名琛給敵軍造成的殺傷，而那已經是兩廣總督在山窮水盡的情況下所能做出的最後一擊了。

中國軍隊一方，傷亡統計為四百六十一人，官軍實力尚存，但士氣已遭到極大挫傷。

主戰派領袖

大沽是天津門戶，天津又是北京門戶，大沽一失，北京隨即陷入慌亂。一八五八年五月二十一日，咸豐急忙將僧格林沁調往通州，以防衛北京。

僅僅五年前，當太平軍的北伐部隊兵臨京津時，僧格林沁就曾臨危受命，並一舉化解危機，然而英法聯軍的實力畢竟跟太平軍不是一個檔次，這點常識，咸豐還拎得清。更何況，此時前方剛剛吃了大敗仗，士氣嚴重不振，你這時候就算把僧格林沁請出來，匆促之間，要想靠他來轉敗為勝也異常困難。

另外一件很要命的事，就是大沽口的失守，當時北運漕糧才運了一半，北方又缺糧，僅靠這運進來的一半糧食，京津一帶難以維持。

一八五八年五月二十六日，英法聯軍進逼天津，距北京已近在咫尺。

雖然咸豐迫於形勢，已準備妥協，但朝廷之上還是颳起了一股反對議和的浪潮。一時間，奏摺如雪片一樣飛到咸豐案前，都說洋人喜怒無常，貪得無厭，不狠狠打一下，如何能振我國威。

咸豐皺著眉頭一一看過去，發現主和的人很少，全是主戰的，而且「語多憤激」，口氣一個比一個激烈。

我要是能戰會不戰嗎？這些人真是的，不當家不知柴米貴，你們既然嚷嚷著要打，倒是上去打一下給我看啊。

咸豐很有情緒，都懶得跟這些人嗆嗆，但是當他翻到下面這個奏摺時，再也作聲不得。

寫奏摺的人不僅喊打的聲音最高，還是真能打，最能打的。

此人正是駐防通州的僧格林沁。

由於僧格林沁的地位和聲譽，他成了主戰派事實上的領袖，對咸豐的決策也有著不可低估的影響力，然而不管如何，這些都不能改變外部越來越緊張的形勢，天津已成危城，幾乎是旦夕可下。

一八五八年六月一日，咸豐終於同意派使與英法在天津舉行修約談判，能答應的條件先答應著再說。

中國成了唐僧肉，哪個妖怪看到了都想上來啃一口，嗅覺靈敏的美國人自然不惶多讓，就連在克里木戰爭中被英法胖揍過的俄國也厚著臉皮湊了上來。

按照隨後與英、法、美、俄四國簽訂的《天津條約》，除對英法予以戰爭賠款外，中國門戶繼續向外洞開，並增加了外國人可在內地傳教等條款。

條約要通過，還得在朝廷上過一過程序，見木已成舟，大家縱算心裏不服，也只得在相關文本上逐一簽字同意。

輪到僧格林沁，他堅決予以拒絕，直到咸豐親自下詔督促，才無可奈何地在上面「畫押」了事。

被逼著做了自己並不情願的事，僧格林沁始終心緒難平，隨後他冒死給咸豐上了一道密摺。

咸豐及其主和派認為不戰便罷，一戰必定還是敗，僧格林沁則以打了很多仗的過來人身分，稱勝敗乃兵家常事，「勝不足以喜，敗不足以懼」，難道因為可能戰敗就從此不打仗了嗎？對不起，哥是打不死的蟑螂，不怕這個！

僧格林沁分析了主和派大臣的心理，說這些人都是尸位素餐之輩，謀求議和無非是「全身家，保妻子」，可你們就忘了要以華夏的「社稷和生靈為重」，你們自己說說看，對得起誰啊！

說到這裏的時候，他特生氣，直接用四個「可」來給這些他心目中的「奸臣賣國賊」定了位：「可恨可歎可笑可憐」。

氣頭之上，僧格林沁像喝了五十度以上的燒酒一樣，完全不顧任何忌諱，直接瞄準皇帝就開了火。他說咸豐簽訂《天津條約》，是聽信了讒言的結果，最終一定會「隱憂社稷，遺禍子孫」，你以後還有什麼臉去見先皇祖宗呢？

按照僧格林沁的指控，咸豐就成了不折不扣的大昏君，相比於以前的主戰摺，這一摺不啻是一顆威力超強的原子彈。

寫的人洋洋灑灑，全然忘了讀的人會是什麼心理感受。對咸豐來說，這些文句足以讓他五味雜陳，難受到鑽心。

倘若此摺是別人寫的，有十顆腦袋也不夠摘的，但它出自僧格林沁的手筆，是自家人。對於這位赤膽忠心、曾幫助他挽救國運的表弟，咸豐的感情完全兩樣。

你罵得倒是痛快淋漓，其實我又何嘗想那樣做呢！

咸豐選擇了「留中不發」，當私信自己看看算了，不再公布於眾。

咸豐正在為吞下《天津條約》的苦果而煩心，本已趨向好轉的南方戰場又現危機。

一八五八年八月，太平軍攻陷安徽省會廬州，繼西征之後，皖中再次成為太平軍的勢力範圍，並直接威脅湖北。

指揮這次戰役的是陳玉成，他和李秀成稱得上是後期太平軍將領中的「雙子星座」。

經歷「天京事變」，太平天國領導層猶如被重新洗了一次牌，老一代漸行漸遠，應該說，這既是壞事，也是好事，因為這樣一來，年輕一輩就有了脫穎而出的機會和條件。

與早期基本由楊秀清一人獨攬前線指揮權不同，陳玉成和李秀成從資歷到地位都相差不遠，所以他們不存在誰指揮誰的問題，而是各有各的作戰領域和分工，陳玉成主要負責長江上游戰場，李秀成則擔負守衛天京及開拓江南戰場的責任。

當年太平軍中有一個很特殊的編制，叫作「童子兵」，挑選的都是十幾歲的小孩。這些孩子大多出身貧苦，入伍時獨立的價值觀和人生觀尚未形成，最易接受洗腦，對洪秀全的那套「生時就坐小天堂，被人殺死，也是坐大天堂」的理論毫不懷疑。他們年紀雖小，作戰技藝也不精熟，但在戰場上卻幾乎個個猶如殺人機器，其亡命程度連精銳老兵都不及。

很多時候，太平軍都把「童子兵」作為「肉彈」來使用。比如在攻打武昌城時，負責充當第一波敢死隊的便是「童子兵」。

很多小孩都在這種殘酷的戰鬥中被打死了，陳玉成是極少數的倖存者之一。

他身材不高，兩眼下有痣，遠遠望去就好像有四隻眼睛一樣，所以對手送給他一個頗為不敬的綽號：「四眼狗」。

你不敬，戰場上給你顏色看。

從死人堆裏一路爬過來，陳玉成可以說是為戰爭而生，為戰爭而活，他的世界完全被這兩個字所佔據和主宰，打仗在別人看來可能是很可怕的事情，在他不過是一種本能。

石達開原來的大本營設在安徽，出走時，安徽境內的太平軍精銳和老兵被帶走大半，這曾讓繼之而起的陳玉成在兵力上捉襟見肘，但是這一年，安徽爆發的蝗災幫了他大忙。

隨著烏雲一樣的蝗災自天際掠過，各地莊稼無不遭到毀滅性摧殘，大部分地區顆粒無收，不顧一切的災民由此匯成了太平軍新的兵源，陳玉成麾下兵馬很快驟增至數十萬。

只要有兵，陳玉成就能在戰場上呼風喚雨，攻克廬州便是明證，而他的橫空出世，也預示著太平軍的新一代已逐漸嶄露頭角。

在另一頭，作為湘軍新一代的代表人物，李續賓也正按照胡林翼所制定的東征計畫，向皖中大步推進。

咸豐本來是想讓李續賓去浙江追擊石達開的，這也是當時朝中大多數人的意見，但是從胡林翼到李續賓本人，都認為決戰皖中比追擊石達開更為重要，如今正可抓住九江克復的機遇再接再厲，不宜輕離安徽戰場。

在胡林翼等人的力薦下，咸豐才改變主意，把浙江的那邊的活兒派給了曾國藩。

曾國藩回鄉奔喪，在程序上沒有做到位，等於領導還沒批准，他就撂挑子跑了，此舉在仕林之中頗遭非議和攻擊——你以為領兵打仗是模特兒在走秀啊，想來就來，想走就走？

聽到這些風言風語，曾國藩心裏當然很不好受，更何況，退出江湖半年，就等於自動註銷戶口，老在家裏待著也不是個事，所以一得到咸豐讓他「奪情」的旨意，沒怎麼猶豫，就選擇了二次出山。

復出後的曾國藩看到，在他守孝期間，湘軍已基本控制住了湖北和江西，在長江上游的省份中，太平軍聲勢較大的，只剩下了安徽一省，一旦完全擺平安徽，天京不過是孤城一座。

在戰略思想上，曾國藩與胡林翼高度一致，都認為安徽得失才是整盤棋局的精髓，誰掌控了它，就能決定最終的勝敗。

曾國藩人去浙江，心在安徽，事實上，湘軍的能戰之師也都集中在李續賓營中，這是他和胡林翼共同的希望所在。

攻克九江之後，李續賓曾想找時間回湖南去探望父母，但因為出征皖中，只得暫行擱置。

在湖北百官為李續賓及東征軍舉行餞行儀式上，李續賓忽然握著胡林翼的手說：「我恐怕沒有機會再見父母了！」

隨之便痛哭失聲，胡林翼也跟著大哭起來，這一情景把幾乎在場的所有人都給驚呆了。

這時的李續賓聲名正如日中天，自九江一戰成名後，他儼然已成為戰神級別的人物，因此大家對此次出征普遍抱以樂觀態度，現在看到這一將一帥猶如在生離死別，在深感詫異的同時，也多少覺得有些不太吉利。

雖然同樣是哭，其實兩人哭的意味大有不同。

李續賓是一個非常實誠的人，既然外界給他如此大的榮譽和期望，他就一心想著要予以回報，哪怕粉身碎骨亦在所不惜，這一去他是打算一戰到死的，死他不怕，唯有想到可能再無機會贍養父母，則心如刀絞。

胡林翼的哭，正是知道李續賓有這樣的性格特點。戰場的生存機率不高，一個過勇之將的生存機率則更低，他和李續賓名為上下級，其實情同兄弟，聽到李續賓說出這樣的話，心中肯定會有一種莫名的恐懼和不安。

隨李續賓出征的雖為湘軍精銳，但人數不多，只有區區八千人，安徽戰場的太平軍卻有數十萬，必須要做到以一敵十，甚至是以一敵幾十，才有取勝的可能，加上又是孤軍深入，即便是在打了無數仗的胡林翼看來，這也是一項非常艱險的任務。

自李續賓走後，每次戰前，坐鎮湖北的胡林翼都會對李續賓提出告誡，讓他寧可慢些，也不得恃勇突進。

李續賓在進兵之初，戰事確實異常順利，基本上是攻無不克，三四萬人屯守的重鎮都能被他一擊即破，足可用掃蕩兩個字來形容。

不過一定程度上，是因為他還沒有遇到真正的對手，奉李秀成之邀，陳玉成已經去了江南。

拐子馬對回馬槍

「雙子星座」的作戰方式，比楊秀清、石達開時代更加靈活高效，兩人雖然各有主要作戰區域，但又常常應形勢的需要實行聯合作戰。

此番合兵一處，就是為了解天京之圍。

圍攻天京的是江北和江南大營。乘著太平天國內部發生內訌，兩大營在得到休整的同時，又重新具備了進攻能力，它們進行分工合作——江北大營屯兵浦口，在長江北岸封住天京的供應路線，江南大營則在天京周圍挖掘深壕，這一深壕長達一百多里，稱為長城，用以對天京實施「長圍久困」。

主持天京防守的李秀成是一個外柔內剛的人，據說他只念了兩年書，但卻熟讀過東周列國志和三國演義。在他的用兵之法中，也能看出這些民間軍事教科書的烙印，那就是極重謀略，講究以智取勝。

見形勢危迫，李秀成採取了由外自內解困的方式，他首先率兵衝出包圍圈，在皖蘇邊境與陳玉成會合，接著便以浦口為突破方向，兩軍聯合向江北大營發起進攻。

江北大營最引人矚目的是來自東三省的滿洲騎兵。在僧格林沁和勝保對付北伐軍時，遠道而來的滿洲騎兵曾一度表現得很是丟臉，但經過戰場上反覆的歷練和篩選，能夠留下來的已多是能打仗的勇者。

在騎兵再次奉調來到南方後，由於環境與北方有異，一開始也不適應，比如僧格林沁的部下西凌阿初到湖北時，差不多吃的也是這個虧。

江北大營的滿洲騎兵總體上對南方戰場已不陌生，在長江北岸，太平軍的一般部隊對這些洶洶而來的大隊騎兵也往往都會存有畏懼心理，這使得滿洲騎兵又滑到了另外一個極端，那就是作戰時逐漸變得驕矜和大意。

陳玉成牢牢抓住了對手的這一弱點，他意識到，要擊破江北大營，關鍵還是要破掉它的騎兵。

步兵打騎兵，在一直面臨北方游牧民族挑戰的中國，曾是一個被長期研究的課題，成功經驗可謂不勝枚舉，比如岳飛的大破「拐子馬」。

所謂「拐子馬」乃是金軍的重裝甲騎兵部隊，三匹馬一組，人和馬都穿著厚厚的鎧甲，當他們從對面衝過來的時候，由於勢大力沉，宋軍根本就擋不住。

看上去好像刀槍不入，但岳飛看出，馬腳正是其軟肋。於是他設計用步兵砍馬腳，只要一匹馬倒下，另兩匹馬也就跟著一起遭殃，「拐子馬」遂被「岳家軍」所擊敗。

這些東西都不用到正經的歷史書裏去找，評書演義裏多的是，作為出自民間的軍事高手，陳玉成哪會不知其詳？

在與滿洲騎兵對陣時，陳玉成假裝不敵，稍微接觸便撤軍後退。對這種場面，滿洲騎兵顯然已經司空見慣，追啊，怕什麼，於是他們也像當年的「拐子馬」那樣，毫無顧忌地橫衝直撞過來。

就在這時，陳玉成預伏的刀牌手突然從路邊一躍而起，他們用盾牌護身，刀削馬足，騎兵隊伍立即亂成一團。

江北大營的這些人不知道陳玉成還藏有一項絕招：回馬槍。

回馬槍最早指的是陳玉成出眾的槍法，後來陳玉成將其融會貫通，又移到了戰術之中，而且使起來更加出神入化。

在用刀牌手將滿洲騎兵先行攪亂之後，陳玉成返身掩殺，一個回馬槍便將對手挑落馬下。騎兵一敗，江北大營頓時成了沒腳蟹。一八五八年九月二十六日，陳玉成和李秀成前後夾攻，一舉攻下浦口，並將江北大營予以摧毀，包括滿洲騎兵在內，大營所駐的一萬多官軍損失殆盡，咸豐被迫從此撤銷了江北大營。

浦口戰役的勝利，使長江上游對天京的供應變得暢通無阻，江南大營好不容易挖出來的「長城」至此成了虛設。

陳玉成移師江南，使得太平軍在安徽戰場上缺少了重量級的大將，李續賓進軍皖中，才一個多月的時間，便攻克了四座重鎮。

知道李續賓來了，廬州附近的殘餘官軍都巴不得這位「戰神」早點兒來救命，李續賓一個月攻四座城，他們都覺得太慢，一個勁地給咸豐上摺，要求東征軍能夠加快進度。

咸豐於是發出密詔，催促李續賓進軍廬州，十天之內，李續賓竟然收到了七道聖旨。

其實這時的東征軍自身也已經疲弱不堪。

攻的城越多，對李續賓來說就越是負擔，因為每佔一城，他都得分兵駐守，否則的話，攻城就失去了意義。如此一分，八千人去了三千，加上連續苦戰，得不到休整，東征軍已不滿五千，且傷兵滿營。

盧州集結的都是太平軍的精銳部隊，假設胡林翼此時仍在主持東征，他無論如何不會再讓李續賓往前推進。

只可惜胡林翼的老母正好在這時候病故，胡林翼扶柩還鄉葬母，其巡撫一職已由官文兼代，李續賓打仗吃不吃力，對官文來說無關痛癢，他還巴不得李續賓早點兒報捷，以便給自己的功勞簿上再添一筆哩。

另外一個能勸止住李續賓的，就是曾國藩，然而曾國藩遠在東南戰場，縱算知道，也鞭長莫及。

李續賓只能靠自己來作出決策了。作為久戰之將，他當然明白疲師不能力戰這個道理，但咸豐的重託又讓他責無旁貸，反覆思量之後，他仍下不了決心，於是便請幕僚和部將們前來商議。

幕僚們都說，我們現在與後援已失去聯絡，若是繼續進軍的話，難保不腹背受敵，倒不如趕緊返回，與後續部隊會師，等屯足力量後，才有必勝的把握。

部下也有很多人持相同看法，認為東征軍實已成強弩之末，只要太平軍截斷糧道，不僅取勝無望，已佔領的四座城池也會丟失。

李續賓何嘗不知道這一點，可這樣一來，東征豈不變成了東撤，好容易鼓起來的士氣會遭到挫傷不說，也很可能失去最佳的作戰機遇——陳玉成不在盧州，眼下正是攻其不備的時候。

曾國藩的弟弟曾國華此時也正隨軍參謀，他主張繼續前進。有人提到糧道可能被截的顧慮，他就說，在這一個多月的時間裏，我們只勝不敗，太平軍已經喪膽，喪膽之師怎麼敢出來堵別人糧道呢？

曾國華的意見正中李續賓的下懷。退一步說，就算堵了糧道又怎麼樣，只要對方正面擋不住，一切白搭。

曾國華不是沒有打過仗的白面書生，當初胡林翼派兵援救江西，曾國華即為主帥，那支援軍也不過才四千人，卻得以擊敗韋昌輝，起到了力挽狂瀾的作用。想想看，要是那時候曾國華有一絲怯懦，前怕狼後怕虎，他還能深入江西嗎？

打仗，要的就是出奇制勝，李續賓計議已定，他決定兩頭兼顧，即一邊向廬州挺進，一邊向後方催要援軍。按照他的計算，如果能在太平軍的援兵到達之前，迅速攻下廬州，就能大獲全勝，又或者戰事不利，但只要己方援軍能及時到達，亦可立於不敗之地。

包圍和反包圍

欲攻廬州，必過三河。三河是一座小鎮，位於廬州以南約九十里處，太平軍在此建立了一座衛城和九座營壘。

一八五八年十一月三日，李續賓進攻三河，三河守軍早有防備，槍炮齊擊，湘軍因此傷亡慘重，李續賓只得暫且收兵。

太平軍有土營為基礎，在營壘構築上更為精心，這些營壘大多配備帶縱深的障礙區：先有土牆，然後有壕溝，接著再土牆，再壕溝，二重防護之後還有木樁及竹籤。

這樣的九座營壘，加上又是憑河設險，自然很難攻破。李續賓吸取教訓，決定將單向進攻改為二路進攻，以此分散營壘的防守力量，降低攻克的難度。

一八五八年十一月七日，李續賓再次發起猛擊，這次他成功了，當天，三河營壘全部被攻破，殲滅和俘虜太平軍達七千多人，與此同時，湘軍的傷亡也累計逾千，李續賓手下的能戰之兵只剩四千，與曾國華當時赴援江西的部隊一樣多。

此時的三河，對於李續賓而言，不啻是一個誘他入甕的陷阱，因為太平軍的援兵當天已經到達。

早在李續賓對三河發起進攻的時候，三河守將就向陳玉成發出了告急文書。天京之圍既然解除，陳玉成一身輕鬆，他一面請調李秀成赴援，一面率十萬太平軍先行向三河急趕。

陳玉成到達三河後，沒有馬上與李續賓照面，而是駐軍於三河以南，以切斷湘軍退路。

陳玉成所率的十萬人馬，以「三十六路回馬槍勁旅」為核心，這三十六路皆為精兵，乃打破江北大營的主力。

在發現陳玉成現身，且擁有如此強的兵力後，李續賓吃驚不小，其幕僚和部屬也不安起來，大家都主張在對方合圍之前，趕快撤退，但李續賓突然產生了一個極其大膽的想法。

他原來是要卯足勁收復廬州，但廬州即便攻下，也還面臨著陳玉成的威脅，現在陳玉成率領主力精銳來了，為什麼不趁此機會，通過野戰將其一舉殲滅呢？

換句話說，現在的東征軍就是一塊磁鐵，李續賓要用自己來吸引住陳玉成，然後等周邊援軍到達後，再對其實施反包圍。假如取勝，今後安徽就是湘軍的天下，廬州也將成為囊中之物。

戰場之上，真正的頂尖佳作都是在這種險中求勝、逆境得活的反向思維中取得的，更何況，自接掌湘軍指揮大權以來，各種各樣的險情和被動局面，李續賓已經見得太多了，以少敵眾，以弱勝強，對於他來說也早就成了家常便飯。

來得早不如來得巧，既然大家費了牛勁才能聚到一塊，那就讓我們在三河痛痛快快地打一仗吧。

這是一種高手即將對決前的亢奮和激越，用李續賓的話說，就是敵人「愈多愈佳，將聚而殲之。」李續賓繼續屯兵三河，除前面已向官文求援外，他還向包括九江在內的周圍各路湘軍發出了會戰調令。

一天兩天，三天四天，一個星期過去了，連援軍的影子都沒能見到。

這才知道，附近靠得近一些的湘軍，多為小部隊，在要道被陳玉成封住後，根本就過不來。那麼湖北方面的大部隊呢，要知道李續賓很早以前就寫信過去了。

答案是根本沒來。

官文收到李續賓求援的信件，笑了：「這個李九（李續賓排行第九），入皖以來所向無敵，現在正是他最強的時候，我就不相信還有什麼他攻不破的敵軍，應該用不著我們再去畫蛇添足了吧？」

不是官文故意想給李續賓小鞋穿，是李續賓在眾人心目中早就成了戰場上的一尊神，加上他在信件中也沒有把形勢說得多麼困難，導致其他官員得知後，也都認為無須派兵增援。

了解李續賓性格的，只有胡林翼，只有他才知道，那是一個輕易不肯說難字的人，假如李續賓提出要援兵，那一定是非援不可，但是胡林翼恰恰不在。

李續賓等來的不是戰機，而是重重危機。

同樣都是沙場上戰神級別的超一流高手，你這邊即便鬆懈一下，也可能給對手創造必殺的機會，何況耽擱了一周，它足以要了李續賓的命。

太平軍在近代軍事上有很多新的創造。比如說，在此之前，攻一座城，靠的都是雲梯加人海，從春秋戰國到清末，五千多年了，一直如此，太平軍的坑道戰攻城，可以說是首創，絕對具備申請專利的資格。

到了陳玉成這裏，他又將這種工程兵戰術進一步拓展延伸，營壘一詞在他手中被用活了。

在傳統兵學理論中，營壘通常是跟防禦戰聯繫在一起的，「止則為營，行則為陣」，對大軍起一個防護作用。可是陳玉成卻獨闢蹊徑，將其大量運用於進攻戰領域。從到達三河之日起，他就開始反客為主，不斷建造營壘，對李續賓進行圍困。

當李續賓重新正視戰場形勢時，他不禁倒抽一口涼氣。

三河地形呈人字形狀，三面環河，在一時無法攻克三河鎮的情況下，只有一條長堤可通往後路，而陳玉成一夜之間建起的幾十座營壘都集中在這條路上。

李續賓對陳玉成並不陌生，但當親眼見到這一切時，他也有了一種不寒而慄的感覺。這是能夠站在同一水平線的對手，再加上趕來增援的李秀成，看來此番真是凶多吉少了。

等待援軍已不現實，也就是說，舉行反包圍的大會戰成了泡影，如今只能趁銳氣尚在，靠自己的力量衝出包圍圈。

在研究突圍方案時，有部將提出，不如在五更天，也就是後半夜發起進攻，但是李續賓考慮到，陳玉成率領的是精銳之卒，加上三河地形複雜，到處都是分叉河港，天黑時看不清道路，此時作戰，於攻方不利。

突圍也是突襲，一旦形成僵持局面，突襲戰變成持久戰，再想突就沒機會了。不如黎明時開戰，既看得清楚，同時也能起到突襲效果。

人算不如天算

一八五八年十一月十四日深夜，李續賓派出兩千多生力軍，進行十五里強行軍，在指定時間內到達前沿，隨即發起猛攻。

陳玉成圍困的關鍵要訣，還不是圍，而是放。事實上，那條長堤是故意留出來的，當你試圖通過時，周邊的所有營壘都會纏住不放，直至將你絞殺在路上。

這就是「包營為營」。在過去的征戰中，陳玉成已不止一次實施這種獨門絕招，對手一旦被他築壘包裹，就必然全軍覆沒，在安徽戰場上，很多人都從中嘗到了苦頭，聽到陳玉成的名字，就沒有不膽戰心驚的。

可是李續賓部隊衝擊力之強，絕非一般部隊可比，哪怕是「三十六路回馬槍勁旅」也多有不及，同時李續賓如此快就決定反守為攻，也超出陳玉成的預計——大多數情況下，守軍都是被圍得實在受不了，才會尋道突圍。

兩千多湘軍，硬是在陣前打掉了差不多同等數量的太平軍，此後越戰越勇，眼看就可以衝垮太平軍的營壘。後來李秀成以一個軍事行家的眼光，對此點評說，如果當時不出現異常，陳玉成已必輸無疑。

這個異常情況是作戰雙方都沒有想到的。三河地區忽然起了大霧，「數尺之外，一望茫然」，周圍全都變成了盲區，湘軍陷入混亂之中，進攻找不到目標，後退又尋不著歸路。

突圍前，李續賓怕的就是天黑難以辨識，不料避開五更，大霧卻還在黎明時分等著他，而如果照部將的建議去打，倒是很有可能撕開包圍圈，這真是人算不如天算。

對陳玉成來說，這場神祕的大霧來得正是時候，幾乎就是天賜。這種戰機再抓不住，是要折壽的。

「包營為營」的另一個要點，是在用營壘裹殺的同時，還設有兩支以上的精銳伏兵。先前由於湘軍攻得過猛，這些伏兵都沒能找到出擊的空隙，現在正好利用濃霧進行包抄。

太平軍在穿插，湘軍光聽聲音看不到人，急得團團亂轉。

霧散了，湘軍驟然發現，前後左右竟然全是如鬼魅一般冒出來的太平軍，而且還在如潮湧來，在心理上就先怯了陣，此後便亂上加亂，完全失去了章法。

李續賓正在大營焦急地等待前方戰報，然而傳來的消息是，天降大霧，連送飯的人都不知道戰場究竟在哪裏，只是說前線到處能聽到湘軍和太平軍的鼓角聲、吶喊聲，可是分不出究竟誰是誰。

再接著，就得知霧雖散開，部隊卻遭到了包抄圍困，裏面的人出不來，外面的人也進不去。

李續賓心知不妙，趕緊率留守部隊前去接應，但此時太平軍士氣大振，人也越聚越多，身穿黃衣服的官兵重重疊疊，層層環繞，隊伍綿亙開去足有二三十里長。

李續賓連續發起數十次衝擊，都無法進入已然像個鐵桶一樣的包圍圈，湘軍士卒則饑疲交加，死亡枕藉。眼見自己也將陷進去，他只得率殘部撤回大營，而包圍圈中的兩千多湘軍也在差不多時間全軍覆滅。

這時援兵趕到，不是李續賓的援兵，是陳玉成的，這就是早已到達三河，但與陳玉成分營駐紮的李秀成。

除陳玉成和李秀成雙劍合璧外，原屯守三河鎮的守軍也殺了出來，三路人馬全部加起來，有數十萬之多，他們藉助人數和心理優勢，一連擊破湘軍大營的七座營壘，將李續賓緊緊圍困在一個逼仄的三角形地帶。

從湘軍大營再往外面看，包圍圈已經密布了幾十層，不是一個鐵桶，是連續不斷多少個鐵桶了。

大勢已去。縱使你再不情願，這趟旅途也面臨著結束。

可如果不是那場該死的大霧，也許早就衝出去了，李續賓仰天長歎：「是老天要讓我們敗啊，這些莫非都是天意不成。」

在反包圍計畫泡湯後，整軍突圍也失敗了，唯一的求生之路就是分散突圍。

一八五八年十一月十五日，李續賓傳令，只要晚上月亮一照地，就馬上分開行動。

月亮出來了，李續賓卻感到了一種羞辱。

從軍以來，他不止一次看到其他部隊潰散，那真是將不顧兵，兵不管將，情形狼狽不堪，導致軍威大損，難道他李續賓也要走這條路嗎？

一個將軍可以打敗仗，但絕不能丟掉榮譽。

李續賓遂告訴部下幕僚：「我要死戰報國，不想以屈辱的方式逃命。你們可各謀生路，自行分散突圍。」

曾國華等人都說，「公（指李續賓）義不負國，我等豈可負公」，當然是同生共死，絕不偷生苟活。

李續賓不再堅持。他們這些人不是師友，便是同好，一起探討學問，一起征戰沙場，如果大家能夠攜手走向另外一個世界，也是一種幸運，至少還可以像現在這樣親密無間，而絕不會感到孤獨寂寞。

當晚二更，營中所有諭旨和奏摺都被搬出來，並置於火中，看著文件全部燒盡，李續賓又朝北面朝廷的方向拜了兩拜，然後才躍馬出營，帶著眾人仍以整軍方式向太平軍衝去。

李續賓騎著戰馬，「往來奮擊」，在他的指揮和示範下，士卒把所有鬥志都煥發出來，太平軍的防線終於出現鬆動，有一部分官兵趁勢衝出了第一層包圍。

就在這時，太平軍掘開大堤，洶湧的河水將已走到河堤旁的湘軍席捲而去，突圍的希望徹底破滅了。

死亡之謎

李續賓死在了這場突圍戰之中，一同戰死的還有曾國華，但是關於李續賓死亡的具體情形，一直眾說紛紜，幾乎成了史學界的一個謎。

按照李秀成在自述中所言，李續賓係回營上吊自殺，但是聯繫當時的實情和他的職業軍人氣質來看，似乎不大可能。太平軍後來並沒有能在第一時間找到李續賓的屍體，所謂自縊而亡也多半來自於猜測。

據湘軍倖存官兵回憶，在激戰過程中，李續賓看見遠處有一面黃旗，認定旗下必有大將指揮，是陳玉成和李秀成其中之一也說不準，隨即抱定同歸於盡的決心，單人獨騎朝黃旗位置殺了過去。之後再無目擊者。

有人認為李續賓是力竭陣亡，證據是他的身體和面部均遍布長矛傷口，這些傷口足以致命。

也有人認為李續賓是在傷重情況下，又見突圍無望才投水而亡的，這種說法主要來自於當地民間。

李續賓死的地方叫作胡同大圩，當地人稱李續賓為「李九大人」，又盛傳，九通「酒」，胡通「壺」，酒進了酒壺，是出不來的，所以那裏必定是他的絕命之所。

有資料記載，胡同大圩至今還保存著淹死李續賓的水塘，塘邊存有悼念碑文。如果這是真的，李續賓的結局，就與六年前同死於廬州的江忠源一模一樣。命運就是如此巧合，兩人同屬軍界巨擘，不僅死於相鄰地點，就連死亡的方式都差不多。

李續賓的死，之所以受到如此大的關注，緣於當時的朝野輿論對其評價非常之高。李續賓所率部隊軍紀嚴明，所到之處，從不驚擾百姓，又常勝不敗，早已成為民間的優質偶像。聞知大將折戟，人們無不為之痛惜，他的屍體也是附近居民自發找到，並不遠千里背去後方的。

香港鳳凰衛視拍過一部紀錄片，名為「湘軍東征錄」，其中一集講到三河會戰，拍攝人員專門到三河進行採訪。當地農民對這段已顯遙遠的史實津津樂道，連李續賓大致戰死在哪個區域都說得出來，可也許這個地方太偏了，或者是平時不大看書看報，農民們了解歷史完全靠上一代的口耳相傳，因此說著說著就說豁邊兒了。

編導問他們，「李九大人」跟「長毛」誰好誰壞。農民不假思索：「當然是李九大人啦，他是為人民的。」

電視臺沒把這段給刪掉，但在播出時還是趕緊加上按語，及時指正了農民的「不懂政治」以及缺乏「正確的歷史觀」。

其實要回到那個年代，你要讓三河人說太平軍有多麼好，還真是很勉強。別的不說，就說造那座三河鎮，所用材料都是從周圍鄉鎮里搶奪來的。據說當時太平軍所到之處，遇廟拆廟，遇碑拆碑，遇牌坊拆牌坊，就連農民打穀場上用的石滾都沒放過，毀房奪物到這種程度，自然很難讓人說你好話。

李續賓死後，殘部繼續固守大營，在火藥和水米皆盡的情況下，苦守四晝夜後，大部戰死，只有極少數人趁半夜游過河去，撿了條性命。

居家守孝的胡林翼一直牽掛著李續賓和東征軍。三河失利的消息讓他如遭雷擊，每日每夜「彷徨驚懼」，但當時他還寄望於損兵不要折將。照胡林翼的看法，只要李續賓能夠突圍生還，縱使東征軍損失大半，也只需兩三個月便能恢復元氣。

倒是曾國藩更為明智清醒一些，他按照李續賓和曾國華的個性，判斷兩人生還率都很低：李續賓性格慷慨激烈，在如此困境下，是斷然不會隻身逃命的，就算你當著面苦口婆心地告訴他，突圍後還可以重振旗鼓之類，都很難改變他的決心。至於弟弟曾國華，與李續賓誓同生死，也一定不肯捨之而去。

說是這麼說，其實曾國藩和胡林翼一樣，心裏面都在祈求著發生奇蹟。

有一本書記載，胡林翼在恍惚中做了一個夢，夢見李續賓飄然而至，兩人還在一起切磋了一會兒詩詞學問，但等他驚醒，噩耗傳來：李續賓戰歿於三河。

胡林翼當即大口吐血，倒在地上暈了過去，曾國藩在確證消息後，亦淚流不止，好幾天都吃不下飯。

這個世界，誰都無法改變命運的進程，無論它有多麼恐怖和殘酷。三河之役成為湘軍重振以來經歷的最大慘敗，湘南湘鄉一帶，很多人家都有子弟死在三河，以致出現了「處處招魂，家家怨別」的景象。

自江西受挫以來，歷四年時間才積聚而成的精銳至此毀於一旦，包括李續賓、曾國華在內，文武官員戰死者就有數百人之多，戰後遺落的紅藍頂戴遍地都是，太平軍打掃戰場時足足裝了八大籮筐。在戰爭中，被摧毀的都是那些最富理想主義氣息的書生將領，以及最勇敢最擅戰的前線官兵，湘軍雖然總體上還餘有幾萬人，但這幾萬人已噤若寒蟬，誰也不敢再輕舉妄動。

對湘軍來說是大敗，對太平軍而言，就是大捷。陳玉成和李秀成以死傷三四萬人的代價，打掉了湘軍的主力及其標誌性的人物，從而挫敗了胡林翼的東征計畫，也一舉扭轉了「天京事變」以來的被動局面。

這標誌著「雙子星座」已經完全取代甚至超過當年石達開所能起到的作用，太平軍中的新一代實現了成功崛起。

第十一章 海港風暴

咸豐對曾國藩和胡林翼這樣的帥級人物多多少少都存有一些疑慮，但對江忠源、李續賓類的將星則是器重和欣賞有加，這兩人的死訊都讓他既痛又悔。

痛的是，如此大勇之將，今後再不易得。悔的是，無論江忠源還是李續賓，其實都是在不停地幫他趕場，縱使不戰死，也得累死。可以說，沒有那七道猶如催命符似的聖旨，處事極少莽撞的李續賓絕不會明知不可為而為之，最終走上不歸之途。

咸豐一邊讀著李續賓的事蹟，一邊流下眼淚。他的痛和悔都是真心的，又都是出於不得已，換句話說，如果讓他重來一遍，還是只能那樣做，因為他別無選擇。

這真是一個多事之秋。九江的攻克，石達開的出走，曾令咸豐以為國內戰場的形勢從此將呈現全面利好，可是三河慘敗這個乾坤大挪移式的轉折，又讓他再次進入了困頓不堪的循環。

眼前的情景都再熟悉不過，好像看到終點，但馬上又會被打回原點，咸豐對此幾乎已經有些麻木。

不過按照這一規律，要是運氣好的話，一敗以後通常還會有一勝。這次咸豐運氣不錯，他將取得一次難得的勝利，而最讓人意想不到的是，取勝的戰場不是內戰，竟然是外戰。

把新兵練成精兵

通過在天津的敲詐勒索，英法美俄這四隻狼如願以償，想得到的全都得到了。到了此時，他們更加有恃無恐，已完全不知收斂。

一八五九年初，英法提出要進京換約。咸豐為一個《天津條約》，已經窩囊到要死，當然不願看到洋鬼子再趾高氣揚地跑到京城來，所以他起初怎麼也不肯答應，說大家就在上海換好了，何必捨近求遠，跑到京城來呢？

英法哪裏肯依，咸豐實在被逼得受不了，這才點頭同意，但是要求在隨行人數、儀仗上有所限制，以保存東方帝國最起碼的臉面。

傳話過去，洋人才不理這一套。

我願意去多少人就去多少人，要多大的排場就多大的排場，要你管？再囉嗦，手起刀落，寸草不生。

咸豐說要限制人數，英法乾脆連軍隊都帶上了！

這個場面，咸豐不是沒有預料。實際上，他肯答應談判並簽訂《天津條約》，很大程度上，也是一種緩兵之計，為的就是能有充分時間進行重新布防。

在此之前，他早就做好準備，投下了他一直不肯動用的最大王牌，那就是皇家將星——「玉石綿羊」僧格林沁。

當年如果不是僧格林沁在天津擋住太平軍的北伐部隊，京津所面臨的命運，不外乎又是像前明那樣國破家亡，如今還是在同一地點，又得靠這位神人了。

僧格林沁不僅沒有因為那份「原子彈」奏摺而受罰，反而讓咸豐對之更加器重和信任。英法聯軍前腳剛剛離津南下，咸豐後腳就將僧格林沁召到京城，當面談了自己在防守天津及大沽口方面的一些設想。

主戰派有了機會，僧格林沁可以在適當時候放手一搏了，他隨即以欽差大臣的身分直奔天津。

視察天津沿海防線是此行的重點。不出意料，大沽口炮臺早已成為廢墟一片，除在戰爭中被炸掉的以外，剩餘炮臺都已被英法聯軍拆毀，原有駐軍也死的死，逃的逃，潰散一空。

僧格林沁決定去看一下北塘，那裏是除大沽口外的另一防守重點，由於沒有直接遭到攻擊，駐守部隊仍基本維持著原狀。

北塘總兵前來報到，僧格林沁問他手下有多少兵，得到的回答是，除調出去的外，尚有三百多人。

僧格林沁長年治軍，非常注重細節，他沒有就此打住，而是傳令集合部隊，他要親自點驗。從早上七點到下午七點，僧格林沁坐在帳中動也不動，就等著官兵集合，一天下來，總共才來了四五十人。

僧格林沁勃然大怒：「軍紀如此廢馳，還能打好仗嗎？指揮官究竟是幹什麼吃的？」

他立即將那位瀆職的總兵予以撤職，並交吏部追加處分。

當官的要打屁股，不是說當兵的自身就一點兒問題沒有，要跟洋人作戰，沒有一支精銳之師是不行的。

在擊敗北伐軍後，原先歸僧格林沁統率的舊部，大多被西凌阿帶去了南方，只剩下回歸蒙古的騎兵，這次僧格林沁又把他們召到了前線。

蒙古鐵騎雖然厲害，畢竟是騎兵部隊，你要一個騎慣馬的人到地面開槍鳴炮，顯然不能發揮所長。

在僧格林沁所掌握的部隊中，還有駐紮於北京城內外的京旗，其中就包括培養過塔齊布的火器營。京旗兵經常操練槍炮技術，用他們來守天津，當然再好不過，但京旗同時肩負衛戍北京的重任，只能調很少一部分過來。

顯然，不能單純依賴騎兵或京旗，僧格林沁決定在天津重新徵召部隊，但他很快就發現新招士兵素質很差，這些人多半都是因為在社會上沒有一技之長，謀生困難，才跑到軍營裏來混飯吃的，缺乏職業軍人的必備技能和操守。

把不成器的新兵練成精兵，成了僧格林沁在天津的主要使命之一。他想的辦法，是從京旗中抽出一部分精銳，調到大沽做防守骨幹，同時又讓這些老兵與新兵進行混編訓練，以提高新兵的技術素養和能力。

有老兵帶，並不等於你就一定能成為精兵，僧格林沁在軍營中制定了層層獎勵激勵制度。

學會鳴放鳥槍和耍弄刀槍只是基本功，過了這關你才能留下來當兵。之後，如果你又學會放炮了，恭喜，漲五錢工資。

這還不算完，你有精力和幹勁還可以繼續使——

陸勇，長矛腰刀舞起來銳不可當，以一當十，漲五錢。

水勇，水性不錯，能像浪裏白條那樣潛伏水底，漲五錢。炮手，開炮動作純熟，成了神射手之類的角色，漲五錢。……

以此類比，只要你學會一樣絕的，就給漲一次工資，每次雖然不多，但加起來就多了。

這是對自覺的，對不自覺的，僧格林沁也毫不客氣。他曾讓一批水勇完成海上凫渡訓練，百餘水勇竟無人敢上前一試。

連凫渡都不敢，還叫水勇？僧格林沁二話不說，撤掉口糧，什麼時候敢游能游了，再讓你們吃飯。

所有兵勇裏面，僧格林沁最看重的是炮手，但炮手的情況也最不樂觀。在僧格林沁親自主持的一次火炮射擊抽查中，大小火炮共發射實彈五十二發，正中靶船的是十八發炮彈，僅有百分之三十幾的命中率。

海防是天津防守的關鍵，而海防又全靠炮臺，連炮都打不準打不好，還防個什麼勁兒？

僧格林沁對炮手提出要求，不光是要打中靶船，還得打中旗杆。

那時即便是從國外進口的洋炮，也多為沒有膛線的滑膛炮，更不用說土炮了，中國炮手又不可能像西方人那樣，從數學和彈道原理的角度來研究射擊技術。炮打得準打不準，全憑經驗和感覺，這種情況下你想想，要打中一隻旗杆，該有多難。

起先肯定是叫苦連天，誰都打不準，無論怎麼練都是一副趔趔趄趄的樣。僧格林沁也不聽你們強調理由，他進行「末名淘汰制」，從打得最豁邊兒的人開始，直接勒令下崗。

剩下來的人雖然還在崗位上，可一個個輪過來，總會輪到你，這樣就逼得炮手們不得不拼著命訓練，一點點地去提高射擊技能。

與時間競賽

僧格林沁的嚴，不僅體現在訓練上，也包括軍風軍紀。

在太平軍和後來興起的捻軍心目中，僧格林沁始終是他們在北方的最大勁敵。由於這個原因，他們對僧格林沁切齒痛恨，在一篇現代人收集的「捻軍歌謠」中，幾乎把僧格林沁描寫成了一個無惡不作的混世魔王：「不怕螞蚱吃，不怕黃水淹，就怕僧王住一天。」

編撰和研究者說，這是當時北方民間對僧格林沁的評價，也是僧格林沁為害百姓的生動寫照。可這樣的作品，從「捻軍歌謠」這個出處，就可以想見其目的和用意，不客氣地說，它與「吃他娘，穿他娘」類的「政治民謠」並無區分。

真實的僧格林沁並非如此。據說他每到一地，發布的第一條命令，就是要保護當地。按照他的說法，「預知軍旅之盛衰，必訪百姓之褒貶」，軍隊以後能不能闖出名堂，全靠民間口碑，因此他經常微服查訪，去聽聽一聽駐地附近的老百姓有什麼意見。

由於缺糧缺餉等問題，戰亂時的官軍確實有很多在軍紀上糟糕至極，官軍過處，「姦淫焚掠，十室九空」的場景也並不少見。看到那些向他鳴冤叫屈的百姓，僧格林沁對一眾害群之馬很是痛恨，曾發出「民之恨兵，甚於恨賊」的慨歎。有鑒於此，他在管束自家軍隊，特別是蒙古騎兵方面也就格外嚴苛，除三令五申外，還請朝廷派御史進行調查，以便從外部進行監督。

史稱，僧格林沁督師十餘年，「瓜果下無戎馬跡」，所部基本上是秋毫無犯，在軍風軍紀上是可以與南方的湘軍相比較的。

約束軍紀，表面上看只要下個命令就行，但主將的示範作用其實相當重要，所謂「上樑不正下樑歪，中樑不正垮下來」。

僧格林沁出身貧寒，年少時因生活艱難放過羊，以此養成了勤儉節約的生活習慣，即便後來發達，成了「僧王」，仍不改初衷。

駐節天津期間，他帳中的高級幕僚一個月只能拿到十四兩薪水，與其他地方相比，顯得異常寒酸。這些幕僚能待得下去的理由，一是慕名而來，衝的是僧格林沁的聲望，並沒想從中發大財，二是僧格林沁自奉更薄，他一個月才領十二兩。

不打仗時，僧格林沁只穿一身青布馬褂，完全看不出是什麼皇室貴胄，碰到部下士卒有「過奢」的舉動，他也一定要加以勸止。

所謂「過奢」，依照的仍是僧格林沁自己的標準。有人買了一件青呢馬褂，上前一問，要花去兩千四百個銅錢，僧格林沁連連咂嘴，說一件衣服要用去相當於十天的口糧，太浪費了，不過是一件衣服嘛，你看我也就是穿件青布馬褂，以後絕不能這個樣子。

某次僧格林沁查看軍營，在一座帳外看到了丟棄的白菜葉。他立即把當事人叫出來，讓其撿起洗淨：「我告訴你，白菜葉用鹽醃一下，味道好得很哩，丟掉是暴殄天物。」

嚴格並不等於一天到晚要對部下扳著冷面孔。和所有優秀將領一樣，僧格林沁跟官兵不分彼此，即便進行責備，也都面帶笑容。

他巡營很少騎馬，都是步行，而且看到什麼講什麼，就像一個見多識廣的老兵。跟著他的大小官員，從將軍都統開始，見「僧王」如此，也都只好跟著走來走去，沒一個敢擺官威。

僧格林沁在吃方面並不講究，一日三餐就是兩個小菜，再佐以饅頭和小米粥，平時連吃大米都覺得過於奢侈。只有到一個新的地方紮營時，他才會特地讓伙夫蒸一隻小豬，然後坐在帳外，一個人邊喝酒邊吃肉。

那些騎兵步兵聞到香味，都跑過來要嘗一嘗鮮，僧格林沁便用刀將豬肉一片片割下來給他們。往往是這一群剛走，另一群又來，轉眼之間，一隻蒸熟的小豬就被分光了，僧格林沁本人倒沒吃著多少，但他只是笑笑，從不以為意。

僅僅半年之內，僧格林沁的訓練和治軍就收到效果。一八五九年三月底，大沽炮臺接連三次進行實彈演習，最後一次光打中旗杆的就有六炮之多，這在以前是無法想像的。

這支短時間編練的部隊，人數達到一萬，其中有四千駐於炮臺，而且官兵從精神面貌到技戰術水準都煥然一新，足以稱得上是「精銳之師」。

有了軟體，還得有硬體。僧格林沁在大沽重建了六座炮臺，並再鑄大型銅鐵炮，這次一上來就是八千斤以上級別的，最大的超過了萬斤。

通過南方戰場的實踐，大家都掌握了購買洋炮這一門徑。可是由於廣州失守，已經不可能再從那裏購進。這時正好有一個福建商人，知道僧格林沁在尋覓好炮，就主動把先前買來用於護船的洋炮捐了出來，加上從其他管道或購或捐的，大沽炮臺一下子擁有了二十多門洋炮，形成了土洋炮相結合的火力體系。

重建大沽口炮臺期間，僧格林沁就住在附近村子的兵房裏，一大早趕去炮臺督工，很晚才能休息。此時正值冬季，大雪紛飛，海風凜冽，可以凍到人上牙齒碰下牙齒，格格作響，其苦寒之狀，連一些年輕士兵都受不了，更何況僧格林沁已是年近五十之人。

幕僚和部下都勸他不用如此辛苦，事事親力親為，僧格林沁則憂心忡忡地望著遠處的海面：「眼看就快要解凍了，又不知道夷船什麼時候來，不能不抓緊啊。」

在這場與時間角逐的競賽中，僧格林沁終於跑到了前面。至一八五九年四月，大沽防禦體系基本完成，僧格林沁自己也鬆了口氣，在給咸豐的奏摺中，他如釋重負：「大沽海口布置均已周密。」

疑兵之計

兩個月後，也就是一八五九年六月十七日，在英國海軍司令何伯少將的率領下，英法聯軍到達大沽口外。

這時何伯發現海河內有很多障礙物，在落潮之後，他又用望遠鏡進行了仔細觀察，辨別出障礙物原來是複雜的攔河設施。

阻塞河道的常用工具是鐵鏈和木筏（木排），比如湘軍和太平軍在長江上鬥法，翻來覆去離不開這兩樣東西。僧格林沁開始用的也是木筏，後來他覺得木筏對英艦威脅不大，就又設計了鐵戧。

鐵戧由三根鐵腳所組成，其頂端削尖，可浮於水面，對艦艇底部有明顯的破壞作用。僧格林沁用兩根大鐵鏈和一根纜繩將它們綁起來，在海河上每隔六米就排成一行，看上去很讓人心驚肉跳。

何伯立即作出結論，不摧毀或拆除這些攔河設施，就連淺水炮艇也無法順利登岸。

英法公使尚落在後面，在他們到達之前，何伯一面派炮艇越過攔江沙，鳴槍放炮，進行軍事威懾，一面差了一個翻譯，乘小舢板到大沽去察看動靜。

翻譯到了大沽後，卻沒有看到一門炮和一個兵，遠遠望去，炮臺上甚至連個旗幟都沒有，好容易才找到兩個接待的，自我介紹是本地團練。

大沽守軍呢？「團練」一攤手，哪裏還有什麼守軍，大沽就剩我們團練在維持了。

翻譯即以命令的口氣告訴大沽「團練」：三天之內，必須將海河內的攔河設施全部撤掉，以便載運公使的炮艇從此通過。

「團練」可憐巴巴地說，他們不過是負責看個門報個信而已，沒有任何許可權，撤除攔河設施的事，須報請天津官府才能答覆。

翻譯聳聳肩，便搖著屁股回軍艦彙報去了。何伯聽到後心花怒放，早知道大沽炮臺已在戰爭中被徹底摧毀，果不其然，到現在都沒能恢復，那還怕什麼。

他當然想錯了。

這些所謂的「團練」就是大沽守軍，他們按照僧格林沁的吩咐，特地化了妝，用意就是施疑兵之計，以麻痹何伯。

早在為第一個大沽口之戰把脈時，僧格林沁就一針見血地指出，失敗首因在於出手太晚，正式交戰時聯軍已經撲到面前，臉對著臉了，他的手槍還會打不中你的喉嚨嗎？

可這並不是說聯軍一露面就要開炮，關鍵在於一個尺度。

僧格林沁的意思是，假使只有一兩艘英艦停在大沽口外，大沽守軍絕不能輕舉妄動，此時只需由天津官府出面與英方接洽商談。

但若有三五艘以上蜂擁而至，那就得留心了，僧格林沁為此專門劃了一條線，即以攔江沙內的雞心灘為界。聯軍艦艇一過雞心灘，就進入了海河設障區，則入侵之勢已成，那我隨時隨地可予以重擊，而不必等什麼「人不犯我，我不犯人」。

英法聯軍到達大沽口外後，何伯已派九艘淺水炮艇直接進入雞心灘，攔江沙外的大型軍艦同樣虎視眈眈，雖然尚未越界，但僧格林沁已時刻做好開戰準備。

翻譯上岸所見，恰恰是僧格林沁備戰的一部分。此前他已把炮臺的旗幟全部收了起來，各門火炮均用炮簾遮擋，官兵躲在軍營裏，連腦袋都不許探出炮臺營牆。這是白天，晚上則取消更鼓，給外界造成炮臺守軍早已撤離一空的印象。

與此同時，他派出暗哨四處瞭望，對海上的英法聯軍進行嚴密監視，對方的一舉一動皆在他的監視範圍之內，「團練」便是為何伯量身定做的產品。

當初僧格林沁和林鳳祥、李開芳鬥智鬥勇，種種詐術使到了令人眼花撩亂、目不暇接的程度，那真是你騙我，我騙你，如今用來騙騙洋鬼子，亦不過小菜一碟。

僧格林沁積極備戰，卻並不主動尋戰，因為這件事太重大了，而且鑒於雙方實力上的懸殊，一旦交火，最後勝負如何，他也沒有絕對把握。

一番思忖之後，僧格林沁當天奏請咸豐，提出讓外國公使轉道北塘，由陸路進京，這樣可以不破壞海河上的攔河設施，繼續確保大沽防禦上的完整性。

一八五九年六月十八日，咸豐批覆同意，並傳下諭令：等具體負責談判的桂良回到北京後，英方即可自北塘入京，但在此期間，只要英方願意，也可以先將船開到北塘海面等候，反正兩不耽誤。

你說兩不耽誤，人家可不這樣想。

一八五九年六月二十日，何伯自行規定的「三天期限」到了，得知要繞北塘，還要等什麼大學士，立刻火冒三丈，當即又派翻譯上岸威脅了一通。

僧格林沁一面向咸豐報告，一面以天津官府的名義，照會何伯，說你再等等，也不過是幾天的事，桂良就要回北京了。

何伯哪有這個耐心等下去了，而且就算他想等，已到達大沽口的英國公使也不讓。

這個公使並不是額爾金。此前額爾金已經離開中國，當他回國路過上海時，曾以英雄形象受到居滬英國商人的齊聲歡呼。這些英商集體向額爾金送交了一份請願書，上面除為英國發動戰爭喝采外，還一如既往地秉持了對中國的蔑視。

出乎這些英商的意料，額爾金搖了搖頭，他說，我們的西方基督教文明總有一天會發現，自己面對的並非想像當中野蠻愚昧的國家。這裏有非常古老的文明，它有許多方面確實是衰敗和有缺陷的，但在其他方面足以贏得我們的讚許和尊重。

額爾金這麼說，不是說他不主張動武。照他的話，如果不用「手槍正對準喉嚨」，中國政府怎麼肯答應簽訂《天津條約》呢？這位伯爵顯得比那些狹隘的商人更有見地，只是與他所見所聞有關，在葉名琛和那些戰死在大沽口炮臺的炮手們身上，額爾金確實看到了很多值得他敬畏的東西。

額爾金離任後，繼任者是他的弟弟卜魯斯。卜魯斯是天津談判的英方代表，繼任乃兄之職也算是英國政府給予的獎賞

得知卜魯斯將進京換約，額爾金特地帶信給何伯，囑咐他要多加小心，以免卜魯斯在路上出現閃失，但讓額爾金沒想到的是，正是有了這些「護駕的雄厚軍力」，他那個寶貝弟弟反而變得更加肆無忌憚起來。

霸王硬上弓

中國要求轉道的照會，完全符合國際法理和外交規則。因為海河是軍事禁區，中國政府又聲明在先，你就應該主動避開，這道理，就跟其他國家艦隊不能硬闖英國的泰晤士河一樣。

卜魯斯收到照會後卻根本沒當一回事兒。這小子可不像他哥哥那樣對中國還抱有起碼的敬畏之心，不客氣地說，其覺悟基本跟那些英商差不多，反正中國人做任何事，在他眼裏都可以被歸結到「野蠻愚昧」上去。

你那北京是倫敦，海河是泰晤士？狗屁！我願意從哪走就從哪走，用不著聽你們的。

卜魯斯對何伯說，還跟這些中國人費什麼事，我們自己動手把攔河設施拆掉不就得了？

對卜魯斯和何伯而言，這麼做還有另外一層不可向外人透露的意圖，那就是他們知道新的防禦

體系出自僧格林沁的手筆，而這位蒙古親王又是朝廷主戰派的領袖，對咸豐的決策有著不可低估的影響和作用。

《天津條約》簽約前，在得知僧格林沁對簽約持否定態度時，卜魯斯就曾公然聲稱，僧格林沁是「和平的障礙」，如果不把他趕出舞臺，英方很難得到滿意的條件。

一旦將攔河設施全部鏟掉，也就相應宣告了僧格林沁的失敗，主戰派將無話可說，以後跟中國打交道就容易多了。

到大沽口外的，除了英國公使，還有法國公使，除了法國公使，還有美國公使。法國因為正跟奧地利較勁，所以這次出動的軍隊規模很小，一共才兩艘艦艇，六十個官兵，美國更好，此行完全是奔著蹭便宜和瞧熱鬧二合一而來，這兩個公使無一例外攛掇著英國人動粗，而且趕快，晚了就不好玩了。

給這幫人一架，何伯雲裏霧裏，一張毛臉喝了酒一樣通紅通紅，且呈興奮狀：事不宜遲，霸王硬上弓，搞它一下！

說是要強行通過，何伯隨後的舉動卻很令人費解。一八五九年六月二十三日，他派了一名翻譯到大沽，告訴中方：「我的炮艇今天將退到攔江沙外。」

中方的一眾官員和將領皆不知其意，洋鬼子這是在玩什麼把戲，難道他們已經改變主意，準備去北塘了？

只有僧格林沁一眼看穿了對手的用心：「故作緩計耳」——他們恐怕是在使詐，誘使我們在防守上出現鬆懈的同時，以退為進，繼續深入海河。

僧格林沁猜得沒錯，何伯正是這麼想的。

英艦一開始就進入攔江沙，為的是進行威懾，做給炮臺守軍看，現在既然炮臺上空無一人，那就用不著如此顯擺了，剩下來的就是如何對付中國的水上工兵。

這些水上工兵也就是僧格林沁訓練的那些水勇，他們的主要任務是維護攔河設施。何伯估計，只要一破壞攔河設施，工兵很快就會乘船來修，多麻煩，不如來個調虎離山，如此幹起來更爽。另外一點，就是進入攔江沙的炮艇位置過於靠前，如果要硬性進攻的話，缺少衝擊力度。

一八五九年六月二十四日晚，在確證水上工兵撤走後，果真有英軍炮艇賊兮兮地再次闖入攔江沙內的雞心灘。

以夜色為掩護，英國兵從炮艇上放下一隻舢板。這隻舢板在靠近攔河設施後，隨即展開作業，用炸藥桶對維繫攔河鐵戧的大鐵鏈進行爆破。

由於僧格林沁預作防範，水上工兵其實並沒有遠離。聽到爆炸聲後，他們在第一時間駕船趕到，驅走了那艘舢板，並迅速對鐵鏈予以連接加固。

英軍炮艇本想在爆破後跟進，但看到鐵戧鐵鏈依舊，只得放棄了當晚衝進海河的打算。既然已經露餡兒，也就沒什麼好藏著掖著了。何伯一不做，二不休，索性在第二天早上將炮艇一個不落地陸續開進攔江沙，聯軍的所有艦艇也無一例外地升起表明進入戰爭狀態的紅旗。

當天上午九點，卜魯斯收到咸豐授意的最新照會。在這份照會上，咸豐再作讓步，稱如果英方不高興等談判代表，可直接從北塘上岸，到天津駐足。

中方既作讓步，卜魯斯也有充足時間下令艦隊暫時中止前進，然而問題是，他為什麼要這麼做呢？按照中國皇帝的意思，還得去北塘繞一下，有那個必要嗎？

不是說多走兩步路的問題，是因為卜魯斯居心叵測，堅持從大沽登岸不過是個幌子，他的根本目的還在於打擊僧格林沁及其主戰派。

卜魯斯就當沒收到照會。事後有人追究這件事，他的解釋是來不及了。

海河上的形勢，似乎也表明卜魯斯根本沒必要去理會中國政府的照會。此前，英法聯軍內部曾有擔心，怕大沽守軍發炮阻擊，而要解除這一顧慮，搶先對大沽炮臺進行火力打擊是最佳選擇。

按照英國人的測算，上午大約十點二十分左右，是海河潮汐的最高潮，此後會越來越低，到下午五點十分的時候，進入最低潮，二者水位相差有兩米之多。由於大沽炮臺位置相對較高，如果能乘潮汐高潮時發起攻擊，顯然對進攻方是有利的。

何伯根本就沒拿大沽炮臺當一回事兒，更沒有急於進攻。不僅如此，他還一臉神祕地作出預言：「放心吧！我保證不會有一槍一彈打到你們身上。」

開始尚有人不信，免不了要左顧右盼，可奇怪的是，大沽炮臺那邊還真的沒有一點兒聲響，睡著了一般，雙方好像達成了一種默契，你幹你的，我睡我的。

觀測兵爬上桅杆，用望遠鏡對炮臺進行觀察，仍未找到中國士兵和火炮的蹤影，甚至於連那些水上工兵也看不到了，後面這個倒不用多解釋，炮艇可不是舢板，看到這麼多炮艇直接開過來，他們還不得撒著丫子趕快逃命嗎？

眾人不得不佩服何伯，您老人家真是神機妙算啊！

受到大家恭維的何伯一臉得意，如沐春風，好像一下子年輕了十歲，那醜態又好像一本古典小說中的橋段：吐氣如蘭，胸脯微微起伏……

其實何伯哪兒有那麼神，他所依據的不過是前面翻譯的「偵察」，但明說就沒意思了，神祕主義可以提高威信嘛。

激將法

其實這時大沽守軍都在嚴陣以待，只不過沒有僧格林沁的命令，誰都不敢動一動。炮臺上不見一個士兵，射孔和炮位則用草席蓋得嚴嚴實實，從遠處連一個炮口都看不見。

炮臺守軍乃僧格林沁新組建而成，人人有一股初生牛犢不怕虎的勁頭和氣勢，英軍肆無忌憚的清障行動，對他們而言，無疑也是個極大刺激。可大家不明白的是，洋人都欺負到鼻子上來了，怎麼「僧王」仍不下令阻擊？

僧格林沁雖是主戰派領袖，卻並不是那種開口閉口喊打喊殺，實際連戰場什麼樣都沒見過的憤青。他非常清楚，只要大沽口一開炮，就意味著天津談判以來形成的和局將被打破，局勢完全改變，所謂開弓沒有回頭箭，必須掂量其中輕重。

此外，他的隱忍不發，在軍事上也有一講。

相似例子是三國時期著名的夷陵之戰。當時蜀軍連番挑釁，到最後，劉備甚至派了一些疲弱之卒坐在城下叫罵，什麼難聽的話都甩出去了，但守城的陸遜就是無動於衷。

陸遜的部下在城頭上聽不下去，紛紛入帳請戰，陸遜把佩劍一拔，說誰敢再提出戰的話，別怪我的寶劍不認人。將士們只得退下，但一口氣始終憋在心裏。

堅忍多日後，陸遜見時機已經成熟，便乘蜀軍懈怠之機，突然發起總攻，這個時候，三軍連動員都不用做，就嗷嗷叫著殺了出去，從而大獲全勝。

僧格林沁用的計策跟陸遜相仿，就是在繼續麻痹敵軍的同時，「蓄我軍之怒」，說白了，就是一種激將法。

下午兩點，英軍的十一艘淺水炮艇全部開進攔江沙，並完成了布陣。其中，七艘監視大沽南岸炮臺，一艘監視北岸炮臺，三艘負責清理河障，此外無法進入攔江沙的大型軍艦也沒有純當看客，而是組成登陸部隊，搭乘小艇作為後援。

何伯一聲令下，開工。

在其餘炮艇的掩護下，三艘炮艇準備清障。當然，所謂掩護也不過是流水規程而已。因為大沽炮臺上依舊是一片死寂，按照一名英國兵的描述，海河當時的氛圍，就好像大雷雨前一樣，給人一種靜止和沉悶的感覺。

僧格林沁還是沒有下令開火，他派了一個官員，拿著照會，乘著小船去向何伯進行交涉。

交涉被何伯拒絕了，英軍對之根本不予理睬，不過何伯後來提供的說法卻截然相反，他說確實看到有中國船划來，但只划到一半時，就原路折返回去了。

在沒有裝測謊儀的情況下，也不知道雙方說的話究竟誰真誰假，但這實際上已不重要——就算何伯接見了中方官員，他會停止清障和前進嗎？要停不早就停了，哪兒用得著如此大動干戈，此前雙方又不是沒交涉過。

重要的是，僧格林沁此舉讓何伯愈加驕狂，以為中國人根本就不敢開戰，只想求和，當然在另一邊，大沽炮臺的中國將士也更為激憤。

下午三點，一艘清障炮艇從遠處加速，對鐵鏈進行撞擊。在鐵鏈被撞毀後，緊跟而上的另外兩艘炮艇加緊清理鐵戧。在軍官的指揮下，幾名水手跳下炮艇，用纜繩的一頭繫住鐵戧，另一頭綁在炮艇尾部，開足馬力進行拖曳。

當天天氣晴朗，陽光和煦，從事作業任務的聯軍官兵精神頭十足，幹活兒幹得那個投入，即便蚱蜢或蛐在岸上叫兩聲，都會被視為干擾。

幹著幹著，他們還高興地唱起歌來。知道的，是拆除攔河設施，不知道的，還以為這些洋人在一邊撒網捕魚，一邊哼「拉網小調」哩：志氣高啊膽量壯，乘風破浪！

兩艘炮艇輪流作業，很快就拉倒了十餘排鐵戧。拆除了第一片障礙區，聯軍船隻紛擁而上，又如法炮製地用炮艇撞擊第二片障礙區上的鐵鏈。

此次撞擊的效果不如先前理想，沒有馬上撞開，不過這有什麼關係呢，一次不行兩次，就沒有撞不開的道理。

令聯軍一輩子都難以忘記的驚悚畫面就在這一瞬間，突然插了進來。

隨著僧格林沁一聲令下，大沽炮臺上用來遮掩大炮的席子被全部掀開，齊整整的大炮如同變魔術一樣出現在視野裏，未等聯軍回過神兒來，炮彈便帶著中國軍隊的憤怒，向入侵者傾瀉而來。

僧格林沁久經沙場，他所設計和督修的炮臺處處考慮了實戰需要，其炮位都正對海河入海方向，且南北兩岸炮臺火力能實現交叉重疊，在前面負責拖曳鐵戧的兩艘炮艇因為剛剛拋錨，來不及後退，成了遭到轟擊的主要目標。一會兒工夫，兩艘炮艇的甲板上就已堆滿了屍體和受傷快要嚥氣的官兵。

何伯大驚失色，這時他才意識到自己上了僧格林沁的當，早知如此，就應該先進攻炮臺才對。英軍艦艇上備了很多藥，唯獨沒有後悔藥，何伯現在騎虎難下，況且己方還沒開炮，就死了一堆人，他們英軍什麼時候吃過這種虧？

何伯身居東印度及中國艦隊司令，後來還被授以海軍元帥，自然具備極其豐富的海戰經驗和應變能力，很快他就發現對手在火力上有著先天的劣勢。

大沽炮臺上的火炮，按其最大射程可達到一千米，但精度不高，實際有效射程只有兩百米左右，也就是說，只要不在這兩百米的範圍之內，炮艇中獎的概率是很低的。相反，聯軍卻可以在兩百米以外，準確命中大沽炮臺。

何伯立即下令所有炮艇開炮還擊，要像第一次大沽口之戰那樣對炮臺守軍予以摧毀式殺傷，但僧格林沁對此早作防範。

那次戰役結束後，中國人很是鬱悶，想想土造重炮再如何不濟，給敵軍造成的傷亡也不至於如此之低。後來中方官員在登上英艦進行談判時，便有意進行觀察，由此得到了一個新的發現。

大搏殺

原來英軍的方法是，戰前用棉被蓋住炮艇內側，以防止炮彈擊中後船板碎片爆裂傷人，同時他們還用消防龍頭不停地進行噴水，這樣就把傷亡降到了最低。

僧格林沁聽到後，馬上將這一思路運用到了新炮臺的構建上。舊炮臺是磚石結構，一個炮彈落下來，磚石碎片往往濺得到處都是，光這個就可以殺傷周圍好多士兵，僧格林沁轉而改用了三合土加高修築。

三合土相當於古代的水泥，除了比較牢以外，被炮彈擊中後，不會碎片四濺是它的一個顯著優點。

一方面是聯軍的炮火沒有達到他們想像中那樣摧枯拉朽的程度，另一方面，率隊將領們身先士卒，也是炮臺處危不亂的重要保證。

僧格林沁分別任用了史榮椿、龍汝元為南北兩岸炮臺指揮。自與太平軍作戰起，史、龍二人就緊隨僧格林沁，是打過很多硬仗的得力勇將。在聯軍開炮時，他們始終在炮臺督戰，眼瞅著炮彈就從旁邊飛過去，這兩位前敵指揮看也不看，絲毫不把危險當一回事兒。

儘管大沽炮臺並未垮掉，但何伯認為已削弱了守軍的作戰能力，遂指揮炮艇繼續前撲。

第二片障礙區的鐵鏈也被撞開了。在何伯的授命下，聯軍炮艇實施分工，一部分負責將鐵戧拖開，其餘炮艇由何伯率領，開足馬力，準備一舉衝過那兩百米的射擊範圍，並直接向炮臺發起攻擊。

可在前一輪炮擊中，大沽口炮臺並未傷筋動骨，見聯軍炮艇發起衝鋒，史榮椿和龍汝元親自點燃巨炮，對敵艇進行轟擊。有人勸他們回帳休息一下，二將眼睛一瞪，都什麼時候了，正是將計就計，挖坑把這些洋鬼子埋了的時候，還要歇什麼歇？

所謂將計就計，是說洋鬼子太傻了，明明兩百米之外打不著他們，偏偏還要一頭闖進兩百米之內來送死。

不知不覺中，何伯已錯過了最佳戰機。此時隨著潮汐進入低潮，海河水位不斷下降，炮臺居高臨下，距離又如此之近，打得那個歡暢。

大沽南北炮臺上的火炮實施「環擊疊擊」，炮彈打到炮艇上，洋炮手們被炸成了一堆碎肉，其火炮優勢完全喪失。

何伯嚴重低估了炮臺的作戰能力和中國炮手的射擊水準，兩百米衝鋒區域成了聯軍的死亡集結地，所有衝進來的船隻無一漏網，就連何伯乘坐的旗艇都未能倖免，旗艇艇長中彈陣亡，炮艇甲板上堆滿了血肉模糊的死傷人員。

炮彈不長眼，身為艦隊司令的何伯自己也中了招，他腰部被彈片擊傷，白色長褲上沾滿鮮血。緊接著，已中數彈的旗艇開始下沉，負傷的何伯只好臨時轉移到別的炮艇上去。

下午四點，包括旗艇在內，共有四艘聯軍炮艇被擊沉，其中有被擊中後冒著泡直沉水底的，也有像旗艇那樣，受損了不能移動，然後這裏漏那裏漏，慢慢沉下去的。

當天進入攔江沙的聯軍炮艇共有十二艘，除了這四艘嗚呼外，其餘也都傷痕累累。

何伯見勢不好，趕緊下令將紅旗換成白旗，旗號由進攻變為投降。

這實際上是詐降，聯軍一邊打一邊逃，繞到了受損相對最為嚴重的炮艇後面，同時也沒忘記乘隙向炮臺進行偷襲。

在戰鬥剛打響時，大沽口外的人們像何伯一樣吃了一驚，沒料到守軍還會開炮阻止。美國人不在聯軍之列，也沒有參加軍事行動，但他們好奇心強，最愛看熱鬧，偏偏在大沽口外掂著腳也看不真切，急到了抓耳撓腮。

有個美軍軍官實在等不及，想坐小舢板划過去，但他很快就知難而退了。自然的力量不能不讓你嘆服，退潮的海水不斷從攔江沙湧出，這種情況下要把小舢板划到海河，估計划船的水兵們骨頭都得散架，還有什麼力氣看熱鬧。

起初，「觀眾們」都以為聯軍會穩操勝券，然而從那裏陸續傳來的戰報卻令他們大跌眼鏡：竟然有四艘炮艇被中國人打沉了，天哪，這究竟是怎麼一回事兒？

英法在大沽口外只剩下了大型軍艦，顯得束手無策，大家都看著美國公使。美國人本為蹭便宜而來，不料搞成這個局面，如今想脫身都做不到了，眾目睽睽之下，也只得上前拉那兩位倒楣兄弟一把。

美國遠東艦隊司令達底那准將率炮艇進入海河前沿，在美軍的庇護下，陷於困境下的英法炮艇才得以全部抽身而出。

戰場的慘烈程度遠遠超出了達底那的意料：「以貌取人」絕對有害啊，眼前的情景簡直可以用天昏地暗來形容。

他生恐時間待長了會吃虧，在幫著英法聯軍收拾好殘局後，就著急慌忙地要打道回府。不料因為靠得太前，他乘坐的旗艇也中了炮，副艇長被當場炸死。

逃出炮臺射程範圍的達底那仍心有餘悸，認為這下英國人慘了，恐怕「已經無法逃脫並退出這場絕望的戰鬥」。

美國將軍的預計還真準，何伯已經出來了，但他殺紅了眼，能退也不想退了。在調整部署後，英法聯軍使用新的火箭爆炸彈，向炮臺發起猛烈射擊。

火箭爆炸彈顧名思義，是在火箭上安裝爆破彈頭，射出時如流星一般，落地時則與爆竹相仿，無論是聲響效果，還是實際的破壞力，都要超過普通炮彈。

幸虧僧格林沁在炮臺前建有用九層三合土夯成的圍牆，尚能擋上一把，不過這也使守軍受到限制，炮擊的速度放慢下來。

何伯鬆了口氣。今天的前半段是衰到家了，扳平比分就看後半段。

儘管壓住了炮臺的勢頭，但何伯已經明白，光靠炮戰，短時間內難以打垮對手，也無法直接佔領炮臺，現在只能採用新的戰術。

既然暫時無法用炮來搞定炮，為什麼不用槍來試試？

何伯了解中國火炮的弱點所在，除了精度和射程不高外，由於沒有轉臺，火炮無法自由移動，這樣射擊盲區必然就大，也就是說，在很多地方，炮臺是無能無力的。

何伯的設想是，只要派海軍陸戰隊進入任一盲區，便可以用槍對無法自衛的炮手進行射擊，以此解決炮臺守軍。

妙啊，以步代炮，發起突襲，果斷不解釋！

下午五點，何伯下達了登陸命令。

鑒於何伯已受傷，這場登陸戰改由勒蒙上校直接指揮，海軍陸戰隊在炮艇火力的掩護下，分乘二十多隻舢板，氣勢洶洶地在南岸尋機登陸。

何伯什麼都算到了，卻沒有算算時辰，他為此付出了慘重代價。

最後一個絕活

聯軍登岸時，正好是下午五點十分，海河潮汐的最低點！在海水大規模後撤後，沙灘變成了遍布淤泥的灘塗，這些淤泥一直沒到膝蓋，有的甚至可達腰部，使得陸戰隊叫苦不迭。

從炮臺上，僧格林沁可以俯瞰整個灘塗，聯軍的登陸行動盡收眼底，他把陸勇中的火器營調過來，用鳥槍和抬槍進行連續射擊，一下子打倒了十幾人，更增加了海軍陸戰隊行動的難度。

一千多人登陸，只有一百多人到達預定地點，也就是炮臺前的第一道蓄水壕溝。

僧格林沁所建炮臺，除了有圍牆作為掩護外，圍牆前還挖有三道水壕，這也是他在與太平軍作戰中練就出來的本事。

槍林彈雨中，一百多陸戰隊只有極少一部分得以越過三道水壕，而其中很多人的槍內已塞滿泥漿，沒法開火，槍支彈藥能保持乾燥可用的只有區區二十來人。

到了這時，再往前看，竟然還有遍布竹籤的障礙區在等著他們，那二十來個兵再無勇氣往前爬了。

何伯在炮艇上遠遠看到「以步代炮」受挫，急得直跺腳，下令艦隊提高打擊力度，幫助陸戰隊分擔壓力。

這一輪炮火異常猛烈，在炮臺上操旗督戰的史榮椿、龍汝元因目標明顯，先後中彈身亡，同時聯軍艦隊還用部分火炮對陸戰隊進行掩護。

有火炮撐腰，已經幾乎洩了氣的勒蒙上校又一躍而起，率軍發起衝鋒。即便陸戰隊無法順利突入炮臺，也可以進行迂迴繞擊，抄大沽炮臺的後路，眼看情況萬分危急，僧格林沁拿出了他用以看家的最後一個絕活。

早已在後方待命的一千名蒙古騎兵呼嘯一聲，趕到大沽南岸炮臺聽命。僧格林沁將其一分為二，幾百人騎兵改步兵，保護後方營壘，以防止聯軍迂迴，剩下的騎兵則就地展開堵截。

在短兵相接的情況下，「步不勝騎」是戰爭中的一個常見現象。尤其當密密麻麻一大群高速奔跑的蒙古馬突然出現在眼前時，缺乏思想準備的陸戰隊嚇到連肝都顫了。

一波方平，一波又起，何伯「以步代炮」或迂迴進攻的念頭全消，他只想把陷於死亡邊緣的陸戰隊給救回來。

聯軍艦隊轉移炮口，瞄準蒙古騎兵進行射擊，但騎兵們的速度非常之快，且無規律，而艦隊此前又未進行過相關訓練，炮彈往往落地還沒爆炸，人家已經嗖地一下跑另外一個地方去了，結果炮彈炸不著騎兵不說，還可能誤傷自己人。

炮兵幫不上什麼忙，由於被水壕隔斷，陸戰隊也無法後退組織齊射彈幕，在馬踢刀砍之下頓時潰不成軍。

難以形容的驚駭和恐懼迅速蔓延，有人一邊逃一邊大聲叫喊：「這是有規則的屠殺，我們難道跑進羊圈了嗎，就這樣任人宰割！」曾親身經歷這一切的陸戰隊士兵回憶說，這個喊叫的傢伙雖然話不多，卻代表了大家的共同心聲。

蒙古騎兵的襲擊給英國人帶來了巨大的心理陰影，或者說是「創傷」。英國的《泰晤士報》甚至把蒙古騎兵比喻成「吃人的妖魔」，說僧格林沁的這種打法是「不可饒恕的惡作劇」。

進入三道水壕內部，衝在前面的陸戰隊士兵大多被蒙古騎兵們給幹掉了，倒是落在後面的撿了性命，登船逃回海上。

開頭看似很美好，過程卻是一片慘澹，何伯不甘心如此收場，晚上又組織了一次搶灘登陸。這次是想乘僧格林沁因大勝失去戒心，從灘頭上的蘆葦叢裏組織匍匐進攻，但僧格林沁幾乎就是一個「戰場之狐」，他機警得很，既沒有安安心心回家睡大覺，也沒有急著大擺慶功宴，而是眼睛一眨不眨地盯著前沿動靜。

見陸戰隊進入蘆葦叢，他發射照明彈，把陸戰隊的藏身之處照得透亮，然後施放槍炮，何伯智窮力竭，不得不狼狽收兵。

經過一晝夜激戰，聯軍傷亡慘重，彈藥也已耗盡，被迫撤往南方。在打了敗仗後，何伯隨即被刻薄的英國人揶揄為「老實巴交的海軍司令」，一夜之間，由威風凜凜的少將，淪落為眼神憂鬱、鬍鬚蓬亂的可憐蟲。

在這場被稱為第二次大沽口之戰的戰役中，英軍沉沒四艘炮艇，兩艇受重創，英法聯軍總計傷亡四百四十八人，被當場打死的有九十三人，而中方一共僅陣亡了三十二人。

比分差距很大，不過這次吃虧的是洋人。毫無疑問，這是自鴉片戰爭以來中國在軍事上取得的最重大勝利。

僧格林沁的紅旗捷報傳至京城，咸豐像小老百姓一樣開心不已，哈哈，總算知道什麼叫野百合也有春天了吧，讓你們欺人太甚！

皇帝跟老百姓不一樣的是，他還得顧大局，想到英法畢竟實力在己之上，倘若整兵再來，可不是耍的，於是又多次下旨，讓直隸總督出面，勸說英法美公使仍從北塘進京換約。

美國公使腦子轉得最快，儘管在戰爭中他也搭進去一個海軍高級軍官，但聽說還可以進京換約，馬上轉怒為喜，樂顛顛地跑京城來了，而且讓他走北塘就走北塘，一點兒折扣都沒打。

這就是湯姆大叔的實用主義，所謂「水至清則無魚，人至賤則無敵」嘛。

剩下來的就是英法，怎麼勸都不聽：你把我們搞得臉不是臉，鼻子不是鼻子的，在這種情況下再提進京換約，不是拿我們尋開心嗎？

正如當初南京談判時馬儒翰對張喜所言，這些靠海外殖民吃飯的國家，是絕不能輸的，就算輸了還得整兵再來，何況是輸給了中國這樣一個他們素來看不起的東方弱國手裏呢。

英法如此給臉不要臉，讓咸豐很是生氣。

我說你們那小心靈也太脆弱了一點兒吧，才打一下屁股就這麼扛不住，以為我願意跟你們簽那勞什子《天津條約》啊，愛玩不玩。

一八五九年八月一日，咸豐傳下諭令，宣布與英法的《天津條約》從此作廢。

第十二章 狹路相逢

即使是在英法進京換約期間，咸豐的主要關注點，仍集中在國內的南方戰場。現在對他來說，最具威脅的一共三個人，除了因三河之役而新近崛起的陳玉成和李秀成外，就數那個另立門戶的石達開了。

用來對付石達開的是曾國藩。石達開沿途裹挾，去的省份多，招的人也多，最多時號稱三十萬大軍，而當初太平軍初興，剛到湖北時也才不過十萬人，但尾追於後的曾國藩卻對他越來越輕視。

在曾國藩看來，石達開墮落了，他早已不是湖口之戰時那個年少老成、穩紮穩打的年輕主帥，而成了一個急功近利，天天都惦記著如何盡快上市套現的小投資商。

一個很明顯的事實是，曾國藩所部不過才一萬人，而且皆為湘軍中的二三流部隊，但石達開反過來還被他追得到處跑。

曾國藩一語道破石達開如今的弊病所在：此君已經與北方的捻軍一樣，成了流寇，算不上能作大事業的人了。

曾國藩雖然在戰術和臨場指揮上難言出色，但卻是一個極其優秀的戰略家，他能看到的東西你看不到，你就被他比了下去，雙方已經不能站在同一個層次弈棋論道了。

可問題是，你要想讓曾國藩立刻搞定石達開，也是件很難辦到的事。

紮堆而來的伯樂

作為「流寇」，其最大優點就在於能跑，而且一跑起來就很難追得上。比方說捻軍，論綜合實力還遠在太平軍之下，但人家足足蹦躂了十六年，乃至於太平天國都亡了他們還在那裏跟官軍捉迷藏。

與此同時，由於孤懸東南，與在江西時相比，湘軍在人員和給養補充上並未有根本好轉，曾國藩在征戰方面存在著很多他自身難以克服和解決的困難。

長此下去終究不是辦法，曾國藩向咸豐建議，「流寇」沒有後方根據地，攻打城池是其獲取給養的主要來源，你就是不去追，他也一定會來，所以只要守著城池就行了。

照這麼說，你準備就地守城池？

曾國藩說不，我去安徽，而且不是守，是攻：「天京的給養，全靠安徽提供，那裏是太平軍必爭必救之地，我去，就是要向這些必爭必救之地發起進攻。」

顯然，曾國藩從未忘記什麼地方是最重要的。

咸豐認為曾國藩言之有理，便批准他與胡林翼一道征戰安徽戰場。

就像是已經被預先算好命一樣，石達開的進軍路線，完全朝著曾國藩所設定的「流寇路線」在走。自安徽出走後，他先去浙江，然後進入福建，中間還抽冷子在江西冒了個泡，但是到哪裏都待不長，也立不住。

石達開如今奉行的不再是精兵主義，而是「人多主義」。每至一地，他就要大量招兵，然而由於未進行過系統訓練，導致新兵大多缺乏作戰經驗和技能，連與官軍正面作戰都不敢，所謂三十萬其實是個充滿泡沫的數字。

人是要吃飯的，人多了吃飯的嘴自然也就多了，石達開無心經營地方，大多是吃光一地，再騰窩換另一家，這也是他一直跑來跑去的一個重要原因。

一串「大戶」吃下來，石達開轉道湖南，而在那裏，他將與一個世所罕見的軍政奇才狹路相逢，這個人就是被林則徐生前視為衣鉢傳人的左宗棠。

俗話說得好，千里馬常有而伯樂不常有，但具體到左宗棠身上，伯樂幾乎就是組著團紮堆而來。道光年間顯山露水的名人，除林則徐外，賀長齡、賀熙齡、陶澍等無不對之器重有加。

賀長齡為「實學」健將，出任過雲貴總督，他見到左宗棠時，左宗棠還只是個十幾歲的少年，但賀長齡卻稱這位少年為「國士」，並且千叮嚀萬囑咐，說現在天下人才異常匱乏，你以後千萬不要撿著一個小官就去當，那樣會埋沒你的才華。

賀熙齡是賀長齡的弟弟，當時的知名學者，經賀長齡介紹，他成了左宗棠的老師。與乃兄相仿，賀熙齡對左宗棠的期望值也出奇地高，曾以「萬里江山眼底橫」一句相贈。

當然，最具傳奇色彩的還是陶澍。

陶澍回老家掃墓，當地知縣為迎接這位家鄉名人，專門在居室裏作了一番布置，其中新掛的一副對聯引起了陶澍的格外興趣：春殿語從容，廿載家山印心石在；大江流日夜，八州子弟翹首公歸。

你別看對聯字數少，但卻極可能是一個人學養的綜合體現，胡林翼可不就是通過一副類似於打油詩的對聯找到了人才嗎？

此對聯氣魄如此雄偉，究竟係何人所作？陶澍找來知縣一問，原來對聯正是出自於左宗棠的手筆，陶澍於是親自登門拜訪左宗棠，之後越談越覺得對方了不得。

陶澍想到要跟左宗棠結親，但陶家女兒只有一個，左宗棠雖與胡林翼同歲，卻已早早成家娶妻，顯然做女婿已經不可能了。

這一代不行，那就下一代。陶澍既有超常的識才眼光，也敢於下大賭注。他得知左宗棠有一個五歲的長女，與他小兒子年齡正好相仿，便主動提出要跟左宗棠訂娃娃親。

左宗棠和胡林翼的情形不一樣，胡林翼出身官宦，做陶澍的女婿至少是門當戶對，左宗棠家境很差，此時亦不過是個教書先生，而陶澍乃名望天下的兩江總督，又是長輩，二者要成為親家，即便在自我期許極高的左宗棠看來，也是難以想像的一件事。

見左宗棠推辭，陶澍不由分說：「你不要以為是高攀了我，你以後所能取得的功業，必在老夫之上。」

陶澍擔心自己一旦不在人世，家庭將無人照料，因此他不僅要與左宗棠聯姻，並且還託之以家事。

對陶澍的託付，左宗棠既感動又吃驚，他當時根本不敢答應，所有這一切還是在陶澍死後才實現的。

陶澍只有一個兒子，年紀尚幼，頂樑柱一倒，孤兒寡母頓失倚靠，周圍的族人鄰里全都盯住了他們家那點兒財產。身為女婿的胡林翼常年在外，不可能事事照顧得到，全憑左宗棠一人幫著料理，陶家才保無恙。

陶澍的見識和勇氣得到了回報，他沒有看錯左宗棠，從才能到為人。

邁不過去的門檻

對那個時候的讀書人來說，取得功業的唯一捷徑就是走科舉之路。在這方面，不管你心高氣傲還是才高八斗，最初的心理，跟那個想中舉想瘋了的范進都相差無幾。

左宗棠少有大志，讀書時在門上手書對聯，或「身無半畝，心憂天下」，或「讀破萬卷，神交古人」，又有一眾知名伯樂的捧場和提攜，感覺自然是好到不能再好，但面對科舉這個門檻，也只有誠惶誠恐、戰戰兢兢的份兒。

左宗棠的哥哥左宗植比他大九歲，左宗植幾次折戟於考場，於是把希望都寄託在了弟弟身上，平時訓導督促起來比老師都嚴格。

某次，左氏兄弟同赴長沙趕試，考完後便回到寓所等待公布成績。晚上大門忽然被敲得咚咚直響，原來是中榜捷報來了，那場面果真有「只聽得一片聲的鑼響，三匹馬闖將來」的熱鬧。

隔著門，就聽見中榜者是左宗棠。左宗棠喜不自禁，赤著腳去開門，下地時才發現腳上只套了一隻襪子，另外一隻不知道在哪裏，匆促間又遍尋不著，直到官差走後才在枕頭邊找到。

左宗植對弟弟的失態很不滿意，說你怎麼這麼沉不住氣呢，不就是中了個舉人嗎，講出去也不怕被人笑話。

左宗棠聽後滿臉通紅，趕緊爬上床繼續睡覺。

天亮後寓所外再傳捷報，這次是哥哥的。左宗植不僅上榜，而且被錄為解元，即鄉試第一！

這正是喜上加喜，左宗棠過來道賀，卻發現已經樂暈的左宗植腳上也僅穿了一隻襪。

另外一隻襪在哪裏呢？地上沒有，枕頭邊也沒有，結果是發現仍在左宗植的腳上套著：他一隻腳上有兩隻襪！

不管當時的情景有多麼尷尬，對左氏兄弟而言，那都是一段難忘而舒心的日子，此後他們在考場上的運氣就沒這麼好了，左宗棠三次進京趕考，都僅落得個名落孫山的結局。

第三次幾乎就要中了。對左宗棠的卷子，考官極力推薦，主考官也甚為欣賞，錄為湖南省的第十五名，正好是湖南錄取名額的最後一位。可是完了一查，說是弄錯了，湖南多了一位，湖北少了一位，如此一來，就把左宗棠的名額給犧牲掉了。

這是左宗棠最後一次赴京趕考。後來有一段時間，京城曾盛傳左宗棠將來京參加考試，當時的他早已是聲名遠播，連紫禁城的皇帝都聽到耳熟，考官們壓力巨增，想想這次無論如何得錄取左宗棠，否則就顯得我們這批人太沒眼光了。

像現在的高考試卷一樣，所有卷子都是密封好的，看不到名字和學校班級，所以只能憑文筆和風格來進行揣度，而這種揣度某種程度上又只能靠運氣。考官們在批卷子時，心裏都在念叨著：「讓我批到左宗棠，讓我批到左宗棠……。」

左宗棠作文向來有一股大刀闊斧高屋建瓴的氣勢，比如「大江流日夜」那種，這是尋找左宗棠文章的唯一線索。皇天不負苦心人，有個考官終於在湖南考區找到一篇「奇特雄偉」的好文章。聽到有此發現，其他考官也都圍過來一道研究，品評來品評去，一致覺得八九不離十，遂予以錄取。

等把試卷封條全部拆掉後，眾人全傻了眼，那個考生不是左宗棠，而是湖南的另一位舉子。

不過考官們也不用自責，因為那一次，左宗棠根本就沒有來京。

在左宗棠的個人履歷上，學歷一欄，始終填的都是舉人，這成了他一生的遺憾和心病。人的心理，對得不到的東西，往往會故意貶低。在古代，考進士稱為甲榜，考舉人稱為乙榜，甲榜的地位自然要高於乙榜，但左宗棠功成名就出任督撫後，卻是反過來，重乙榜而輕甲榜。一有機會，他總要對那些進士翰林出身的官員冷嘲熱諷兩句，倒是對舉人出身的會另眼相看。

據說他有一次路過九江，對前來謁見的大多數官員都不待見，只對一個姓王的小官青睞有加，左宗棠甚至說，你們九江這些個官員，就數這位王某最優秀了。

在謁見左宗棠前，官員們無不是做足準備，打滿腹案，可是卻連句中聽的話都沒撈到，大家不知道這位王某究竟有何過人之處。

問過之後才知道事出有因。原來左宗棠翻過官員檔案，發現學歷多為進士，他為此很不開心，正好王某求見，一查履歷是舉人，就先預存了三分好感。

賓主落座後，左宗棠給王某提了個問題：「你說究竟是進士好還是舉人好？」

王某官職雖小，為人倒是十分機靈，馬上說舉人好。

左宗棠聽著耳順，好感又多了三分，接著問為什麼舉人好。

王某見左宗棠臉露喜色，便知道剛才說的話到了位，趕緊為此搬出一番高論——

中進士之後，如果進翰林院，不過是在象牙塔裏寫些小文章，那些進不了翰林院，只能分配到地方做知縣的，每天忙公事還忙得顧不過來哩，請問他們究竟有什麼時間和精力去研究「實學」？

舉人則不然，他們絕對可以專心致志地探討「實學」，加上閒暇之時可以遊覽名山大川和郡邑形勝，無論是學問還是見識，哪一點都比進士強。

左宗棠一邊聽一邊含笑點頭，太精妙了！王某所言，簡直就是道出了我的心聲啊。舉牌，滿分。

大話西遊

左宗棠能夠高坐公堂之上，貶低進士，褒揚舉人，那都是後來的事，彼時的科舉門檻可把他給折騰壞了。

中舉之後其實就有了做官的資格，比如江忠源也是三次會試三次失敗，但好歹教育局也給預留位置。要說左宗棠想做官的話，是肯定有得做的，只是小一些罷了，關鍵還是左宗棠和他那些伯樂都把目標值定得太高，不知不覺中，左宗棠已到了寶塔尖的位置，他恨不能立刻就進內閣軍機處，怎麼肯如此委屈自個兒。

胡林翼內舉不避親，多次要推薦左宗棠出來做官，當然這也得從基層幹起，卻遭到左宗棠一口回絕，理由是我做大官可以，小吏就算了，用別人可以，被別人用就免了。

直到最後一次赴京趕考，左宗棠仍然氣勢逼人。

那次乘舟北上，經過洞庭湖，左宗棠上岸遊覽了洞庭君祠。這是一座專門祭祀洞庭君的寺廟，據說洞庭君掌握著八百里洞庭湖。對著這位湖神，左宗棠也毫不客氣，信筆題一對聯：「迢遙旅路三千，我原過客；管領重湖八百，君亦書生。」

船到漢口，左宗棠碰到了一位名叫歐陽兆熊的同鄉。歐陽兆熊也是進京趕考，他比左宗棠大五歲，但中舉卻遲了整整四年，因此左宗棠在他面前自我感覺很是良好，還特地把對聯拿出來給對方看。歐陽兆熊看後自然是佩服不已，連誇對聯寫得「意態雄傑」——您都跟湖神平起平坐了，以後前程真不可限量啊。

歐陽兆熊是個老實人，以為吹牛皮到這個境界已經算是大得沒譜了，殊不知這還只是開始。

兩人繼續結伴北上。某日，歐陽兆熊見左宗棠伏案寫一個東西，就問寫些什麼，得知是寫家信。過了一會兒，船隻靠岸，左宗棠獨自上岸觀光去了，把家信扔在了案几之上。本來別人的家信是不該看的，但歐陽兆熊年輕好奇，見信稿也沒裝進信封，就隨便瞄了兩眼。

這不看猶可，一看眼睛就離不開了，不是因為裏面有什麼隱私，而是其中一段讀來著實驚心動魄。

以下是左宗棠小朋友的記述：

那天深夜，船隻停泊在一個偏僻無人處，我正在倉中休息，突然——

倉門口伸進一把寒刀閃閃的刀。

我本能地意識到這是一夥兒打家劫舍的水盜。若是尋常旅客，這時多半只能跪地求饒，或在角落抖成一團了，可我，你的丈夫是什麼，是劍客，身上帶著佩劍呢。

一個劍客不是憑嘴上說的，是用生命換的！我當即大呼而起，拔劍刺去。船艙裏的水盜越湧越多，足足有十幾個，手裏拿著的全是明晃晃的刀，雙方打成一團。

我的水準你是知道的，別說十幾個小毛賊，幾十個又如何？那些水盜平時何等威風，此時也成了銀樣蠟槍頭，被我打得顧頭難顧屁股，一個個逃出倉外。

我一邊大叫一邊追擊，眾水盜力不能支，紛紛跳入水中。

逃就行了嗎？這麼大老遠跑來跟我瞎起鬨。不過可惜的是，我不會游泳，只能眼睜睜地看著他們逃走了。

一個打十幾個，還逼得那十幾個跳水而逃，縱使金庸、古龍書中的主角，想來也不過如此吧。歐陽書生簡直要對眼前的這位大俠頂禮膜拜了。

問題是，這可能嗎？

歐陽兆熊思來想去，他和左宗棠同舟而行也不是一天兩天，而是十幾天了，要真有這樣的事，自己怎麼會一點兒都不知情呢？可看家信中的口氣，說得正經八百，沒一點兒開玩笑的意思。

要不然，就是發生在兩人相遇之前？歐陽兆熊把左宗棠的書童叫來，書童比他還驚訝和疑惑。再找船夫，船夫更是莫名其妙，說這一路平安得很，從來沒有出現過什麼水盜。

這時左宗棠散著步回來了。歐陽兆熊急忙問他究竟是怎麼一回事兒，左宗棠搔了搔頭，情知牛皮已被揭穿，當著真人，混是混不過去了。

「嗨，不是水盜。昨天晚上有人弄錯了，誤拉了我的被子，我以為是水盜呢，便大叫而起。你聽聽，我現在的喉嚨還沙啞著呢。」

歐陽兆熊聽後啼笑皆非：「原來那是你做的夢啊。可為什麼你在家信中的口氣，倒好像真事一樣呢。」

左宗棠見狀，又擺出了一副一本正經的神情，說你笨啊，讀過漢書中的光武帝劉秀傳沒？劉秀指揮的昆陽大戰，那叫一個帶勁，看了讓人眉飛色舞，精神抖擻。

「昨天晚上我讀劉秀傳，睡覺時正好就做了這個夢，醒來一想，歷史書中記述的戰事恐怕很多也是夢境吧。」

真實的歷史跟你做夢是一碼事？歐陽兆熊剛要辯駁，左宗棠緊跟一句：「你怎麼知道昆陽大戰不是劉秀做的夢呢？反正大家都是做夢，又有什麼區別，我告訴你，天下事本來如此。」

說到這裏，歐陽兆熊倍覺無語，兩人一起大笑起來。

其實從內心來講，左宗棠是很希望美夢成真的。對於他來說，做大俠，趕跑區區十幾個水盜都太小了，只有封侯拜相，匡扶天下才是最終目標。

可現實與夢境的距離實在過於遙遠，那次進京趕考是三次裏面的最後一次，卻也是最慘的一次：本來已在錄取名單之上，卻又活生生地被踢了出去。倒是同來的歐陽兆熊高榜得中，成了進士。

期盼越高，跌得越重，在左宗棠的生命中，已沒有精彩，唯有遺憾，所以他只能對理想說再見了。

草根版諸葛亮

左宗棠決定隱居做農民，所謂「長為農夫以沒世」，他還給自己起了個別號，謂之「湘上農人」。

這當然不是他的真實願望。可是有什麼辦法呢，小官不願幹，大官不讓幹，那就不如在山裏面窩著了。

湖南士林大多奉諸葛孔明為偶像，以諸葛自居或被人稱為諸葛的一抓一大把，其中名氣最大的是「三亮」：老亮、小亮、今亮。「老亮」是指羅澤南，「小亮」是指劉蓉，「今亮」則是左宗棠。三亮裏面，就以「今亮」左宗棠最為高調，就連給朋友寫信，信尾也不忘署個「亮」字。

諸葛亮在沒發跡之前，也不過是「躬耕於南陽，苟全性命於亂世」，那他左宗棠也就沒什麼可抱怨的了，除非是劉備那樣的大人物親自登門來請。

其實亂世之中，真正有才的人反而不會白白浪費。太平天國一起，草根版「諸葛亮」頓時炙手可熱，新任湖南巡撫張亮基第一個跑來求賢。

張亮基此前任雲南巡撫，是胡林翼的上級，他聽說太平軍已兵抵長沙，便要把有「平亂專家」之名的胡林翼帶走，無奈雲貴方面死活不肯放人，最後胡林翼就推薦說，湖南有左宗棠這麼一個人，此人精明強幹，必然會成為你的得力助手。

張亮基一聽大喜，剛入湖南，就派人帶著禮物來延請左宗棠。

左宗棠開始還不樂意，他的哥哥左宗植倒是說了句實在話：「一省之長肯低資態來請一個落第舉人，這種事古代或許有過，現在可不怎麼多見。既然人家如此禮賢下士，你就不能太端著了。」

胡林翼也寫過信來，說張亮基曾是林則徐最得意的部下之一，人品和才識沒的說，你在他下面做事絕對委屈不了你。

胡林翼的話最終打動了左宗棠，他同意出山，加入張亮基的幕府。

張亮基對左宗棠一見傾心，在他的幕府裏，左宗棠也絕不是一個普通幕僚。湖南的軍事吏治，表面由張亮基主持，幕後皆為左宗棠所策劃籌謀，張亮基能守住長沙，並確保湖南的一方安寧，基本上是外倚江忠源，內靠左宗棠。

四個月後，張亮基調任湖廣總督，左宗棠亦隨其到了武昌。按照左宗棠的說法，他不想去，是硬被張亮基給「架」走的。

又隔了幾個月，張亮基調任山東，這才給左宗棠找到了擺脫的機會。

當幕僚並非左宗棠的志願，說來說去還是被別人所用啊。可是他做幕僚實在做得太好了，即便再不情願，還是被用人單位緊緊盯著，這不，張巡撫剛走，駱巡撫又來了。

這個駱巡撫就是駱秉章。駱秉章出任湖南巡撫沒多久，太平軍就從湖北重新殺了過來，湖南局勢因此緊張萬分。

在前線與太平軍直接對陣的是曾國藩和湘軍，但駱秉章與曾國藩的私人關係不好，這時候他就想到必須再找一個高水準的幕僚來輔佐自己。

能想到的人就是左宗棠，不過這個人可不好請，駱秉章又寫信，又送禮，就差磕頭作揖了，左宗棠仍是不為所動。

駱秉章不愧官場老油條，他很快就想出了一個老油條的辦法，而這個辦法就從和他不太對盤的曾國藩身上落手。

當時湘軍在前線征戰，急需軍餉，僅軍隊要吃的糧食就至少要開銷八萬兩銀子，曾國藩愁得要命，便不惜將「勸捐」改為「勒捐」，搞強行攤派，逼湖南境內的富戶掏腰包，陶家也在名單之列。

曾國藩把陶澍的幼公子，也就是左宗棠的女婿陶桄叫去，問他可以捐多少銀子。

陶桄硬著頭皮表示可以認捐一萬，曾國藩搖頭，認為一萬太少，至少得三萬才行。陶桄差點兒沒哭出來，說就我認捐的那一萬，一次性還拿不出來，得分期付給你呢。

曾國藩雖然長期擔任要職，但做的都是京官，若單憑合法收入的話，不但沒有存款，甚至還得靠借債度日。地方官則不一樣，一個督撫一年僅養廉銀就有一到兩萬，工資條加一起，每年少說點兒三萬銀子打底總是沒問題的。

除此之外，熟悉官場的曾國藩還了解一些其他內幕。他對著陶桄一一舉例，說哪一年哪一年，我在京城的時候，看到你父親送給某京官幾萬兩銀子，又哪一年哪一年，見到你父親催繳鹽務款的公函，涉及數萬兩銀子，催得那麼急，自然好處也是少不了的。

這兩件事在當時都是官場常態，沒什麼可特別指責的，曾國藩言外之意的是，就算陶澍是清官，二十幾年督撫做下來，收入也相當可觀了，何況陶澍還遠遠不能被納入清官之列。

曾國藩板著個臉，對陶公子說：「你父親留下來多少錢，一本帳清楚得很，再怎麼分辯，都難掩天下人之口，所以你今天也別想一毛不拔。」

陶澍生前與曾國藩雖無特別交情，但畢竟是一代名臣，女婿胡林翼跟曾國藩還曾是翰林院的同事，照理曾國藩不該如此尖酸刻薄，咄咄逼人，只是彼時的曾國藩還不是後來的曾國藩，那時候的他幾乎可以用老愣頭青來形容，做起事來完全不顧任何情面，要不然先前也就不會與駱秉章及湖南官場鬧得那麼水火不容了。

比之與曾國藩，駱秉章就要滑頭許多，他勸曾國藩不看僧面看佛面，用不著那麼頂真。

曾國藩橫豎聽不進去：「陶家之富，難道只有我知道？誰不知道呢。」

他說，雖然陶澍辭世，但預估所留下的田產，每年光田租就收入不菲，要是把一年的田租拿出來資助軍餉，想來也不會傷了他家元氣。

不管駱秉章怎麼勸，曾國藩的頭都搖得像個撥浪鼓：「如果連陶家都搞不定，又怎麼去動員其他富戶。在這件事上，你得理解我，要不是軍餉如此窘迫，我肯如此結怨於人嗎？」

說到這裏的時候，駱秉章不言語了。因為曾國藩話裏有話——我不「勒捐」也可以啊，你能全額負擔湘軍的軍餉是再好不過了。

湖南迭經戰亂，已經窮得揭不開鍋，駱秉章實在也拍不了這個胸脯。

對榆木腦袋的曾剃頭，駱秉章還真拿他沒辦法，不過退下堂來，他忽然想到陶家與一個人有密切關係，何不如此如此。

第一師爺

左宗棠聽到消息，說女婿被抓起來了，現在就關在長沙，罪名是「抗捐」。什麼「抗捐」，你們究竟算是官軍還是強盜？左宗棠又氣憤又鬱悶，他連夜趕到長沙，找駱秉章要人。

駱秉章聽說左宗棠來了，馬上迎出門外，並且拍手大笑著說，哪裏會有陶澍的公子，左宗棠的女婿可以被抓起的道理呢。

「你問陶桄在哪裏，放心，我早就把他放回去了。」

左宗棠這才明白，原來所謂女婿被抓，是駱秉章故意放出來的風聲，為的就是把他「誆」到長沙。

雖然駱秉章的事情做得有些不上路，但你想想看，堂堂一省之長，為了求賢，竟不顧身分出此下策，能不感動嗎？

左宗棠是性情中人，感動了，於是留下來，進入駱秉章幕府。

可是還有一個問題沒解決：駱秉章肯放過陶桄，曾國藩卻始終不願手下留情。

左宗棠便讓女婿陶桄把陶家的所有房契地契都搬過來，當著駱秉章和曾國藩的面進行清產核資。

一算下來，全部資產總計不到五萬兩，根本沒有外界想像的那麼富有。儘管陶澍沒有清廉到像林則徐那種程度，但二十多年的督撫，僅這一點兒積蓄，距離「兩袖清風」的標準也不遠了。

既有實物為證，曾國藩也不好再為難陶家，只是要求認捐的那一萬無論如何不能拖延，須一次性繳清。

不到五萬，包括固定資產，陶家的實際存銀並沒有這麼多，何況上上下下還要生活開銷，左宗棠無奈之下，只好另外想辦法湊數字，最後總算替女婿度過難關，但他與曾國藩的芥蒂，也就在此時埋下了種子。

駱秉章的幕府並非只有一個左宗棠，裏面還有很多高手，像為曾國藩設計釐金的郭嵩燾，有製炮專家之稱的黃冕，當時都在駱府效力。駱秉章對左宗棠也不是一開始就放手，而是經過了一段時間的考察期，但在確認左宗棠的能力和人品後，駱秉章就將軍政大權完全交給左宗棠，他自己僅僅是簽字畫諾而已。

這麼說吧，如果說張亮基對左宗棠的態度是從諫如流，駱秉章就是全盤託付，張亮基尚表面主持，駱秉章乾脆連主持人的話筒都一股腦兒遞給了左宗棠。

左宗棠是個氣魄雄偉、不拘小節的人，駱秉章敢放手，他就敢接招，湖南省內大大小小的事務，幾乎全由幕府拍板，實際也就是由左宗棠一人說了算。

駱秉章有時也去幕府看看，左宗棠不主動跟他打招呼，他就靜靜地坐在一邊，聽左宗棠和一班幕友高談闊論，中間從不隨便插嘴，臨走時也不會發表什麼重要指示，抬抬腿就走了。

倒是左宗棠常有一種文人的神經質。有時半夜裏爬格子，寫出一篇很得意的奏稿，他就會跑到駱府門口，叩門大叫，非把駱秉章從美夢中攪醒不可。

這駱巡撫倒也配合，鐵定會從溫暖的被窩中爬出，乖乖地給左師爺捧場。讀完妙文除擊掌叫好外，還會讓下人拿酒出來，兩人花間對飲，一醉方休。

在湖南官場，大家漸漸都明白了，若有事，得找「左三先生」（左宗棠在家排行老三），他說行就行。左宗棠儼然成了全國絕無僅有的「第一師爺」，長沙人甚至可以不知道駱秉章是誰，但對「左師爺」或「左三先生」之大名卻是無人不曉。

駱秉章有個小舅子，花錢捐了個助理小官，但一直得不到實缺。駱秉章的老婆讓老公給自己弟弟安排一下，駱秉章卻面有難色，說現在所有事務均由左師爺主持，我沒法跟他開這個口啊。

什麼風都敵不過枕邊風，經不住老婆再三再四的央求，駱秉章只得答應趁左宗棠高興時，自己措措詞，試著講一下，沒準兒對方應了也說不準。

某日，駱秉章去左宗棠的房間，雙方相談甚歡，駱秉章覺得時機到了，便說有一個這樣的人，來省城的時間也很長了，應該給他分個崗位。

左宗棠聽後沉默不語。

駱秉章趕緊點明那人的身分：「實不相瞞，他是我小舅子。」接著又大念苦經，說老婆已經朝我絮叨了很久，我都不敢跟您提，現在是被逼得實在受不了，才冒昧提及。

為了說動左宗棠，駱秉章還把小舅子給誇了一通：「他說沒才呢，也有點兒小才，做事也比較謹慎。排隊等候實缺的助理小官裏面，像他這樣的，都早就得到差使了。」

左宗棠聽著聽著笑起來：「我今天特別高興，咱們一道喝杯酒吧。」

這是不是表示師爺已經答應下來了？駱秉章比左宗棠還高興，連忙讓人上酒，並且親自給左宗棠把酒杯斟滿。

左宗棠接過酒杯一飲而盡。駱秉章連斟三次，左宗棠連乾三杯。喝完之後，他拱手給駱秉章行了個禮：「喝過三杯離別酒，左某從此告別。」

隨後，左宗棠便讓隨從裝備行裝，真的要告辭而去了。

駱秉章為之驚愕不已，上前一把拉住，說這是幹什麼，為什麼好好的就要走呢。

左宗棠不鹹不淡地回了一句：「君子絕交，不出惡聲，何必多言。」

絕交？駱秉章心裏咯噔一下，馬上想到是為小舅子求職的事激怒了左宗棠，遂一個勁道歉：「我剛剛所說的那些，你就當我放了個屁好了，千萬不要因一時誤會就萌生去意。我可以向你保證，今天駱某再不會干涉你的事務。」

說完，又讓隨從把行李重新放下，重新給左宗棠上酒。

見駱秉章如此懇切真誠，左宗棠這才肯坐下來，對駱秉章解釋，說我其實早就注意到了你那小舅子，而且確如你所言，他有些小才，為人也謹慎。可是駱大人你要想一想，這是什麼時候，兵荒馬亂啊，現在我們要維繫人心，就要整頓吏治，要整頓吏治，就不得徇私。

左宗棠侃侃而談：「如果我給你小舅子派個差使，人家不會說這人怎樣怎樣勝任，只會說他是走了你的後門，這個風聲一傳出去，眾人都會爭著來開後門，那些幹吏能人也會因此灰心喪氣，那麼我們還有什麼事可以做得成呢？」

駱秉章心悅誠服。回去後就勸小舅子如果等不及，就到別的省排隊，反正在湖南是不行了——左師爺說得沒錯，我得避嫌啊。

比的是計算

駱秉章的雅量和謙讓，在左宗棠身上得到了巨大的回報。左宗棠入幕六年，協助駱秉章把各項事務處理得井井有條。

論財政收入，湖南在全國只能居於中下水準，但自此不僅可用於自足，還力所能及地對鄰近省份進行支援，即所謂的「內清四境，外援五省」，這在當時實屬不易，贏得朝野一致讚譽，有人甚至認為就算諸葛亮治蜀，也不過如此。

湖南的穩定局面維持了很長時間，直到石達開的突然出現。

一八五九年二月，石達開率三十萬大軍自江西開入湖南，由於軍隊人數太多，僅過境就走了六天六夜。消息傳到長沙，整個湖南官場驚駭不已。

在湘軍主力隨曾國藩出征後，湖南其餘部隊也相繼出省作戰或增援，與李續賓在安徽的情形相仿，這些部隊每打下一個地方，就需全部或部分留下協助防守，否則就跟沒打一個樣。此時，湖南在駐軍上已經跟個空心蘿蔔相仿，面對大兵壓境，至多只能唱唱空城計。

駱秉章急忙向鄰省求援，可是他事先也沒打招呼，打仗的省是尚且自顧不暇，不打仗的省則是根本沒有這麼多常備部隊，能馳援湖南的寥寥無幾。

前方危如累卵，後方援兵不繼，駱秉章憂心如焚，左宗棠見狀，急忙上前安慰，說你別看太平軍勢大，「借勇五千，書生何懼長毛十萬」。

左宗棠的意思，是要駱秉章坐鎮長沙，他則率五千兵勇，親自到前線去跟石達開單挑。

駱秉章哪裏肯放左宗棠走：「你哪兒也不要去，就地指揮全局，湖南軍事指揮權可由你一手掌握！」

緊急時刻，還得看師爺的。

左宗棠對地理學和軍事學有很深造詣，自入幕後，又常年參與軍機，運籌帷幄，指揮打仗對於他來說已成家常便飯，但如此險境，還是第一次遇到。

石達開不是司馬懿，跟他玩空城計行不通，起碼「借勇五千」總是要的，然而所謂遠水解不得近渴，就算人家肯借，行軍到達也需要時間，在此之前，必須自力更生。

左宗棠決定開發一項湖南的獨特資源：退伍兵。

湘軍各營，大多由所屬營官從家鄉招募，這樣一營人馬基本全是老鄉，優點是作戰時能患難與共，不離不棄，缺點是營官一旦易人，外來將領很難統帶這些原班人馬。與此同時，曾國藩又吸取了江忠源「新寧勇」及胡林翼黔勇失敗的教訓，認為不管多好的兵，日子一長，也有失去朝氣，淪為兵油子的可能，因此要常換常新。

如此，就造成了湘軍一個與眾不同的特點及慣例，那就是只要戰事一緩和，曾國藩便會將軍紀不良或戰鬥力下降的部隊予以遣散，然後再派將領還鄉進行重新招募和組建。

經過屢次遣散，湖南境內積累了很多退伍兵。不管他們身上有多少問題，但至少有一樣是左宗棠急需的，那就是具備作戰技能和經驗，拿過來便能用。

左宗棠招納退伍兵和新兵，組建了一支四萬人的新湘軍，其中以退伍兵為基礎的近一萬部隊是其主力精銳。

湖南地方這麼大，若是全都設防，這四萬人馬撒下去，極可能每個區域才幾百幾千，所以得有重點。

左宗棠判斷，石達開的進攻路線應與過去太平軍北上時一致，即先取衡陽，再攻長沙，然後入湖北。

由這一判斷出發，左宗棠遂將固守重點定為衡陽，所部除調防長沙外，大部分都被他派到衡陽進行防禦。

衡陽城下展開了攻防，但在其他地方也有戰火，很快前線送來了太平軍的戰俘，左宗棠對之進行了審訊，審訊的結果讓他大吃一驚。

原來石達開看中的既非湖南，也非湖北，而是當年諸葛亮苦心經營之所——四川。進攻衡陽的，只是偏師，其主力其實在衡陽以西的永州，換句話說，石達開使用了一個聲東擊西、調虎離山之計。

戰略判斷失誤有時是致命的，不過左宗棠仍可著手進行補救。

一八五九年四月六日，左宗棠將湘軍精銳從衡陽等地抽出，分路對永州進行增援。當他派出的第一路援兵趕到永州時，永州已被石達開三面包圍，這一路援兵只得暫時紮營於城外，與太平軍對峙。兩天後，第二路增援部隊趕到，兩路併一路，與太平軍在城外展開鏖戰。

左宗棠能派出的兩路援軍，加在一起才三千五百人，太平軍卻有整整八萬之眾，二者兵力之比是二十五比一。

看上去似乎石達開必贏無疑，但他沒想到對手還有一著更厲害的。

左宗棠派出的第三路援軍到了。這一路兵也不多，但左宗棠選擇出擊的位置十分刁鑽，他打擊的是石達開的後方。

自古任何軍隊都怕後路出問題，聞聽後方被抄襲，太平軍陣腳大亂。

左宗棠在永州一舉擊敗石達開，殲滅其主力近一萬人，俘虜並遣散兩萬多，並對石達開實施反包圍，這是他在軍事指揮上取得的第一次大勝。

指揮如弈棋，比的是計算。開始左宗棠沒算過石達開，讓石達開在不聲不響中繞過衡陽進了永州，但他亡羊補牢，用最快的速度對部署進行了調整，重又挽回局面，佔據主動。

鐵打的寶慶

一八五九年五月二十一日，石達開利用天降暴雨之機，從包圍圈中撕開缺口。

左宗棠需要知道的是，他的對手下一步會去哪裏，是直接去四川嗎？

幫助他得到答案的又是通過對戰俘的審訊，左宗棠得知，石達開將去一個地方繞一下，這個地方叫作寶慶。

寶慶即現在的湖南邵陽，屬商業重鎮，是個相對比較富裕的地方。石達開既成「流寇」，在缺乏後方根據地的情況上，就必須沿路補充，而寶慶顯然是個不錯的歇腳所在。

這次再不能犯錯了，必須提前調兵遣將。

左宗棠將所掌握的機動兵力全部投入寶慶會戰。這些部隊被分開設防，三萬新兵加一部分老兵進入城內。

打仗除了得精通地理地形及兵書戰策外，還得了解士兵的心理。新兵上陣，最重要的還不是技能不熟，而是缺乏膽量，說直接點就是怕死。如果把他們直接放到城外，驟遇太平軍這樣的強敵，十有八九得嚇得尿褲子。在城裏面打就不一樣，畢竟前面有座城牆擋著，不用擔心對方立刻殺到眼前。

與此同時，左宗棠從老兵中抽出七百人入城作為督戰隊。守城時，每個老兵管制和監控五十個新兵，以此提高防守能力。實際上，太平軍在防守戰中也經常使用這一辦法。

退伍老兵與新兵不同，他們或許軍紀不好，或許平時打不起精神，但遇到野戰惡戰還是能看出功底和經驗。

除少數人擔任督戰隊外，八千以退伍兵為基礎的精銳老兵駐防城外。左宗棠特地在城外挖掘了數道深壕，修有工事，這些部隊就駐紮其中，相當於將城防往外推進了數里。

當石達開到達寶慶時，發現左宗棠已對寶慶城外實施堅壁清野，這使得太平軍不僅無法在城外得到糧草補充，連靠近城牆都很危險——城外建築也被同時焚毀，城下一覽無餘，重炮想打哪兒就打哪兒。

儘管如此，石達開仍有攻下寶慶的資本和可能。

與圍攻永州時不同，這次所有後續部隊已經趕到，加上湖南境內天地會的入盟，石達開所部又達到了三十萬。

當初太平軍包圍南京，號稱百萬，但真正能用於作戰的也不過幾十萬人，南京有多大？寶慶有多大？三十萬人圍這麼一座小城，幾乎可以說是殺雞用牛刀了。

石達開意識到，要破城，首先要擊破城外駐軍，因此他在圍城的同時，也將城外的湘軍精銳全部圍困起來，並利用數量上的巨大優勢予以攻擊。

湘軍屢次從內往外攻擊，儘管也打過勝仗，但兵力上的懸殊差距很快化解了所有戰果：太平軍有的是人，傷亡再多，不過是九牛一毛。

包圍圈越縮越緊，連駱秉章和左宗棠的指令都無法送進來，城內外的湘軍同陷困境。

然而關鍵時候，石達開要犯錯了。

沒出走之前，石達開也敢打狠仗惡仗，比如在九江與曾國藩對擂時，他基本是豁得出去的，可是在出走之後，大概因為所有權發生變化，家當全是自個兒的了，他就變得謹小慎微起來，最愛打的是巧仗，最畏懼的是硬仗，就怕在戰爭中蒙受損失。

過去曾國藩在追擊時，就發現了石達開的這一缺陷，並有針對性地提出了一個新戰術。曾國藩說，如今的石達開，你只要擋住他的前三板斧，他就不敢使後三板斧了，這就叫作「鈍」。

曾國藩在浙江「鈍」，在福建「鈍」，每次都「鈍」得石達開無還手之力，這次又輪到了寶慶。

經過前面的苦戰，太平軍蒙受了一些傷亡，石達開捨不得再拼下去了，於是「鈍」自動生效。

石達開不肯再揮板斧，他想效仿湘軍的「長圍久困」，可是他忘了，「長圍久困」有基本前提，那就是必須有後援及其提供補給的基地，而自從成為「流寇」後，這兩項條件石達開一項也不具備，換句話說，圍得越久，有利的不是他，而是他的對手。

就在石達開猶豫不決的時候，左宗棠已將新的強力援軍調往寶慶，這就是胡林翼從湖北派來的李續宜。

李續宜是李續賓的弟弟，在治軍用兵方面才能不讓乃兄，他所統率的五千多湘軍卻是湘軍現役的野戰軍主力，論戰鬥力，遠勝左宗棠匆匆組建的臨時湘軍。這批老湘軍屬於步兵，另有來自吉林的三百滿洲騎兵作為配屬部隊。

拳頭有了，問題只在於從哪個方向打過去。

長沙的指揮部裏議論紛紛。大多數將領主張自東向西，理由是可以在出擊的同時，保護身後的省會。

輪到左宗棠，他搖了搖頭。

在寶慶尚未被圍得水洩不通之前，守軍曾送來一張「敵我兵勢地圖」。左宗棠將這張地圖掛在牆上，早早晚晚進行研究。

這時他就看出石達開的兵力部署有問題。按道理，石達開應將兵力厚集於寶慶城下，這樣應該是西面兵多，東面兵少，可是顯示在地圖上的太平軍營壘，卻是西面少，東面多。

顯然石達開既想攻下寶慶，又怕喪失老本，不然不會如此布置，而這直接影響到李續宜的出擊方向。

左宗棠說，如果只保護省會，那乾脆讓李續宜蹲在長沙不動好了，現在要出擊，就要擊中對方要害，不能過多考慮其他因素。

哪裏是對方要害呢，當然是最薄弱的地方。

「第一師爺」分析，石達開在東面兵力雄厚，北面反而薄弱，因此從北面進兵的效果要更好。出擊方向由此定為由北向南。

李續宜依令出擊，果然一戰得勝，石達開被迫收縮兵力，改進攻為防禦。

石達開部署上的弊病被左宗棠牢牢抓住，李續宜棄東防線不顧，專攻其兵力薄弱的西防線，並且予以一舉摧毀，寶慶戰局即刻逆轉，由石達開圍困寶慶，變成了他孤軍被湘軍包圍於寶慶山區。

之後，石達開因缺乏基地所帶來的各種問題也接踵而至。戰場上每天都要消耗米糧和火藥，這些石達開都無穩定來源，無非是繼續消耗營中庫存而已。由於糧草告急，即便仗打到最激烈的時候，石達開也不得不分兵去附近村寨搜羅糧食。至此，寶慶會戰鹿死誰手，已是不言自明的事了。

一八五九年八月十二日，在湘軍的猛烈進攻下，太平軍全面潰退。三十萬大軍僅餘八九萬人，更重要的是，自石達開出走就一直跟隨左右的親兵部隊，即「經年老長毛」損失一空。

在入蜀計畫失敗後，石達開退往廣西，身後留下了一句無奈的浩歎：「真是鐵打的寶慶！」能夠在幾乎不可能的情況下擊退石達開，並取得寶慶一戰的勝利，左宗棠可以說是居功至偉，駱秉章對他也更加信任和倚重。

除「左三先生」和「左師爺」外，湖南當地民間又給左宗棠送來了一個新封號，謂之「左都御史」。駱秉章曾擔任過監察御史，相對於「左都御史」，他就是「右都御史」，按照以左為尊的原則，「左都御史」的權力和地位當然超過「右都御史」。

所謂樹大招風，時間一長，不可能不引來猜疑和嫉妒。知道左宗棠為人厲害，又是駱秉章身邊的紅人，直接攻擊的話弄不好要吃不了兜著走，有些人就轉換策略，含沙射影地說湖南是「幕友當權，捐班用命」。

左宗棠沒有分身法，在事務較多的情況下，他也會安排其他幕僚去經辦。這些幕僚中有的在科舉場上不得意，是靠捐納得到的功名，即所謂「捐班」。

這話陰險就陰險在，看似說的不是左宗棠，其實都是直奔左宗棠而去。駱秉章大智若愚，耳邊吹風的人在打著什麼主意，一聽就聽出來了。大部分時候，他都裝著沒聽見，實在說的人多了，就回過去一句：「幕友們辦事，都經過了左宗棠的親自裁定，並非自作主張，你們不要瞎想亂說。」

至於「捐班」，駱秉章更不放在心上。他說有能力才是真正的人才，進士如何，要是沒能力，一樣毫無用處。

有駱秉章擋在前面，一般人自然不敢輕易去招惹左宗棠，但也有例外，此人是湖南永州總兵樊燮。

事情緣於樊燮到長沙跟領導彙報工作。先拜見駱秉章，駱秉章囑咐他一定還要去拜一下左宗棠。

樊燮是很有個性的人，對此頗不以為然，想想拜巡撫大人是應該的，左宗棠不過一師爺，憑什麼要去拜他？

可既然駱秉章吩咐在先，那就去敷衍敷衍吧。

他的敷衍還是玩真的，見到左宗棠後，樊燮並未請安，也就是沒有行禮。

在湖南官場，左宗棠的「影子巡撫」身分眾所周知，雖然背後說壞話、造謠言的人很多，但是當了面還是得恭恭敬敬，哪怕那是裝出來的。

天長日久，左宗棠也形成了習慣，樊燮的舉動讓他很不開心：「武官見到我，不管大小，都得請安，你為什麼如此特殊？」

樊燮並不賣帳，說你可以查一查大清國制度，看有沒有武官見到師爺必須請安的規定或行例。「我樊燮雖只是武官，沒有文官那麼尊貴，但也是堂堂的二三品官，豈有隨隨便便向師爺請安之理？」

樊燮一口一個師爺，大大刺激了左宗棠的自尊心，一時又怒又急，上前便一腳踢過去，嘴裏還大罵：「王八蛋，滾出去！」

這一腳只是做做樣子，並沒有真的踢到樊燮身上，倒是那句大罵傷人不輕。

樊燮氣哼哼地退出帳外，兩人自此結下仇怨。

不久駱秉章上奏朝廷，要求對樊燮進行查辦。樊燮得知後，便以左宗棠對他報復為由，一狀告到了湖廣總督衙門。

其實這跟左宗棠並無太大關係，純粹還是樊燮自身的問題，在駱秉章的奏摺中，列舉了樊燮的諸多過失，比如挪用軍費作零用花銷，以及私自役使士兵給他抬轎。

就左宗棠的品德和經歷來看，他也極少因私怨而累公事，更不善於玩陰的。可是樊燮不會這麼想，他理所當然地認為這是左宗棠在暗中整他——都把我罵成王八蛋了，還不肯甘休，要給我穿小鞋，那咱們就走著瞧，看究竟誰扳倒誰。

樊燮的狀紙遞上去後，由湖廣總督官文受理。湖廣總督雖然常居武昌，但在許可權上可遙制湖南，官文一看狀紙，了不得了，不過是一個師爺而已，竟敢欺負二三品武官，他還把我們這些督撫放在眼裏嗎？

官文當即寫成奏報，把左宗棠這個「幕客劣紳」如何陷害總兵樊燮一節，添油加醋地胡描了一通。

咸豐早知左宗棠之名，接到官文的奏報後十分震驚。

他難以想像左宗棠是這樣一個人，然而奏報上又說得有根有據，有鼻子有眼，不由你不信。

出於慎重起見，咸豐向官文發出密旨，讓官文與湖北正考官會辦此案，並聲明：「如果左宗棠確有不法情事，可即就地正法。」

接到密旨，官文著手派人入湖南捉拿左宗棠。兩湖巡撫，一個是左宗棠的貴人，一個是親戚，自然都是胳膊肘兒往內拐，左宗棠提前就知道了這一消息。

左宗棠可以不怕死，但忍受不了身陷牢獄的屈辱，無奈之下，想到一招：進京應試。

「進京應試」不過是暫時躲避風頭的藉口，解決不了根本問題。為了搭救左宗棠，駱秉章再次上奏，列舉出樊燮的種種劣跡，說明他對左宗棠的控告純屬誣陷，湖北方面，胡林翼也在多方努力，但他們從級別和許可權上來說，都不能超越湖廣總督，而且官文由於在湖南撲了個空，也正在氣頭上，這種時候如果雙方當面硬碰硬，可想而知，對左宗棠只有壞處，沒有好處。

官文也有眼線，獲悉左宗棠已在赴京的路上，他給咸豐發去密摺，請求派兵在左宗棠入京時予以捉拿，然後將其押回湖北受審。

一時之間，左宗棠的處境變得凶險萬分，看上去無論入京與否，都是死路一條。

拯救大行動

救左宗棠一命的還是京城。

古往今來，只要這裏還扮著首都的角色，它的政治信息就異常發達。不信的話，你現在到北京去，那裏連開計程車的都能講出一大套政治內幕和見解。

此時，與左宗棠為同鄉好友，曾共處湘幕的郭嵩燾已入京並出任翰林院編修。他起先並不知道左宗棠出事，對相關情況的了解還是通過一個熟人之口。

這個熟人是肅順的門客王闓運。肅順當時正受到咸豐的寵信，有機會看到密旨的相關內容，退朝後他透露給了自己的心腹幕僚，幕僚又講給王闓運聽。

信息源就這麼一個個傳過來，連郭嵩燾這樣的翰林院小官，也掌握了被認為是國家最高機密的皇帝密旨。

一聽到「可即就地正法」，郭嵩燾的心便沉了下去。沒有想到事態變得如此嚴重，左宗棠可能隨時人頭落地啊，得趕緊設法搭救。

郭嵩燾官雖不大，但因在南書房值班，所以能經常接近皇帝。只是他與左宗棠的關係眾所周知，無法率先為左宗棠說情，於是託人求救於肅順。

肅順對左宗棠亦惜才愛才，否則不會如此留意，但他並沒有馬上採取行動，而是捎給郭嵩燾一句話：「你先讓別的大臣上疏保薦左宗棠，這樣我才方便勸解。」

郭嵩燾覺得很對。正是因為肅順受咸豐寵幸，才不能冒冒失失進言，特別是在這敏感時刻，難保咸豐不會因此疑惑，那樣反而可能把事情搞砸。

要找這樣一個大臣，他看上去與左宗棠並沒有明顯利害關係，位置也不顯要，但文章又要寫得漂亮，一疏上去就能讓皇帝動心的。

似乎條件苛刻，可正所謂踏破鐵鞋無覓處，得來全不費功夫，抬眼一瞧，同在南書房值班的潘祖蔭再適當不過。

蘇州潘家在清末幾乎盡人皆知。潘祖蔭的爺爺中過狀元，父親差了一點兒，不過也進了內閣。潘祖蔭出世，探花隨手擒來，說他們幾代都是讀書種子亦不為過。

文人能引以為豪的就是一枝筆桿。潘祖蔭其時三十歲不到，正是愛出鋒頭的時候，倘若手中能流出一篇為人歎賞的奏疏，那感覺就跟左宗棠一樣，激動到三更半夜都睡不著覺。

郭嵩燾便鼓動潘祖蔭寫薦疏，還將左宗棠的作用著力渲染了一番：「如果左宗棠倒楣，湖南就會垮臺，湖南垮臺，東南大局也就完了。」

潘祖蔭並沒有見過左宗棠，但這沒有關係，他所要做的，只是如何揮動自己的如花妙筆。寫東西有寫東西的訣竅，與「天下文章一大抄，看你會抄不會抄」相應的，是「天下文章一大吹，看你會吹不會吹」。

郭嵩燾把左宗棠與東南大局連在一起，已經算是誇張了，潘祖蔭覺得還不過癮：要吹就往大了吹，為什麼不說全國大局？

傳誦一時的名句就這樣誕生了：「國家不可一日無湖南，湖南不可一日無左宗棠！」

無任何實際官職在身的師爺，至此完全升級為大片中的救世英雄。在英雄對面站著的人自然就尷尬起來，按照潘祖蔭的定位，樊燮是陷害好人，官文是處理輕率。

為什麼處理輕率，潘祖蔭說：「左宗棠不過是一個在籍舉人，他對做不做官無所謂，過去也多次隱居，倒是國家不能失去如此重量級的人才。」

潘祖蔭的薦疏在朝廷內外廣為流傳，被稱為難得一見的佳作，問題是咸豐那邊始終沒有回應。

不回應並不說明咸豐不心動，除薦疏外，咸豐還同時收到了駱秉章和胡林翼發來的奏摺。駱秉章的奏摺不用說了，胡林翼也以「名滿天下，謗亦隨之」一句，來詮釋左宗棠所面臨的困境：這人恰恰是太有才了，所以造他謠的人才會滿天飛。

所有這些意見，都初步改變了左宗棠在咸豐心目中「劣幕」的印象，他遲遲不決的原因，要想再傾聽一個人的意見。

這個人就是肅順。

肅順太了解咸豐的心思了，他等待的就是這樣一個水到渠成的機會。

如其所料，咸豐召見他時，一上來就說：「現在天下多事，如果左宗棠確實在軍事上有一手，即便有點兒小毛病和錯誤，也應該棄瑕錄用。」

原來皇帝對左宗棠的軍事才能還不肯定，必須跟他實話實說。

肅順只說了一句話，就讓咸豐不再猶豫：「駱秉章之功，皆左宗棠之功也。」

前面那麼多捷報，你以為都是駱秉章打的，其實全是左宗棠的功勞啊。

咸豐如夢方醒，照這麼說，確實是一個難得的人才，不僅不能處分，還得重用。

「不過我已經給官文發去了嚴辦的密旨，現在出爾反爾，如何說法？」

肅順早就準備好了辦法：「這有何難，皇上您可以再寫一道密旨給官文，別的不用多說，把內外保薦左宗棠的奏疏抄上去就行了。至於以後如何，官文是個聰明人，他會知道究竟應該怎麼辦的。」

真不愧是寵臣，辦事這個妥貼，都不用咸豐操半分心。

官場之上，很多事只可意會不可言傳，咸豐的第二道密旨如同丹書鐵券，雖然沒有明講，但作為老牌官僚，官文馬上從中讀出了最新精神。

現在對左宗棠不是抓不抓的問題，而是再也動不得了。

官文趕緊找來幕僚文案，寫出奏疏，將「樊燮事件」予以匆匆結案了事。至於那個原告樊燮，這種時候，誰還顧得了他？

樊總兵要悲催了。被告不倒，他就有誣告之罪，加上駱秉章要查辦的事由均查證為實，樊燮最終落得個被革職回籍的下場。

樊燮為此鬱悶不已，他把這一切都歸罪於左宗棠，認為自己混到二三品武官不容易，如今竟然被一個師爺給輕輕撂倒，實在是奇恥大辱。

想來想去，還是因為純武人沒有社會地位，像左宗棠這樣的區區舉人，就可以「視武人如犬馬」，不讀書真是不行啊！

回到家鄉後，樊燮便出資在街上建了一座樓房，然後宴請父老。席間，他告訴眾人，他建的這座樓是學習樓、用功樓，為的是給兩個兒子讀書。

此後，樊燮果然以重金請來名師，除師生三人外，任何人包括他本人都不准上樓。

他督促兒子讀書的方式更是令旁人瞠目結舌。

兩個兒子平時在家，從裏到外，從上到下，全都穿女裝。考中秀才，脫去外面的女裝，考中舉人，才准許脫去裏面的女裝。到這一步，就算可以憑藉男子漢身分，與左宗棠平起平座了，彼為舉人，我亦為舉人，誰也不輸誰。

到了舉人還不算完。

樊燮還鄉時即作了塊木牌，放置於祠堂的祖宗神龕下側，定期率兩個兒子下拜。

有人還以為是長生牌位，近前一看，上面卻是他親筆寫的六個字：「王八蛋，滾出去。」一正是當初左宗棠罵他的話。

樊燮對兒子們說，你們不光是中舉人，還要中進士，入翰林，總之一定要高過左宗棠。否則的話，這塊牌將被永遠放在這裏。

以後，這兩個兒子果然都考中了進士，「王八蛋牌」隨後被撤除燒毀，樊燮的一口氣才消了下去。

據說，在樊家的學習樓牆壁上，曾錄有一行刻字：「左宗棠可殺」。

左宗棠可殺不可殺尚在其次，「樊燮事件」發生時，他本人卻實在有殺了自己的心。

側身天地，四顧茫茫，哪裏才是我的出路？

大地叢書介紹

作者：姜狼豺盡
定價：280 元

在中國歷史上，漢唐之後各經歷了一次大分裂時期。一次是漢朝之後極為著名的三國，唐朝之後是五代十國，五代十國和三國的歷史軌跡極為相似，但和三國的歷史知名度相比，五代十國則有些沒沒無聞。

但對於現代中國而言，五代十國的歷史意義遠在三國之上。晉高祖石敬瑭為一己之私，悍然出賣北方戰略屏障燕雲十六州，致使中原無險可守，受制於強悍的游牧民族。漢族政權兩次亡天下，極大地改變了中國歷史的進程。

五代是指唐朝滅亡後、宋朝建立前，在中原地區存在的五個政權：朱溫建立的梁，李存勖建立的唐，石敬瑭建立的晉，劉知遠建立的漢，郭威建立的周。在歷史上，這五個短命小朝廷都被視為正統；五代之後是宋、元、明、清、中華民國、中華人民共和國。

正史皆以五代為正統，十國只是附於五代，知名度相對更低。不過要是提及一個人物，想必大家都會恍悟。中國詞史上的開山鼻祖李煜，正是五代後期十國之一的南唐末代皇帝。「問君能有幾多愁，恰似一江春水向東流」之後沒多長時間，李煜便被宋太宗趙光義下藥毒死，只留下一闕闕帶著歷史血腥味的詞章，無言地在向歷史陳說李煜的悲劇。

十國是指楊行密建立的吳，李昪建立的南唐，錢鏐建立的吳越，王建建立的前蜀，孟知祥建立的後蜀，馬殷建立的楚，高季興建立的荊南，劉隱建立的南漢，王審知建立的閩以及劉崇在今山西建立的北漢。這還沒有包括劉守光建立的燕政權，李茂貞建立的岐政權，周行逢建立的湖南政權，留從效和陳洪進建立的清源軍，張氏和曹氏在大西北建立的歸義軍，以及契丹貴族耶律阿保機建立的遼，在雲貴高原一帶的大理政權。

五代十國存在的時間長短雖然和三國大抵相當，但這一時期政權遠多於三國，所以過程之曲折、鬥爭之殘酷、命運之無常，讓歷史都為之震撼。歷史總是這樣，驚心動魄之後，是無限的感慨……

大地叢書介紹

作者：姜狼豺盡

定價：280 元

在中國歷史上，漢唐之後各經歷了一次大分裂時期。一次是漢朝之後極為著名的三國，唐朝之後是五代十國，五代十國和三國的歷史軌跡極為相似，但和三國的歷史知名度相比，五代十國則有些沒沒無聞。

但對於現代中國而言，五代十國的歷史意義遠在三國之上。晉高祖石敬瑭為一己之私，悍然出賣北方戰略屏障燕雲十六州，致使中原無險可守，受制於強悍的游牧民族。漢族政權兩次亡天下，極大地改變了中國歷史的進程。

五代是指唐朝滅亡後、宋朝建立前，在中原地區存在的五個政權：朱溫建立的梁，李存勖建立的唐，石敬瑭建立的晉，劉知遠建立的漢，郭威建立的周。在歷史上，這五個短命小朝廷都被視為正統；五代之後是宋、元、明、清、中華民國、中華人民共和國。

正史皆以五代為正統，十國只是附於五代，知名度相對更低。不過要是提及一個人物，想必大家都會恍悟。中國詞史上的開山鼻祖李煜，正是五代後期十國之一的南唐末代皇帝。「問君能有幾多愁，恰似一江春水向東流」之後沒多長時間，李煜便被宋太宗趙光義下藥毒死，只留下一闋闋帶著歷史血腥味的詞章，無言地在向歷史陳說李煜的悲劇。

十國是指楊行密建立的吳，李昪建立的南唐，錢鏐建立的吳越，王建建立的前蜀，孟知祥建立的後蜀，馬殷建立的楚，高季興建立的荊南，劉隱建立的南漢，王審知建立的閩以及劉崇在今山西建立的北漢。這還沒有包括劉守光建立的燕政權，李茂貞建立的岐政權，周行逢建立的湖南政權，留從效和陳洪進建立的清源軍，張氏和曹氏在大西北建立的歸義軍，以及契丹貴族耶律阿保機建立的遼，在雲貴高原一帶的大理政權。

五代十國存在的時間長短雖然和三國大抵相當，但這一時期政權遠多於三國，所以過程之曲折、鬥爭之殘酷、命運之無常，讓歷史都為之震撼。歷史總是這樣，驚心動魄之後，是無限的感慨……

晚清帝國風雲／關河五十州著. -- 一版.-- 臺北
市：大地, 2014.07
面：　公分. --（History：68-69）

ISBN 978-986-5800-77-2（上冊：平裝）
ISBN 978-986-5800-78-9（下冊：平裝）

1. 晚清史

627.57　　103011637

晚清帝國風雲：禍起東南（下）

HISTORY 069

作　　者	關河五十州
發 行 人	吳錫清
主　　編	陳玟玟
出 版 者	大地出版社
社　　址	114台北市內湖區瑞光路358巷38弄36號4樓之2
劃撥帳號	50031946（戶名　大地出版社有限公司）
電　　話	02-26277749
傳　　眞	02-26270895
E - mail	vastplai@ms45.hinet.net
網　　址	www.vastplain.com.tw
美術設計	普林特斯資訊股份有限公司
印 刷 者	普林特斯資訊股份有限公司
一版一刷	2014年7月

大地

定　　價：300元